本书受教育部人文社会科学青年项目“传统驾驶方式
觉信息感知特性研究”（项目编号：19YJC190001）、河南省高校人文社会科学研究一般项目（项目编号：2022-ZZJH-117）资助

基于驾驶人视觉特性的汽车交互界面设计研究

陈 阁 著

北京工业大学出版社

图书在版编目（CIP）数据

基于驾驶人视觉特性的汽车交互界面设计研究 / 陈阁著．— 北京 ：北京工业大学出版社，2021.4

ISBN 978-7-5639-7943-1

Ⅰ．①基… Ⅱ．①陈… Ⅲ．①汽车工程－人机界面－程序设计 Ⅳ．① U461 ② TP311.1

中国版本图书馆 CIP 数据核字（2021）第 081836 号

基于驾驶人视觉特性的汽车交互界面设计研究

JIYU JIASHIREN SHIJUE TEXING DE QICHE JIAOHU JIEMIAN SHEJI YANJIU

著　　者： 陈　阁
责任编辑： 乔爱肖
封面设计： 知更壹点
出版发行： 北京工业大学出版社
（北京市朝阳区平乐园 100 号　邮编：100124）
010-67391722（传真）　bgdcbs@sina.com
经销单位： 全国各地新华书店
承印单位： 北京亚吉飞数码科技有限公司
开　　本： 710 毫米 ×1000 毫米　1/16
印　　张： 12.25
字　　数： 245 千字
版　　次： 2022 年 7 月第 1 版
印　　次： 2022 年 7 月第 1 次印刷
标准书号： ISBN 978-7-5639-7943-1
定　　价： 65.00 元

作者简介

陈阁，女，1988 年 9 月生，郑州轻工业大学讲师，博士学历，主要研究方向：视觉认知与设计。近年来主要讲授“设计心理学”“产品用户研究”等课程，发表 SCI 论文 5 篇，主持教育部人文社科项目 1 项，参与国家级课题 4 项、省部级项目 5 项、厅局级课题多项。

前　言

驾驶是一项极其复杂的任务，需要综合多种感觉通道的信息进行综合反应，其中最重要的信息来源便是视觉。视觉系统可能是人类最重要的一种感觉系统，人在驾驶过程中的视觉信息感知特点将对驾驶行为产生重要影响。在汽车设计领域，汽车人机交互界面和用户体验扮演着越来越重要的角色，并已成为对汽车品牌产生重大影响的要素之一。

本书从分析驾驶人的视觉特性与汽车人机交互界面设计趋势出发，详细阐述了驾驶人视觉特性角度下汽车的显示、控制、交互系统的设计研究，从而为车辆设计者提供新的思路，使他们做出更加符合驾驶人视觉感知规律的设计，最终达成提升驾驶体验、降低交通事故发生率的目的。

全书共七章。第一章为汽车设计的发展与改革，主要包括概论、汽车总体设计两部分内容。第二章为驾驶人视觉信息感知特性分析，主要包括道路交通环境及驾驶人视觉特征分析、驾驶人视觉特性分析两部分内容。第三章为交互设计的发展与现状，主要包括交互设计概念、用户研究与用户需求、交互设计的类型和原则三部分内容。第四章为汽车交互界面设计发展趋势与交互技术，主要包括交互技术与汽车人机交互界面设计趋势、汽车产品造型设计中的人车关系、汽车导航交互设计中的任务分析与应用三部分内容。第五章为视觉与显示设计：电动汽车仪表板设计，主要包括汽车人机交互界面视觉与显示设计、设计平台与设计空间、竞争产品分析、电动汽车仪表板内容与功能设计、流程与交互设计、信息架构设计、视觉设计七部分内容。第六章为视觉与控制设计：控制方式与汽车方向盘设计，主要包括汽车人机交互界面的控制设计、多功能方向盘设计研究、弦式车载交互系统三部分内容。第七章为视觉与交互设计：手势交互设计与多通道用户界面，主要包括多通道用户界面、手势操作研究、车内手势控制音乐播放器产品设计三部分内容。

笔者在撰写本书的过程中，参考了许多文献资料，在此向有关作者表示感谢。由于笔者水平有限，书中难免存在不足之处，欢迎广大读者批评指正。

目 录

第一章　汽车设计的发展与改革

第一节　概　论

以互联网和通信技术为代表的信息技术，正在深刻地影响并改变着人类的社会基础和生活形态。目前，互联网已经初步摆脱技术服务的局限，本身已经成为一个重要的产业。从历史的角度看，互联网产业的一个重要发展趋势就是，信息技术逐步向传统的相关领域渗透，并形成全新的商业模式和产业形态。从20世纪末到如今，网络和信息技术的逐步整合，产生了一些成功或者曾经成功的公司，如雅虎（新闻）、谷歌（信息检索）、苹果（通信）、亚马逊（零售业）、阿里巴巴（商业）等。根据谷歌2011年的一份研究报告，未来的互联网和移动互联网渗透的五个主要领域包括：专业服务、餐饮与食品、汽车与交通、健康与医疗、旅游。汽车作为其中的一个重要领域和方向，将是未来信息化和数字化的主要领域。特别是随着电动汽车的快速发展，汽车的整体技术和形式从机械技术向电子技术的转变，使之成为未来互联网整合的重要领域。在此情况下，研究汽车人机交互界面设计，就成为当前交互设计和汽车设计领域热门且重要的话题。

一、汽车的转变：从运载工具到个人空间

运载工具，其历史可以追溯到先秦时代的马车。自20世纪福特的T型车开始，汽车一直是人类重要的运载工具，也是设计学科最为重要的设计对象和方向，以至于汽车工业设计已经作为一个独立的专业方向，形成了完整的设计和开发的流程、方法与工具体系，在学术界和企业界均享有很高的地位。

目前，计算机技术和网络技术在交通工具运输领域的广泛应用和车载信息技术的不断发展，使得汽车的内部空间、人机界面、操作和交互过程正在发生革命性的变化，汽车操控界面正在发生着本质性改变。从功能的角度看，汽车已经从传统的运载工具逐步发展成复杂的人机交互系统，机械的控制系统和电

气系统正向着数字化的方向转变。如今，可以看到的一种突出的现象是，大量的信息系统（车载信息系统、车载娱乐系统等）以及大量的车载应用和软件正在不断涌入车内。驾驶人操纵着车辆，同时与各种设备和应用程序进行交互的情况已经成为常态，驾驶时浏览或发送短信、在导航系统上查找地址、打电话等，都是一些常见的行为，在为驾驶人带来方便的同时，也增加了驾驶风险。

除了不断增加的操作功能，车辆已经成为一个信息获取、社会交流、媒体消费和个人娱乐的空间。特别是由于汽车保有量的不断增加，交通效率下降，人们花费在汽车上的时间正在逐渐增加。这使得汽车已经逐渐超越了一个运载工具的概念而成为个人空间。由于带来这样的转变的大多数车内技术是数字化和网络化的，因此，汽车的个人空间就超越了办公室和家，成为当前最具代表性的数字化空间，为交互设计提供了良好的舞台。

二、设计的变革：从造型到体验

数字化和网络化深刻地影响着设计。设计已经远远超越了传统的造型和视觉传达的概念：在交互设计领域，声音、流程、动作、内容等都已经成为交互设计的重要组成部分。这项工作目前一般是由设计专业的人士完成的，而流程设计的概念和国内传统的以视觉为基础的工业设计已经存在很大的差异了。

当前，美国和欧洲很多设计院校将设计思维和管理学进行了整合。大量的教学和研究实践证明，学习过设计的管理者确实具有独有的创新和管理能力。

如今，设计师所设计的对象已经和过去完全不同，这种情况给设计的理论、方法、工具等都带来了巨大的挑战。目前，设计和一个世纪以前包豪斯出现的前期十分相似：新的设计对象需要新的设计理论和方法。

基于这样的一种趋势，设计的理念和观念需要从根本上进行改变，即从过去的物质的设计转变到非物质的设计，从空间的设计转变到时间和关系的设计，从产品设计转变到包含产品的系统与服务设计。我们并不希望无限度地扩展设计的外延，但是从交互设计的角度看，我们可以超越视觉艺术。至少，短期内我们可以去设计用户的行为、动作，设计用户听到的声音（语音用户界面），从艺术观点看，这些属于舞蹈、音乐、表演艺术的范畴。

回到汽车设计上，设计的关注点也会逐步从造型转变到内室——或者说是和用户直接接触的所有“人机界面”上。当前，汽车设计注重的是造型、色彩、材料、工艺和界面等，未来可能会超越这些对象。未来的设计需要考虑用户在车内的交往与空间，考虑驾驶过程中的多感体验，考虑安全和娱乐的平衡，考虑如何提供优质的服务。这些，都可以用一个称为“体验”的词汇来描述。体验是一个具有非常广泛外延的词汇，在交互设计领域有些滥用的趋势。但是，在汽车设计领域，采用“体验”一词，却非常好地阐述了汽车设计的目标，进而超越设计对象（造型、交互、界面、流程、服务等）。事实上，体验的概念并不是最近才提出的，人机工程学中的人机系统就是这样的观点，只是在过去，设计方法、工具和理论缺少实际的支持。而目前，交互设计和用户体验设计所带来的具体实际案例，已使得这些观点在通信、互联网行业得到了发展，并取得成功。目前，不少汽车制造企业已将原来的零部件设计部、用户界面（UI）设计部、内室设计部的一部分合并，成立了全新的“用户体验设计部”，初步反映了这一趋势。

三、挑战与机遇：设计问题与设计空间

（一）数字化网络化与传统行业

2004 年，当诺基亚声称自己是世界上最大的通信和手机制造商的时候，几乎没有人会想到 9 年后的 2013 年，诺基亚手机业务会整体被微软所收购。确实，诺基亚的设计做到了高质量的造型、产品品质和优良的可用性。但是，好的设计并没有带来商业的成功。这已经不仅仅是设计的问题了。

自 2013 年以来，汽车行业的情形和十多年前诺基亚手机面临的情形十分相似。汽车制造商也认为自己的核心技术还是发动机、底盘以及在此基础上的机械技术。但是，电动汽车的快速发展，使得原来的汽车制造成本逐步下降。特斯拉的电动汽车、谷歌的无人驾驶汽车以及苹果的 CarPlay 系统的出现，很可能会改变汽车行业的现状。关键的问题在于，汽车行业是否做好了准备，迎接来自互联网、数字技术的冲击。事实上，汽车行业关注网络技术已经有较长的历史。早在 1999 年，通用汽车就开始了车联网的相关研究，但问题的本质不完全是技术本身，而是汽车企业的观念与行动。

与此相对应的是，通信、互联网和计算机行业要进入汽车这样的传统行业，也有着其他的挑战。因此，行业和技术的整合是目前汽车人机交互界面设计的重大机遇与挑战。

（二）驾驶安全与体验的平衡

从理论上看，汽车内部的信息模型已经从单一的行车和车况信息模型，逐步发展成包括汽车信息、汽车间信息、汽车和其他信息载体交互的信息在内的

复杂信息体系。在这样的复杂信息体系下，驾驶人除了完成控制车辆、保持车道、监控道路状况等主驾驶任务外，还执行着大量和驾驶无关或不直接相关的驾驶次级任务，这些次级任务会在不同程度上占用驾驶人的视觉资源、认知资源和动作资源，分散驾驶人的注意力，产生较高的认知负荷。许多研究都已经证明以车内信息交互为代表的次级任务严重影响着驾驶人的驾驶效能和交通安全。

虽然面临驾驶复杂性快速增加和驾驶安全风险的问题，但是，大量的车载信息系统（IVIS）还是不断进入汽车驾驶空间。追求复杂是人类对产品功能和感性体验需求的体现，问题的关键不是简单地减少复杂性，而是通过精心的设计良好地管理复杂性，为用户提供复杂但易用的产品。汽车也不例外，汽车驾驶及交互空间的复杂性是驾驶人追求更多驾驶体验和信息功能需求造成的。因此，在复杂信息情境下，关于汽车交互界面设计的一个关键性的问题在于，如何在设计人机交互界面和信息系统中，既满足驾驶人次级任务需求，又保证驾驶安全、效能和体验。

（三）设计方法和工具

除上述挑战外，一个突出的现象是，原本由汽车制造商及其原始设备制造商（OEM）负责的车载信息系统设计和研究工作，已经拓展到了通信、互联网、软件等行业。而汽车使用情境的复杂性和特殊性，使其与传统的桌面系统及移动设备系统的人机交互界面设计和评估有较大的差异，当前桌面系统和移动设备系统交互界面建模、设计和评估的工具、方法和经验，很难直接迁移到汽车用户界面设计上。

与此相对应的是，传统的汽车开发周期一般为 2 ～ 5 年，而互联网交互产品的开发周期最快的可以只有 1 周。不同的开发模式导致了不同的开发周期。特别是互联网的“先上线后改进”“永远的测试版本”在汽车行业是很难想象的。因此，在开发模式、周期上的巨大差异，也使得汽车人机交互界面设计充满了巨大的挑战和机遇。从设计内部看，工业设计如何与交互设计在汽车开发的情境下进行整合是非常有挑战性的话题。

信息和网络对于汽车的影响将是巨大的，而且这种影响在很长一段时间里会是制造业和互联网行业融合的重大机遇，也是这两个行业，特别是汽车行业面临的巨大挑战。

面向未来，在汽车制造和互联网这两个行业中，究竟哪个行业会引领汽车人机交互界面的发展，将会是一个具有争议的问题。从互联网行业来看，互联网引领了潮流，并导致了当时最大的两家通信设备制造企业（诺基亚和摩托罗拉）的衰落。汽车行业如何发展确实是一个重大的挑战。最为典型的一个例子是，汽车的电子信息平台目前多半还是封闭系统，缺少像互联网那样的通用平台。虽然可以以汽车电子与驾驶安全的理由来解释，但这样的封闭不得不让人联想到诺基亚塞班（Symbian）系统平台的封闭。也许，这才是汽车行业最大的挑战。但正是有了这样的挑战，才会带来对行业进行改变的机遇，才有可能真正实现使汽车从运载工具转变为个人移动空间的梦想。

第二节 汽车总体设计

一、汽车工业概述、汽车类型与总体设计工程

（一）汽车工业概述

汽车工业是资金密集、技术密集、人才密集、综合性强、经济效益高的产业。世界各个工业发达国家几乎无一例外地把汽车工业作为国民经济的支柱产业。汽车的研制、生产、销售、营运，与国民经济许多部门都息息相关，对社会经济建设和科学技术发展起到重要的推动作用。

汽车是衡量社会经济发展水平的标志。由于社会需求的不断增长和科学技术发展的推动，汽车设计日臻精巧，其运输效率和各项性能都有很大的提高。汽车已成为各国国民经济和社会生活中不可缺少的一种运输工具。

但是，汽车数量过多也造成了噪声污染、道路堵塞、交通事故、停车场短缺等社会问题。所以，汽车工业还必须以性能优异的产品来适应环境保护、交通管理等方面的法规和政策的要求。

汽车的使用条件和工作环境多变，同一种汽车在不同地区所面临的使用条件，如道路、气候、维修能力和燃料供应等有很大的不同。

一种汽车的设计，由于设计对象不同，考虑使用的出发点也不同，其最佳的适应范围也不同。汽车作为现代社会中主要的运输工具，其与社会有着密切的关系。一个成功的汽车产品的设计，应该在内涵文化上满足社会文化、经济、艺术造型等多方面的要求。自1886年第一辆汽车问世至今，汽车工业从无到有，发展迅猛，产量大幅度增加，汽车在安全、环保、智能、节能等方面的技术日新月异。1950—1970年，全球汽车保有量每10年翻一番，1970年达到2.5亿辆。

1986 年，全球汽车保有量再次翻一番，达到 5 亿辆。目前全世界汽车的保有量已超过 10 亿辆。主要汽车生产国家有美国、中国、日本、德国、法国、俄罗斯、意大利、加拿大、英国等。2012 年全球汽车年产量近 8000 万辆。2016 年全球汽车产量为 9687 万辆。

日本、美国、欧洲等发达国家和地区发展汽车工业的特点是资本集中垄断，利用高科技优势，采用大批量生产方式。例如：美国的通用、福特、克莱斯勒 3 大汽车公司垄断了美国 90% 以上的汽车生产。经济衰退、能源危机、政局动荡、石油价格波动、市场竞争激烈等因素对世界汽车工业影响很大。近年来，许多发达国家的汽车保有量和需求量已渐趋饱和，汽车工业在 20 世纪六七十年代迅速发展的势头已减缓，企业间竞争激化，贸易保护主义迅速蔓延。美国的汽车产量连年上下波动，西欧汽车产量停滞不前，企业不景气和严重亏损导致汽车企业不断出现股权转让以及兼并改组。世界各大汽车公司为了在激烈的竞争中求生存，采用将产品输出变为资本输出的对策，寻求多样化的国际合作方式，实现跨国经营。多边合作、联合生产、合资入股、渗透兼并等方式使跨国公司的数量日益扩大，汽车工业的生产经营渐趋国际化。

与此同时，一些新兴工业国家和发展中国家的汽车工业正在崛起。其中不少国家都用优惠政策吸引外资，采用引进先进技术和装备、进口全拆散零件（CKD）装车，逐步提高国产零件的装车比率，进而使主要部件自给，然后扩大零部件及整车出口的模式，发展自己的汽车工业。西班牙、巴西、韩国等国就是采用这种模式使汽车工业迅速发展的典型例子。在这些国家中，由于经济发展和国民收入逐年增长，对汽车的需求量不断增加，促使汽车工业迅速发展。还有一些发展中国家采用合资经营或进口半拆散零件（SKD）装车等方式发展自己的汽车工业。可是，发展中国家要振兴汽车工业，都不同程度地面临工业基础薄弱、技术落后、资金匮乏、原料短缺、人才不足、销路不畅等种种困难。

中国的汽车工业是在 1949 年后才建立起来的。1953 年 7 月，第一汽车制造厂（简称“一汽”）开始在长春市兴建（这一年为中国汽车工业建设开启之年），仅用 3 年建成并于 1956 年 10 月开工，大批生产装载量 4 t 的解放 CA10 货车，从而结束了中国不能制造汽车的历史。这是新中国的第一个汽车厂，也是“一五计划”中国家 156 个重点项目之一。在 1958 年该厂又制造了我国第一辆轿车——东风牌轿车，接着又开始小批量生产红旗 CA770 高级轿车。

20 世纪 50 年代后期和 60 年代，在一汽逐步扩大生产的同时，国家在“三线”地区建设了第二汽车制造厂、四川汽车制造厂和陕西汽车制造厂三个不同规模、以生产军用汽车为主的汽车生产基地。这三个基地的建设，标志着我国已具备独立开发载货汽车及主要依靠自己的力量设计和装备大中型载货汽车厂的能力。与此同时，各地一批汽车修配企业相继改建成汽车制造厂，此外，城建和交通部门等也设立了一批公共交通车辆厂，使我国汽车的品种和产量进一步增加，进一步促进了我国汽车工业的发展，并带动了一大批地方企业的发展。1980 年我国汽车年产量已超过 22 万辆。在这一时期，我国汽车工业计划经济烙印明显，汽车工业的建设和生产紧跟政治形势，基本为满足生产和公务需要，采取限制消费的政策。

“六五”计划：20 世纪 80 年代，在“改革、开放”的正确方针指引下，我国汽车工业又以更高的速度向前发展。1982 年 5 月，中国汽车工业公司（简称“中汽公司”）在北京成立。在中汽公司的统一领导和管理下，汽车行业以各个大型骨干厂为主，联合一批相关的中、小企业组建了解放、东风、南京、重型、上海、京津冀 6 个汽车工业联营公司和一个汽车零部件工业联营公司，促进了企业之间的合作和专业化分工生产，有利于技术引进和技术改造。在此期间，我国汽车工业加快了主导产品更新换代和新产品开发的步伐，产品质量提高，品种增多，在 1985 年汽车年产量就超过 44 万辆。

“七五”计划：1985 年，中央“七五”计划中第一次明确提出了要把汽车制造业作为支柱产业的方针，1987 年国务院又确定了发展轿车工业来振兴我国汽车工业的发展战略。这两项决定确立了我国汽车工业在国民经济中的重要地位以及汽车工业发展的重点。1987 年 5 月 27 日，国务院委托决策咨询小组在第二汽车厂召开轿车发展战略研讨会。会上，经过企业、专家、各级领导的讨论，对我国要发展轿车工业达成共识。中汽公司及其下属机构经过调整改组，充实了解放、东风、重型三大汽车企业集团并在国家计划中单列户头。以天津、上海、沈阳等城市为中心的汽车生产企业也组成了一些地方性企业集团。此外，其他部、委所属企业以及一批军工企业也从事汽车产品的生产，并确定在原有汽车工业基础上发展，发展轿车必须走高起点、大批量、专业化道路。

“八五”计划：重点发展轿车，提高国内汽车零部件配套能力。中央在关于发展国民经济的建议中提出，汽车制造业在整个国民经济发展中占有重要地位，而不仅是为了满足交通运输业的需要，再次明确了汽车产业在国民经济中的重要地位。20 世纪 90 年代初是国内汽车企业结构调整的关键时期。我国汽车工业有重点有选择地引进了 100 多项国外先进技术，其中整车项目有与德国、法国、美国合资生产的轿车和吉普车，引进奥地利斯太尔和德国奔驰重型汽车，美国和英国矿用自卸车，意大利依维柯和日本五十铃轻型货车，以及铃木微型汽车。在 1991 年初的全国汽车工作会议上，围绕汽车工业的现状及发展目标，汽车行业调整的重点从载货汽车转到轿车上，重点在“三大”的布局，搞好统筹规划。这一精神在“八五计划”中得到体现，在汽车工业相关内容中提出：加快发展轿车和轿车零部件工业，提高配套能力和本土化程度。重点建设一汽、二汽和上汽的轿车合资项目。一汽与德国大众公司合资经营，1990 年奥迪 100 轿车的生产线正式开工投产，同年双方又签订了年产 15 万辆高尔夫和捷达轿车的协议书并开始兴建生产基地。二汽与法国雪铁龙公司合作生产轿车的协议书亦于1990年底签订并着手实施。上汽与德国大众公司合资生产的桑塔纳轿车，1985 年底投产，在“八五计划”末期其年产量就超过了 10 万辆。

“九五”计划：强调规模生产，鼓励自主研发。1995 年 1 月，国家计委、机械工业部在上海联合召开全国贯彻汽车工业产业政策座谈会。国务院领导指出：要大力促进骨干大型企业间的联合，最终形成为数不多的大企业集团；要按照市场需求，各方面协同配合，绝不能“遍地开花”、盲目发展；要有自主研究开发能力，否则就会受制于人。在“九五”计划中，国家对汽车工业发展的考虑，有两个重要背景：一是我国要加入世贸组织已成定局，而我国的轿车工业建立在合资基础上，要防止受制于人；二是经历了极度物质匮乏形成的巨大国内市场，使“产量不足”成为汽车工业的突出矛盾，在地方 GDP 及市场的刺激下，汽车企业“遍地开花”、盲目发展，散、乱、差的现象比较严重。此次计划针对汽车零部件提出：加大零部件投资力度和提高生产集中度，扶植一批主要零部件骨干企业尽快达到高起点、专业化、大批量的生产经营水平。

“十五”计划中最令汽车界关注的，当属国家第一次明确提出“鼓励轿车进入家庭”。“十五”计划首次提出“鼓励轿车进入家庭”，至少包含三层意思：一是明确了轿车作为家庭耐用消费品的社会商品属性，对转变人们消费观具有重要的指导意义和现实意义；二是指明了轿车工业的发展方向，明确了以进入家庭为主的产品市场目标，对轿车生产经营企业提出更高的要求；三是确立了国家的政策导向，是鼓励而不是限制。“十五”计划积极倡导和促进轿车进入家庭。“十五”期间我国汽车产量提前完成计划目标。我国汽车产量以 22.51% 的年均增速，连续跨越 3 个百万辆大关，2005 年实际产量为 570 万辆，其中轿车 277 万辆，分别为计划目标的 1.78 倍和 2.52 倍，占当年世界汽车总产量的 8.58%，世界排名从 20 世纪末的第 8 位跃居第 4 位，每千人拥有汽车 24 辆；汽车工业总产值占全国工业总产值的比例为 4.1%；汽车工业增加值占国内生产总值（GDP）的比例为 1.2%。投入产出效益明显提高，对汽车工业上下游产业的带动作用更加显著。

“十一五”规划：鼓励自主创新成为最强音。根据国家发改委的统计，

2005年，我国有整车品牌355个，其中自主品牌占69%，主要集中在商用车领域。在115个乘用车品牌中，自主品牌只有34个。2005年上市的73款新车中，我国自主开发的只占23.3%，其余的都是技术引进和联合开发的。为此，在“十一五”期间，作为国家战略支撑点的自主创新自然也成为“十一五”规划中汽车工业发展的着力点。“十一五”规划提出：“增强汽车工业自主创新能力，加快发展拥有自主知识产权的汽车发动机、汽车电子、关键总成及零部件；发挥骨干企业作用，提高自主品牌乘用车市场占有率。鼓励开发使用节能环保和新型燃料汽车。引导企业在竞争中兼并重组，形成若干产能百万辆的企业。”

我国汽车工业经过60多年（以1953年开始建设一汽为起点）的艰苦创业、巩固、调整与发展，虽然与世界先进水平还有相当大的差距，但汽车品种尚能完全满足国民经济的需要，并已形成相当的规模，为其迅速腾飞奠定了较好的基础。已分期分批建成几个大型现代化的轿车、轻型车、重型车基地并进一步提高汽车的水平。2020年，我国汽车的保有量超过2.8亿辆，年产量超过2500万辆并跃居世界主要汽车生产国的行列。中国汽车市场的井喷式增长，对全球汽车保有量的增长起到了重要作用。

高速公路的发展，促使汽车的运输能力和载货量逐渐加大。自20世纪60年代以来，我国载货汽车逐渐向大型化发展，汽车在矿山、钢铁、建筑、石油开发等部门运输量的比重逐步上升，同时还采用变型和集装箱运输方式来扩大汽车的用途和降低汽车运输成本。在农业生产过程中，汽车运输也占有很重要的地位。由此可见，汽车已渗透到国民经济的各个部门中。

除载货汽车外，我国每年还要生产数量众多的供私人用的各种形式的乘用车——轿车（占整个汽车产量的80%），汽车已成为人们上下班、采购、旅游或出差的代步工具，起到了节省时间、加快生活节奏和使生活现代化的作用。

汽车作为陆上运输工具在社会上发挥的作用已经接近甚至超过了铁路，但它也给社会带来许多新问题。例如：过多的车辆造成车流密度大、交通拥挤和事故频繁发生；废气和噪声对环境造成污染。

（二）汽车类型

1. 按用途分类

乘用车：主要用于载运乘客及其随身行李和临时物品的汽车，包括驾驶人座位在内最多不超过9座。

商用车辆：在设计上用于运送人员和货物的汽车，并且可以牵引挂车。乘用车不包括在内。

2. 按《机动车辆及挂车分类》标准分类

按《机动车辆及挂车分类》（GB/T 15089—2001）标准，将机动车辆和挂车分为M类、N类、G类、O类和L类，其中：M类为至少有4个车轮且用于载客的机动车辆；N类为至少有4个车轮且用于载货的机动车辆；O类为挂车（包括半挂车）；L类为两轮或三轮机动车。

（三）汽车总布置设计工程

并行工程是指将传统的制造技术与计算机技术、系统工程技术、自动化技术有机地结合起来，在产品开发的早期阶段全面考虑产品生命周期的各种因素，力争使产品开发能够一次获得成功。它站在产品设计、制造全过程的高度，打破传统的组织结构带来的部门分割和封闭的观念，强调参与者协同工作的效应，重构产品开发过程。总布置设计工程起到充分发挥这种协同工作和整合工作的组织作用，统领其他部门。

在汽车开发整体流程中，总布置设计贯穿整个全过程。作为汽车设计全过程的协调和监控机制，它逐渐确定设计硬点，直至最后的精确装配，保证所有车身和底盘以及内饰件之间的相互配合关系。从汽车造型效果图设计开始，总布置就必须针对客户提出的需求，收集竞争车型信息，提供汽车造型的总体设计参数，如总长、总宽、总高、轴距、轮距、车轮大小、接近角、离去角。造型师则按照相关信息进行造型效果图的制作。

当效果图评审通过后，便开始进行油泥模型的制作。通常油泥模型师除了要参考造型效果图并与造型师进行交流外，还必须严格遵守总布置设计的关键线图或胶带图的要求。而胶带图和关键线图均是利用上述总体参数，并参考同类车型的外部轮廓和内部空间完成的总体参数控制线图，它是油泥模型师用来制作卡板、实现模型总体参数控制的重要工具。

油泥模型评审通过后，就可以进行车身的逆向和结构设计了。与此同时，底盘设计工作也已经开始。要追求快速开发的效率，自然是利用已有的底盘平台进行变型设计。总布置根据整车的要求，对底盘零部件空间的位置和形状提出要求，并进行一定的计算和匹配。底盘设计组则可以利用这些硬点进行零部件的设计；车身设计主要根据整车设计的刚度和设计要求，以及相关零件如发动机及其附件、底盘零部件的要求设计发动机舱、行李箱和车身结构；内饰的设计也需要根据总布置人机工程（包括可操纵范围校核、视野范围校核和舒适性等）要求，进行相应的造型设计和结构设计。

对于整车设计，零部件的配套是重要的一环，总布置要考虑多种零部件的代替方案以及各种方案的可行性分析，并与零部件配套企业进行紧密的交流与合作，最后实现车身模具、附件、底盘零部件的配套，为进一步完善数模打下基础。同时，总布置设计还是与客户方案交流的窗口，能将产品的成本和结构的工艺性有效地结合在一起。

总之，总布置设计在整车整个开发过程中起着举足轻重的作用，只有利用并行工程的思想，才能做好各个子项目组的协调工作，缩短开发周期，提高工作效率，提高产品开发的成功率。

1. 总布置设计是汽车设计的规划和向导

在汽车开发项目的设计任务书确定之后，总布置设计的工作就正式开始了。汽车总布置设计通过对整车设计的总体规划来确立车身、底盘、动力总成等系统之间的配置关系、重量、法规和整车的性能指标。总布置设计首先要确定设计硬点。设计硬点是指通过基本的线、面和基准点，以及控制结构和参数，来表达底盘、车身以及其他零部件之间的协调关系。

在主要设计硬点确立以后，造型、车身、底盘等设计就有了共同参照的依据和遵循的规范，各个子项目再分头展开。

总布置设计对各运动机构和非运动部件的关系进行有机的协调，避免零部件之间产生运动学干涉。例如，轮胎跳动与轮罩包络图、悬架跳动和转向系统的运动学干涉校核、转向梯形校核等。

在整车设计中，人机工程学和舒适性设计是总布置设计必须校核满足的条件。例如，人体模型设计、驾驶人视野校核、上车舒适性校核、驾驶人可操作性校核、汽车座椅和头枕校核、前后刮水器校核、眼椭圆和头廓包络线校核等。

整车的总布置设计实现整车性能计算和仿真，进行整车性能匹配和系统优化。例如，制动力匹配、碰撞结构设计和模拟、动力性能计算、燃油经济性能分析、操纵稳定性计算、平顺性能计算、前后悬架刚度和阻尼匹配计算和分析、整车可靠性仿真分析和 NVH（振动、噪声和舒适性）分析等。

总布置设计通过确定关键零部件的设计参数，指导设计选型。在设计选型上，设计公司通过和相关厂家合作，确定转向系统设计和选型、悬架设计与选型、发动机和变速器的选型、电喷和排放系统的匹配、安全带与安全气囊选型和仿真等。

总布置设计使整车的项目分组管理和协同开发成为可能，让汽车设计在一个科学、计划和合理的条件下进行。早期的汽车总布置设计，采用二维总布置图样来发布。随着计算机技术的发展，进入 20 世纪 90 年代中期，三维发布的总布置设计已经开始被一些国外先进的汽车公司采用并逐渐被推广。这项技术的应用，在很大程度上提高了布置、设计的准确性和精度。

目前，国内的整车总布置设计与底盘及动力系统的状况相似，设计和匹配试验的能力和发达的国家比较还有一定的差距。建立在成熟底盘基础上进行的车身造型设计和改型设计，是目前绝大多数汽车公司普遍采用的开发模式。这种开发模式使汽车设计的安全性和稳定性得到了保证，同时大大缩短了开发周期，降低了开发的成本和风险。

整车总布置设计流程：在对一辆全新整车进行总布置设计和对一辆整车局部改型布置设计时，往往采用不同的方法。

2. 整车总布置设计方法

首先，总布置设计工程师要确定整车设计思想，即明确设计任务书。在总体设计过程中，需要先确定整车主要尺寸参数、主要性能参数、质量参数以及各系统总成基本形式，选择发动机和轮胎型号等。这些属于初步的布置与方案设计阶段。随着设计工作进行到车身零部件逐步选定或设计逐步完成阶段就进入精细设计阶段，即所谓的精确布置与虚拟装配检查阶段。初步确定这些参数是进行整车总布置设计的首要工作。这些尺寸和参数的确定不可能靠精确的公式计算出来，一般根据新产品开发计划和性能要求，在大量的市场车型调查和统计分析工作的基础上，参考国内外同类车型，选择相应的样车作为初步确定参数的依据。同时，还应注意所确定的参数要符合各种法规和标准的要求。

其次，根据总布置设计的基本尺寸和设计要点，由造型设计师设计出各种汽车外形效果图和模型，然后确定汽车的车内设施设计。选定最佳方案后，再交总体设计师进行整车总布置设计，确定整车总体参数后，进行油泥造型，定稿后再由总布置设计师进行整车总体详细布置设计。

整车总体设计尺寸参数主要包括：总长、总宽、总高；轴距、前悬、后悬、轮距（前轮、后轮）；离去角、接近角、最小离地间隙等。一般来说，随着总体设计参数的确定，其车身上的主要尺寸参数也可初步确定。随着整车总体设计参数和车身主要尺寸参数的确定，其他尺寸参数应在布置设计中逐步具体化，并使其满足主要尺寸的要求；同时，初步确定的整车及车身主要尺寸参数在布置设计的不断深化中又能得到反复修正，直到最终被确定下来。

整车总布置设计确立了汽车的长、宽、高、轴距、轮距等的控制尺寸，轴荷分配范围以及散热器、动力总成、前后桥、传动轴和车轮等的轮廓尺寸和位置等后，再以同类车型有关数据作为借鉴，设计人员即可初步确定前悬和后悬的长度、前后风窗位置和角度、发动机舱盖高度、地板平面高度、前围板位置、座椅布置、内部空间控制尺寸、转向盘位置角度和操纵机构及踏板的相互位置等。总之，总布置设计是在满足车身造型要求的条件下，对发动机、驱动装置、悬架机构等总成，电气设备，燃油箱、备胎等部件，车身内饰总成和部件等的所在位置，以及车身室内空间大小、行李箱尺寸和车身主要技术参数进行设计确定的过程。其最终目的就是在有限的车身外形尺寸内布置所有的总成和部件，并获得最大的车身室内空间，提高产品的市场竞争力。整车总布置设计与车身、底盘设计有着相互制约、相互协调的关系，往往需要反复交叉进行。这种协调工作需要设计者的智慧和经验。在这个过程中，往往有很大一部分精力和时间都花费在修正数据的工作上，这就需要整个设计组将先期的准备工作做细。由于现今的很大一部分设计是在原有参考车型的基础上改进设计的，即使是开发一种全新车型，也不是重新设计所有部件，而是大量地采用沿用件以降低成本、减少风险。但是为了使产品以新的形象出现在用户面前，车身件往往需要重新设计，并对已知发动机和底盘部件的参数进行整车总布置。因此，在设计方法中综合了两种设计思想，即底盘及车身同时进行设计。

综上所述，今天的汽车，其作用不仅深入国民经济的各个部门，还与社会和人民生活息息相关，因此，在汽车设计中，必须考虑到这些因素而形成自己的特点。一辆汽车在不同地区所面临的使用条件，如道路、气候、维修能力和燃料供应等有很大的不同。以我国为例，南北之间纬度跨度很大，南部进入热带，北部接近寒带，因此南北温差悬殊；在辽阔的国土上，地形十分复杂，西部有雄伟的高原，东部有广阔的平原和起伏的丘陵，各种地形互相交错。不同的气候、地理条件对汽车的结构、材料和汽车设计都有特殊的要求，如高原地区要求发动机增压，寒冷地区要考虑冷起动、暖风加热设备等，热带地区希望驾驶室有良好的通风和隔热、空调设备等。因此，汽车设计人员一定要仔细调查研究汽车的各种使用条件，精心设计，才能确定合理的方案，使汽车能对复杂的使用条件有良好的适应性，并保证其可靠地工作。

汽车性能的优劣不仅取决于组成汽车的各部件的性能，而且在很大程度上取决于各部件的协调和配合，取决于汽车总体布置。汽车总体设计水平的高低对汽车的设计质量、使用性能和产品的生命力起决定性的影响。

汽车是一个系统，因为：

①汽车是由多个要素（子系统及连接零件）组成的整体，每个要素对整体的行为均有影响。

②组成汽车的各要素对整体行为的影响不是独立的。

③汽车的行为不是组成它的任何要素所能具有的。

汽车具备系统的属性，对环境表现出整体性。一辆子系统属性匹配协调的汽车所具备的功能大于组成它的各子系统功能纯粹的、简单的总和；反之，如果子系统的属性因无序而相互干扰，即便是个体性能优良的子系统，其功能也会因相互扼制而抵消，功率循环、轴转向等就是典型的例子。

系统论所揭示的系统整体性和系统功能的等级性必然会映射到汽车设计任务中来，用整体性来解释汽车设计的终极目标，就是整车性能的综合优化。汽车设计任务的等级形态表现为，上位设计任务是确定下位设计任务要实现的目标，下位设计是实现上位设计功能的手段，上、下位体系可从总体设计逐级分至零件设计。汽车总体设计无疑处于这种体系的最上位，设计子系统的全部活动必须在总体设计构建的框架内进行。子系统设计固然重要，但统揽全局、设计子系统组合和相互作用体系规则的汽车总体设计对汽车的性能和质量的影响更加广泛、更为深刻。

汽车设计的系统工程就是通过体系规则使设计现代化，汽车总体设计工程的终极目标是整车性能的综合优化。

二、汽车设计特点

汽车设计理论是指导汽车设计实践的，而汽车设计实践经验的长期积累和汽车生产技术的发展与进步，又使汽车设计理论得到不断的发展与提高。

汽车设计技术是汽车开发设计的方法和手段，是汽车设计实践的软件与硬件。汽车是一种包罗了各种典型机械元件、零部件、各种金属与非金属材料及各种机械加工工艺的典型的机械产品，因此，其设计理论显然要以机械设计理论为基础，并考虑到其结构特点、使用条件的复杂多变以及大批量生产等情况。它涉及许多基础理论、专业基础理论及专业知识，如工程数学、工程力学、热力学与传热学、流体力学、空气动力学、振动理论、机械制图、机械原理、机械零件、工程材料、机械强度、电工学、工业电子学、电气与微机控制技术、液压技术、汽车理论、发动机原理、汽车构造、车身美工与造型、汽车制造工艺、汽车维修等。

汽车设计技术经历了由经验设计到以科学试验和技术分析为基础的设计阶段。20 世纪 60 年代中期，在设计中引入电子计算机后又形成了计算机辅助设计（CAD）等新方法，使设计逐步实现了半自动化和自动化。

一种新车型的开发，往往要经过设计—试制—试验—改进设计—试制—试验等二次或多次循环。

电子计算机的出现和其在工程设计中的推广应用，使汽车设计技术得到飞跃发展，汽车设计过程完全改观。

（一）汽车设计特点

随着汽车工业的专业化、国际化发展趋势，汽车设计在汽车生产过程中的工作量占 20% ～ 30%。汽车的设计开发工作，是从根据市场调查及使用要求而制订的设计任务书开始的。

1. 汽车设计的内容

汽车设计的内容包括整车总体设计、总成设计和零件部件设计。整车总体设计又称为汽车的总布置设计，其任务是使所设计的产品达到设计任务书所规定的整车参数和性能指标的要求，并将这些整车参数和性能指标分解为有关总成的参数和功能。

2. 汽车设计的特点

①系列化、标准化、通用化。

②使用条件的复杂多变。

③重视汽车使用中的安全、可靠、经济与环保。

④车身设计既重视工程要求，又注重外观造型。

⑤在保证可靠性的前提下，尽量减小汽车的自身质量。

⑥设计要在有关标准和法规的指导下进行。

⑦汽车设计是考虑人机工程、交通工程、制造工程、运营工程、管理工程的系统工程。

（二）设计步骤

现代汽车向清洁、节能、安全和智能方向发展，夹在质量和成本间的汽车设计数据空间越来越小。这就提出了精益设计等一系列课题，主要表现在以下几个方面。

第一，电子和电气产品的比重不断加大。新的电子产品，如电喷、制动防抱死系统（ABS）、安全气囊等控制系统核心都是汽车电子产品。汽车电子产品工作条件恶劣，对产品性能和可靠性的要求又极为严格，产品一旦失效，将对安全造成威胁，所以对汽车的电磁分析及电磁兼容性（EMC）研究已提上了议事日程。

EMC 研究涉及电、磁、热、流体、压电、结构的多学科交叉分析。传统的有限元分析软件已不能满足电磁产品精益设计的要求，具有多物理场仿真功能的有限元分析软件——ANSYS 为此提供了合适的工具。

在设计中，采用场－路结合的方法模拟电动机电磁场分析，取得部件磁场分布，如气隙磁场、转子力矩、空载及负载的特性来帮助产品设计。使用 ANSYS 分析轻而易举地解决了电动机定向晶粒钢材非线性磁流限值问题，在提高钢材磁密度的同时减少铜线的损失，从而设计出轻量化电动机。

第二，非线性分析进入实用化阶段。世界上任何事物的本质都是非线性的，但在传统设计中常常简化为线性。现在，精益设计呼唤非线性分析。ANSYS 软件强大方便的非线性能力满足了这个要求。

第三，系统分析在汽车设计中越来越重要。相关部件间的载荷传递一般无明确的规律，单个零部件的工况就不甚明确，这给汽车零部件分析增加了困难。ANSYS 为汽车业提供的解决方案允许将分析对象扩大至总成系统直至整车，从而绕过了零部件内部复杂的受力关系这一难题，使得分析结果更加符合实际。

第四，动力学分析和弹性体分析结合。传统动力学分析的对象只能是刚体，应力分析的弹性体只能是被约束的。悬架系统的动力学分析现在不需要对各机构部件刚化，可以在考虑结构弹性的同时分析其运动情况和工作时间的应力响应，可以大幅度提高分析精度。

1. 制订产品开发规划

在汽车产品开始技术设计之前，必须制订产品开发规划。首先，必须确定具体的车型，就是打算生产什么样的汽车。其次，要进行可行性分析，根据用户需求、市场情况、技术条件、工艺分析、成本核算等，预测产品是否符合需求，是否符合生产厂家的技术和工艺能力，是否对国民经济和企业有利。再次，拟定汽车的初步方案，通过绘制方案图和性能计算，选定汽车的技术规格和性能参数。最后，制订设计任务书，在其中写明对汽车形式、各个主要尺寸、主要质量指标、主要性能指标以及各个总成的形式和性能等具体的要求。

产品开发的前期工作，是分析各方面的影响因素，明确产品开发的目的和工作方向。否则，不经过周密调查研究与论证，盲目上马，轻则会造成产品先天不足，投产后问题成堆；重则会造成产品不符合需求，在市场上滞销，带来重大损失。

在产品开发的前期，企业为了进行各种研究与探讨，概念设计和概念车在近年来逐渐兴起。概念设计，是对下一代车型或未来汽车的总概念进行概括描述，确定汽车的基本参数、基本结构和基本性能的设计。概念设计同样需要研究产品的开发目的、技术水平、企业条件、目标成本、竞争能力等。概念设计可能只是停留在图样上和文件上的描述，成为“虚拟的”概念车，也可能是制造出实体的样车，供试验和研究。概念设计可能只是一种参考方案或技术储备，也有可能纳入正式的产品开发规划。所以概念设计不仅只供产品开发参考，也有可能成为正式产品开发规划的重要部分，成为新一代车型的初步设计。

2. 初步设计

汽车初步设计的主要任务是构造汽车的形状设计，主要包括以下内容。

①汽车总布置设计。汽车总布置设计（又称初步造型），是用来将汽车各个总成及其所装载的人员或货物安排在恰当的位置，以保证各总成运转相互协调、乘坐舒适和装卸方便的。为了保证汽车各部分具有合理的相互关系，需要确定出许多重要的控制尺寸。在这个阶段，需要绘制汽车的总布置图，绘出发动机、底盘各总成、驾驶操作场所、乘员和货物的具体位置以及边界形状；也包括零部件的运动（如前轮转向与跳动）范围校核。经过汽车总布置设计，就可确定汽车的主要尺寸和基本形状。

②效果图。效果图是表现汽车造型效果的图画。造型设计师根据总布置设计所定出的汽车尺寸和基本形状，就可勾画出汽车的具体形象。效果图又分为构思草图和彩色效果图两种。构思草图是记录造型设计师灵感的速写画。彩色效果图是在构思草图的基础上绘制的较正规的绘画，需要正确的比例、透视关系和表达质感。彩色效果图包括外形效果图、室内效果图和局部效果图，其作用是供选型讨论和审查。效果图的表现技法多种多样，只要效果良好，表现技法可不拘一格。

③制作缩小比例模型。缩小比例模型是在构架上涂敷造型泥雕塑而成的。轿车缩小模型常用 1 ∶ 5 的比例，即模型各部分尺寸均是真车尺寸的 1/5。英、美等国采用英制尺寸，模型的比例是 3 ∶ 8。造型泥是一种油性混合物，又称油泥，它在常温下有一定硬度（比肥皂硬些），涂覆前须经烘烤。缩小比例模型是在彩色效果图的基础上对造型构思的更进一步表达，具有立体形象，比效果图更具真实感，要求比例严格、曲线流畅、曲面光顺。制作一个缩小的汽车模型，需要从各个角度进行审视，反复推敲，精工细雕。

④召开选型讨论会。经过初步设计，绘制出一批彩色效果图和塑制出几个缩小比例模型，就可以召开选型讨论会。会议的目的是从若干个造型方案中选择一个合适的车型方案，以便作为技术设计的依据。选型讨论会主要讨论审美

问题，但也涉及结构、工艺等方面，故通常由负责人召集造型设计师、结构设计师和工艺师等参加。选型讨论会结束，说明选定车型的造型构思基本成熟，汽车的初步设计结束。

3. 技术设计

技术设计包括确定汽车造型和确定汽车结构两个方面。

（1）确定汽车造型

①绘制胶带图。胶带图是用细窄的彩色不干胶纸带粘贴成的 1 ∶ 1（全尺寸）汽车整车图样，可表达零部件形状及外形曲线。胶带图的外形曲线数据取自选定的缩小比例模型，可用来审查整车外形曲线的全貌。如发现某条曲线不美观或不符合要求，可将胶带揭起重新粘贴，直到满意为止。胶带图完成后，缩小比例模型的曲线又经过了进一步修正。

②绘制 1 ∶ 1 整车外形效果图。单纯由缩小比例的绘画表达汽车的外形效果尚不足够，还需要绘制等大尺度（全尺寸）的彩色效果图。现代造型设计非常重视等大的尺度感。汽车形状的最后确定，不能从缩小比例的图样或模型直接放大，而应经过 1 ∶ 1 效果图和 1 ∶ 1 模型的修正，以符合等大的尺度感和审美要求。缩小比例图样和全尺寸图样的真实感是截然不同的。打个比方，雏鸡看上去很小巧可爱，若放大 5 倍就显得太胖太臃肿。汽车也是一样，缩小比例模型上某些圆角或曲线看上去很小巧雅致，放大 5 倍后也许就会显得笨拙。

③制作 1 ∶ 1 外部模型。汽车外形外部模型是定型的首要依据。

④制作 1 ∶ 1 内部模型。1 ∶ 1 内部模型用来审视汽车内部造型效果和检验汽车内部尺寸。1 ∶ 1 内部模型与 1 ∶ 1 外部模型同时制作，其设计和尺寸相互配合。1 ∶ 1 内部模型的形状、色彩、覆盖饰物的质感和纹理都应制作得十分逼真，使人有置身于真车室内的感觉。

⑤造型的审批。1 ∶ 1 外部模型、内部模型、效果图完成后，需要交付企业最高领导审批，使汽车最终定型。汽车造型设计是促进汽车销路的重要竞争手段，大公司为了击败对手，会采用频繁更换车型的手段，因此对汽车造型设计的需求就十分迫切，使之在整个汽车设计过程中占有越来越重要的地位。

（2）确定汽车结构

汽车造型审定后，就可以着手进行汽车的结构设计。

汽车的结构设计，是用来确定汽车整车、部件（总成）和零件的结构的。也就是说，设计师需要考虑由哪些部件组合成整车，又由哪些零件组合成部件。零件是构成产品的最基本的、不可再分解的单元。毫无疑问，零件设计是产品设计的根基。在进行零件设计时：首先，要考虑这个零件在整个部件中的作用和要求；其次，要考虑零件应选用什么材料和设计成什么形状；最后，要考虑零件如何与部件中其他零件相互配合和安装。零件使用的材料可分为金属材料和非金属材料两大类。

金属材料又可分为钢铁（黑色金属）材料和有色金属材料两大类。汽车所采用的非金属材料种类繁多。钢铁是汽车上所使用的最重要的材料，占全车使用材料的大部分。钢铁的主要优点是强度、刚度和硬度高，耐冲击和耐高温，因而用于汽车上载荷大、高温、高速的重要零件。所谓强度高，就是这种材料可承受较大的力而不被破坏；所谓刚度高，就是这种材料可承受较大的力而变形很小。汽车的零件在工作时，有的零件承受拉力而有伸长的趋势；有的零件承受压力而有缩短的趋势；有的零件承受弯曲力矩而趋于弯曲变形。事实上，许多汽车零件的受力要复杂得多，如汽车变速器的轴就同时承受了拉、压、弯、扭多种力。汽车零件不仅承受静载荷，而且由于汽车的行驶条件随路况变化，因此还要承受十分复杂的动载荷。作为设计师，必须充分考虑零件的受力情况，经过周密的计算，确保零件的强度和刚度的数值在允许的范围内。

确定汽车零件的形状，要花费设计师许多心血。例如，发动机气缸体的形状就非常复杂，需要设计气缸和水套，考虑与气缸盖、油底壳的接合，安装曲轴、进气管、排气管和各种各样的附属设备，乃至气缸体内部细长的润滑油通道等，所有这些因素都应考虑周全，每个细节均不能遗漏。

设计师必须把所设计的汽车结构在图样上表达出来。

在设计时，设计师必须无条件地执行国家制定的有关法规和标准。对于出口的产品，还必须执行外国的标准，如国际标准化组织（ISO）、美国汽车工程师协会（SAE）、日本工业标准（JIS）、欧洲经济共同体（EEC）、欧洲经济委员会（ECE）等标准。图样绘制完成后，需要将部件和零件按照它们所属的装配关系编成“组”及其下属的“分组”号码。每个部件、每个零件及其图样都给定一个编号，以便于对全部图样进行文件管理。

（三）汽车总布置的关系

汽车总布置在很大程度上受制于整车（底盘）总布置的发动机位置。

1. 总布置的主要依据

①整车（底盘）总布置的有关参数和发动机布置。

②整车的使用条件和用户要求。

③国家、行业有关标准、法规。

④人机工程学的要求。

⑤制造、工艺条件等。

2. 总布置的工作内容

①根据整车设计要求确定车身各部分尺寸：乘客门、驾驶人侧门、安全门、行李箱、地板高、侧窗数量及车高、内高、内宽等。

②确定整车外形：前后围、车顶、侧围的大致曲线和尺寸，以及前后风窗位置与角度等。

③驾驶区布置：转向盘位置（角度）、仪表板、驾驶人位置及操纵机构和踏板的相互位置。

④乘客区布置：座椅布置、通道宽度、内高等。

⑤空调系统的位置：制冷、采暖、除霜、通风换气、空气净化装置的位置及管道位置。

⑥行李箱大小及位置。

⑦视野设计校核。

⑧乘客上下车方便性确定。

⑨安全性设计：被动安全性，如安全带、扶手等。

3. 车身总布置与整车总布置的关系

车身总布置在整车总布置和底盘总布置基础上进行，受发动机的位置制约很大。其需整车总布置提供以下参数。

①汽车总长 La、总宽 Ba，总高 Ha、轴距 L、轮距 B、前悬 LF、后悬 LR 等控制尺寸。

②轴荷分布范围。

③底盘各总成的位置和轮廓尺寸，包括动力总成、散热器、前后桥、传动轴、车轮、悬架、转向系统等。

④乘员数及行李箱要求。

⑤使用要求及操纵机构的相互位置等。

4. 总体布置的工作程序

①车身主要尺寸参数的确定：外廓尺寸和相关的总布置尺寸。

②座椅和操纵机构布置。

③驾驶区布置：仪表板、驾驶座、空调控制板、操作辅助设备、视野校核等。

④车厢内平面布置、客车横截面布置：地板、内高、座椅、侧窗、内行李架、灯具、空调管道等。

⑤备胎、燃油箱、蓄电池、行李箱等布置。

⑥必要的校核：确定尺寸、位置的需要，如发动机舱门、行李箱门，以及视野、车门等的运动校核。

经过上述工作，即可画出 1 ∶ 5 车身总布置图。上述各阶段往往反复交叉进行，很多尺寸（位置）需要反复推敲，修改后方能确定。

汽车是一种包罗了各种典型机械元件（零部件）、各种金属与非金属材料及各种机械加工工艺的典型的运动机械产品。汽车设计综合性强、表现手法多样（二维：手绘草图、效果图、平面图、电子图；三维：立体图、电子图、油泥模型等），需要考虑使用环境、法律条件、制造能力、组织管理等诸多方面，具有现代化设计组织、精度要求高的特点。

三、汽车设计技术的发展趋势

汽车工业是现代科学技术的高度结晶，因此，汽车设计和汽车生产技术在某种程度上反映了一个国家的现代科学技术水平，世界各国也大多将汽车工业作为其经济发展的支柱产业。

自 20 世纪 70 年代以后，计算机的功能逐步完善，使汽车设计过程逐步走向半自动和自动，正是由于设计技术的不断发展，才使得产品的功能不断提高。

电子计算机的出现使汽车设计方法有了新的飞跃，设计过程彻底改观，从而走向一个新阶段——计算机辅助设计（CAD）和自动设计（AD）阶段。

计算机辅助设计技术，特别是近 10 年来以计算机为基础而产生的计算机集成制造系统，使计算机技术在汽车产品开发中的运用日益广泛。计算机辅助设计技术主要包括 CAD、计算机辅助制造（CAM）、计算机辅助工程（CAE）等内容。CAD 就是计算机以某种模式和方法，按照人的意图去进行科学分析和计算，并做出判断和选择，最后输出令人满意的设计结果和生产图样；CAM 就是把计算机与工厂的设备联系起来，实现用计算机系统进行生产计划、管理、控制及操作的过程；CAE 通过结构分析来评价汽车的性能，提高产品质量，减少开发时间，具有精确地描述各种工程现象、快速完成结构分析和综合评价各种性能的功能。

随着测试技术的发展与完善，在汽车设计过程中引进了新的测试技术和各种专用的试验设备进行科学实验，从各方面对产品的结构、性能和零部件的强度、寿命进行测试，同时广泛采用近代数学物理分析方法，对产品及其总成、零部件进行全面的技术分析、研究，这样就使汽车设计发展到以科学实验和技术分析为基础的阶段。

计算机的出现和其在工程设计中的推广应用，使汽车设计技术飞跃发展，设计过程完全改观。汽车结构参数及性能参数等的优化选择与匹配、零部件的强度核算与寿命预测、产品有关方面的模拟计算或仿真分析等，都可以在计算机上进行。这种利用计算机及其外部设备进行产品设计的方法，统称为计算机辅助设计。

还可以利用计算机的逻辑分析，在各种设计参数或设计方案中进行选择，最后得到符合性能要求的最佳方案。例如：美国康明斯发动机公司设计载货汽车的新型柴油机时，有 8 个方案可供选择，本来根据以往设计经验的分析，想采用传统的 V 型 8 缸结构，只需对其性能、油耗等加以研究改进就可以了。当采用计算机对 8 个方案做适用性的全面计算分析后，证明直列 6 缸新结构是最先进、最合理的，结果采用了后者。

近代设计技术发展的一个特点是在设计中越来越多地应用基础理论的新成就，革新设计方法。例如：以往汽车零件的疲劳强度计算是以经典的金属疲劳强度理论为基础的。这种理论认为：当它们逐渐累积到与零件一定寿命相当的限量时，零件即告损坏。这个理论使我们对于汽车零部件的寿命有了进行较精确计算的可能，所以根据这一理论发展出了有限寿命设计方法。

对于设计目标能用明确的目标函数来定量描述的问题，在设计过程中无须人的参与或人机对话，计算机会根据用户编制的优化程序自动进行计算和设计，直至获得最优解为止，采用的这种系统称为自动设计系统。

随着计算机在汽车设计中的推广应用，一些近代的数学物理方法和基础理论方面的新成就在汽车设计中也日益得到广泛应用。

现代汽车设计，除传统方法和计算机辅助设计方法外，还引进了最优化设计、可靠性设计、有限元分析、计算机模拟计算或仿真分析、模态分析等现代设计方法与分析手段，甚至还引进了雷达防撞、卫星导航、智能化电子仪表及显示系统等最新技术。

国内、外的实践表明，采用计算机辅助设计或自动设计系统后，会大大缩短设计周期，提高设计质量，使设计人员从烦琐的计算和绘图工作中解放出来，有时间从事更多的创造性工作。这种先进的设计技术使整个设计工作的面貌彻底改观，是设计技术的一次飞跃，为设计工作开创了一个有广阔发展前途的新阶段。

在汽车设计开发中应用大量的计算机技术，促进了汽车设计技术的快速发展，缩短了汽车开发的时间，加快了汽车开发的速度。

第二章　驾驶人视觉信息感知特性分析

第一节　道路交通环境及驾驶人视觉特征分析

一、道路交通环境分析

（一）道路交通环境概述

道路交通环境的良好有序，是保证交通管理工作有序进行的一项重要基础，为规范交通行为和保证出行安全、预防道路交通事故的发生提供了重要保障，它不仅给人民群众的生活带来了极大的方便，而且减少了道路交通事故的发生率。道路交通环境是指要求或限制人们交通行为的各种外部和内部条件。道路环境、自然环境和人文环境是构成道路交通环境的三大部分。交通事故就是由道路交通环境间接造成的，对交通安全产生了不可忽视的影响。

道路环境是指把外部信息提供给交通参与者，为车辆运动提供运行条件的各种环境。道路环境包括道路的设计和规划、道路基础设施和道路附属物等。道路环境质量的好坏会对驾驶人的判断能力产生直接或间接的影响，同时车辆的运行状况也会对驾驶人造成影响。

（二）道路交通环境选择

合理选择良好的道路交通环境，对于驾驶人安全驾驶行为的分析具有重要的意义。下面选用直线行驶、红绿灯交叉口两种具有代表性的道路交通环境来进行试验，便于合理分析不同场景下驾驶人的驾驶行为，对于其安全性的对比研究更加准确。

直线行驶路段，即车辆正常行驶的直线段，是最常见的一种路线段，也是最简单的行驶路段。对直线路段进行分析，便于与其他复杂场景的分析进行比较，得到驾驶人驾驶行为的依据与参考。

红绿灯交叉口是指两条或两条以上的道路在此相交，是车辆、行人的必经之地。它是在同一个平面上形成的主要相交道路口，通常有T形、丁字形、十字形、X形、错位或者环形等形式。在红绿灯交叉口车辆通过时因驶向不同而相互交叉形成冲突点，而每一个冲突点实际上就是一个潜在的交通事故点。虽然红绿灯交叉口的交通安全和通行能力在很大程度上取决于红绿灯交叉口的交通组织，但本身作为一个特殊复杂的交通场景，有必要对其进行分析，研究车辆通过时驾驶人驾驶行为的安全性。

二、驾驶人驾驶行为

（一）驾驶行为分析

驾驶人驾驶车辆的过程中，将接受各种交通外部环境信息，包括周围的车辆信息、行人的信息、交通信号、标志、交通流信息和其他状态信息等。驾驶人通过视觉、触觉、听觉等自身的感觉器官，将对行车有重要作用的信息进行采集，从而以自身的驾驶水平和翻译能力为依据来判断下一步该执行何种操作，最后通过控制方向盘、制动踏板以及油门踏板等来控制车辆的方向和速度的变化。

在驾驶过程中，驾驶人不仅要着眼于车辆通行的交通环境信息，而且对外界交通运动要继续确定，通过综合处理外界环境信息和车辆自身的运动状态，不断判断车速、行驶方向、姿态和振动等参数的变化，及时修正和优化，以执行诸如手、足肢体运动器官的行为，确保在行车安全和车辆稳定性的基础上，成功完成驾驶任务。

驾驶人在行车过程中的各种操作的总称叫作驾驶行为，它由感知外界交通信息并形成决策的思维过程，通过运动器官操作车辆运行的肢体行为和自身车辆与周围车辆等交通环境要素之间的相对运动关系的控制行为组成。

（二）驾驶行为特点

驾驶任务决定了驾驶人驾驶行为的特点。驾驶人驾驶车辆的行为具有以下几方面的特点。

1. 稳定性

驾驶人的心理状态会因为复杂的道路环境发生变化，不同的道路交通环境引起的不同的驾驶人的心理变化也不同。在遇到紧急情况时，驾驶经验丰富、自信心强、性格坚定果断的驾驶人动作会比较精准和迅速，从而做出准确的反应；技术差的驾驶人则会动作失常，手忙脚乱，不能做出正确的反馈，导致出现错误操作而发生交通事故。所以，驾驶人驾龄的长短、心理状态和情绪是否稳定是在复杂情况下影响行车安全的重要因素。

2. 应变性

行车是一个不断变化和根据外界信息调整动态状况的过程。在行车的过程中驾驶人必须对外界随时变化的信息做出准确、迅速的判断和反馈，一旦分心，就会产生操纵错误，严重的则会引起交通事故。所以，迅速接收和处理各种信息的能力是每个驾驶人必须具备的应变能力，尤其在高速公路日益发达的今天，驾驶人的应变能力就变得更加重要。

3. 协调性

驾驶任务需要驾驶人在驾驶车辆时通过一系列的驾驶操纵动作共同协调组成整体活动才能顺利完成。据数据统计：在一个工作循环中，驾驶人需要完成上万次的操纵动作。所以，除自身各个器官能积极地协调配合以外，在行车过程中还要求驾驶人的各种生理和心理功能在车与路、人与车之间达到最大限度的协调。

4. 独立性

在驾驶过程中，通常驾驶人对各种问题的信息处理是在程序中单独完成的。这要求驾驶人必须具备相应的处理问题的独立性，在任何情况下都必须毫不犹豫地采取措施，果断地采取行动。当车辆遇到故障和意外情况时，驾驶人应该具有独立处理各种问题的能力。

5. 风险性

汽车的运动速度快、动能大，发生交通事故的概率会增大，因此，驾驶人在行车过程中面临的风险比较大。交通事故带来的人员伤亡、经济损失非常大。所以，一定的承受风险的能力是驾驶人必须具备的能力之一。

6. 警觉性

在行车途中，驾驶人需要及时处理那些突发的、潜在的、微弱的和突显的信息。由于突然显现的信息频率小，随机性大，往往很难被驾驶人察觉，使驾驶人放松警惕，但是其一旦出现，驾驶人就会因为无法及时处理而造成交通事故。因此，在驾驶过程中，驾驶人只有时刻保持警觉状态，做到“闹市区警惕，郊区不麻痹”，才可能具备处理突显信息的敏捷性，进而避免因为警觉性差而导致的交通事故的发生。

三、驾驶人特征

（一）驾驶人特征分析

在我国道路交通事故中，驾驶人的违法行为是造成交通事故的主要原因。所以，只有尽量减少驾驶人的不安全驾驶行为，才能有效地抑制交通事故的发生，降低交通事故死亡人数。

由驾驶人原因造成的交通事故在道路交通事故中占的比重很大，所以了解相关驾驶人的特征因素显得非常重要，对驾驶人的能力有必要进行更高的要求。

目前，一部分发达国家在驾驶人的选择方面，已经采用他们评定出来的指标来评测驾驶人是否适合驾驶，来达到保证交通安全、减少交通事故的目的。在我国，这方面的研究尚未引起足够的重视，工作进展也比较缓慢。汽车驾驶人比较特殊，对其驾驶行为的安全性操作要求也更高，因此，对其驾驶行为的研究具有重大的意义。

（二）驾驶人视觉特征分析

在实际行车过程中，对于不同的驾驶环境，驾驶人会有不同的驾驶行为；同一种环境，不同的驾驶人也会形成不同的驾驶行为。这主要是由驾驶人的驾驶行为形成主因子决定的。驾驶行为形成主因子是指道路交通环境中对驾驶人形成驾驶行为的过程具有关键作用的影响要素。

分析驾驶行为的形成机理可以发现，驾驶人主要通过眼睛、耳朵等感觉器官感知四周交通环境，从而形成对外界交通环境的感知和决策。研究表明，在行车过程中，驾驶人获取信息的途径有 90% 来自视觉系统。所以，研究驾驶人驾驶行为要分析不同环境下驾驶人的眼动规律。根据 Facelab5.0 眼动仪采集到的驾驶人视觉特性表征指标，人们提出可利用三类综合指标来评价驾驶人的驾驶行为，分别为注视、扫视以及头部运动。

注视时的注视持续时间、瞳孔大小、注视次数等参数描述了一次注视行为，扫视持续时间、扫视幅度、扫视角度等参数描述了一次扫视行为。

1. 注视持续时间

在注视时，保持视轴中心位置不变的持续时间称为注视持续时间，其单位为毫秒。注视持续时间用处理与危险相关的信息所花费的时间来表示，是提取信息难易程度的反映，即从所注视目标中提取信息所需的时间，也是主观信息处理策略和注视区域信息内容的度量标准。

在眼动过程中，信息处理过程越困难，注视持续时间就越长。当视野范围内显示密度较低的信息时，注视持续时间会比显示密度高时短 50 ～ 100 毫秒。例如，人们阅读 Word 文档时，字符在行间距紧密时，人们对每个字符的注视持续时间将会减少，对每一行的注视次数将会增多。注视点的数目会随间距、字符变小而变少，从而导致注视时间增长。

总之，如果注视时间长，说明观察者解读被视对象花费的时间长。

2. 瞳孔大小

用来表示驾驶人驾车时紧张程度的瞳孔大小是视觉信息注意状态的重要指标。瞳孔大小揭示了不同刺激条件下眼睛对注意状态的激发，可以用直径和面积来表述。

光强度、情绪和认知负荷是影响瞳孔尺寸的主要因素。

3. 注视次数

注视次数主要与观察者所处理的信息的多少有关，与深度无关。将驾驶人注视的区域进行划分，如果在某一个区域中出现了驾驶人有兴趣的事物，那么被试的驾驶人就会频繁地对那一个区域进行注视，所以，注视点数目就代表了视觉区域中驾驶人兴趣点的数目，因此某个区域信息的比例高，产生的注视的频率也相对较高。区域的注视次数是衡量搜索效率和区域重要性的重要指标，注视次数越多说明区域越重要。

4. 扫视持续时间

眼球从一个注视运动结束至下一个注视运动开始期间所包含的时间称为扫视持续时间，它反映的是眼球搜索目标所花费的时间。处理信息的复杂度与扫视持续时间之间具有很大的相关性。

5. 扫视幅度

扫视幅度是衡量观察信息多少的一个指标。一次注视如果包括很多的信息，那么在转移到下一次注视时就要跳过较大的幅度。一次注视如果只能获取有限的信息，那么就会跳过很小的幅度。

6. 扫视角度

扫视是从一个注视点到下一个注视点的过程，扫视角度则为眼球从一个注视点跳到下一个注视点的角度。扫视具有方向性，通常以当前的注视点所在的水平面为基准，向上的扫视为正，向下的扫视为负。

7. 眨眼频率

眨眼又称为瞬目反射，是一种快速的闭眼动作，是正常生理现象。正常人通常情况下的眨眼频率为每分钟 10 ～ 15 次，眨眼的间隔平均为 4 ～ 5 秒，每次持续时间为 100 ～ 150 毫秒。眨眼通常分为不自主的眨眼运动和反射性的闭眼运动两种。研究发现，眨眼不仅是人生理上的需求，同时也是人的生理状态改变的一种反应。眨眼有时候是人在有意识地思考问题，而有时候也是疲劳和注意力分散的表现。例如，当人们在注意力不集中或极度疲倦的状态下，眨眼的持续时间和频率都会相应增加，而驾驶人在提高警觉时眨眼的次数则会相应减少。同样的，驾驶人在疲劳时，眨眼频率增加，在高速驾驶汽车时，眨眼的频率就会相应减少。所以，人们可以通过研究驾驶人眨眼的次数、眨眼的频率、眨眼的持续时间来讨论驾驶人精神集中、紧张和疲劳的状况。

8. 头部运动

在行车过程中，驾驶人常常通过头部运动和眼睛的共同作用来获取道路交通环境的信息。相关研究表明，在人们的视线搜索过程当中，被试驾驶人的头部运动往往在时序上是先于眼睛的运动的。例如，如果驾驶人要把眼睛的视线从当前的位置转移到他比较感兴趣的区域中时，首先要通过头部的转动来获得恰当的角度，然后再通过眼睛的运动对上一步的头部转动进行一定的角度补偿，最后通过头部和眼睛的共同作用来完成视觉搜索的任务。从中可以得出，头部运动、眼睛转动以及位置共同作用的结果使得驾驶人的视线得以转移。因此，在研究驾驶人视觉行为的过程中，头部运动的参数是不可忽略的。

第二节　驾驶人视觉特性分析

一、驾驶人视觉基本特性

驾驶人在车辆行驶过程中会不断注视前方，其视觉会随着运行速度和运行环境而变化的特性称为视觉特性。车辆在行驶时，有 80% 的交通信息是依靠驾驶人的视觉获得的。因此，获取驾驶证而上路的驾驶人，必须要求具备良好的视觉条件。在车辆运动的过程中驾驶人会受到诸多因素的影响。

（一）驾驶人静视力

当观察者用眼睛注视目标时，目标发出的光或经目标反射出来的光，经过折射，会在眼底视网膜上形成目标印象。但目标在离观察者一定的距离外时，所成印象就会模糊，因此视力是眼睛辨别两个目标之间最小距离的能力。静视力是在静止状态下，用分辨 5 米以外的黑色开口圆环的能力来检查的，该检查仅是注视点附近的视力，所以这种用视力表测定的视力是中心视力。中心视力的大小表示视网膜上黄斑中心的视力功能好坏，它能反映人眼观察与分辨物体的能力。我国《机动车驾驶证申领和使用规定》中明确规定，机动车驾驶人的视力需要达到的保准为："申请大型客车、牵引车、城市公交车、中型客车、大型货车、无轨电车或者有轨电车准驾车型的，两眼裸视力或者矫正视力达到对数视力表 5.0 以上。申请其他准驾车型的，两眼裸视力或者矫正视力达到对数视力表 4.9 以上。"

（二）驾驶人的动视力

1. 动视力

动视力是指人和视标处于相对运动时检查的视力，汽车驾驶人在行车中的视力为动视力。随着车速的增加，可以清晰辨认物体的距离缩短，驾驶人的动视力也就随之降低。关于运动视力下降的原因尚无统一认识，但基本上有以下几个原因：

①车辆行驶时有一定程度的颠簸，人的眼睛受到振动，从而导致辨认距离下降。

②车辆快速行驶时人眼的调节能力下降导致运动视力下降。

③车辆运动速度增加时，眼球从一个注视点移到另一个注视点，两个注视点的间距随速度的增加而增加，间距中的物体则处于周边视觉范围内，成像模糊，从而造成运动视力下降。

④车速增加，人的生理、心理负荷加重，接受能力下降，从而降低了运动视力。对一个标志而言，当车速增加后，如要以相同距离识别标志则需要加大标志尺寸；对交通环境而言，车速增大，景观元素的尺度也应加大。所以研究动视力与车速的关系，对高速路、高等级公路、城市快速路及交通干道与环境的关系有重大理论与实践价值。由此可以看出，为了使道路安全设施尺寸能够适应驾驶人、乘客的动视力，道路的设计车速是道路安全设施设计和评价中应当考虑的因素。

值得注意的是，虽然静视力好是动视力好的基础，但静视力好并不意味着动视力一定好。有学者就对此进行了相关的研究，其结果显示：在抽样的 365 名驾驶人中，静视力为 1.0 的驾驶人有 276 人，但其中动视力小于、等于 0.5 的就占有 170 人，占到 61%。

根据交通心理学的研究，动视力随着运动速度的升高而迅速下降，一般情况下，静视力总是比动视力高出 10% ～ 20%，在一些特殊情况下甚至会高出 30% ～ 40%。动视力的大小还跟驾驶人的年龄有很大的关系，驾驶人的年龄越大，动视力就越差。

驾驶人的视力随着速度的提高显著下降，年龄越大，下降越明显，尤其是 32 岁以上的驾驶人，当其驾驶速度达到 120 千米 / 时以上时，其动视力便降到 0.6 以下，会存在事故隐患。因此，高速公路的限速设置多在 120 千米 / 时之内。

一般地，当驾驶人的行驶速度为 60 千米 / 时时，可有看清 240 米处的交通标志；而当车速为 80 千米 / 时时，仅可看清 160 米处的标志。

2. 动视野

动视野为驾驶人驾驶车辆在道路上行驶时所测得的视野。如果驾驶人的双眼视野过窄，不利于行车安全。当驾驶人驾驶汽车高速行驶时，会感到车外的树木、房屋等固定物体的映像在人眼视网膜上停留的时间太短，人眼来不及仔细分辨物体的细节，因此，随着车速的提高，驾驶人眼睛的有效视野会越来越狭窄。实验证明，当车速为 64 千米 / 时时，车厢两侧视认的最短距离为 24 米；车速在 90 千米 / 时时，视认的最短距离为 33 米。驾驶人行车时，具有以下几方面的视觉特性。

①车速越快，驾驶人注意力越集中，心里越紧张，就越会注意道路前方，从而忽视车外飞速变化的情况。据研究，一般情况下，人注视到可见目标需要约 0.4 秒，辨认目标需要 1 秒，如果车速过快，则会出现来不及清晰辨认目标的情况。

②驾驶人的注意力集中点会随着车速增加而前移，当车速较快时，驾驶人眼前的景物飞逝，由于心理原因，他会将注意力焦点集中在远方，以便认清景物。

③驾驶人的空间分辨能力会随着车速的增加而降低。车速较高时，驾驶人的视力会有所下降，加上车外景物在驾驶人眼前飞逝，驾驶人看到景物的持续时间就短，而人的视觉反应需要一定的时间，所以若持续时间过短，即一般低于 0.15 秒时，驾驶人根本无法发现和辨认物体。

④驾驶人的视野和视野所包围的角度会随着车速的增加而相应的缩小。

⑤驾驶人对眼前景物细节的辨认会随着车速增加变得模糊。因此，为了获得清晰景象，驾驶人必须向更远处看。

⑥车辆在高速运行时，驾驶人依靠所观察到的物体的尺寸变化和驾驶人与物体的位置的相对关系来判断车速，因此驾驶人的感觉会变得迟钝，注意力和

警惕性会有所削弱，有两个原因导致这种情况：一是驾驶人的注意力集中点前移，焦点落在远离车辆的前方；二是附近车辆的同速同向行驶，驾驶人感觉相对静止或者以较慢的速度前进。在这种路段应当考虑增设参照物，用于判断速度，以及设置完善的道路警戒措施。

当行驶速度为 60 千米 / 时时，驾驶人的视野范围约为 80°，注意力集中点在车前方 360 米左右的位置；当行驶速度为 80 千米 / 时时，驾驶人的视野范围约为 60°，注意力集中点在车前方约 380 米的位置；当车速到达 125 千米 / 时时，视野范围只有 26°，注意力集中在车前方约 720 米处。

二、驾驶人视觉特性

汽车驾驶人在行车过程中，有 90% 以上的信息是依靠视觉途径获得的。在驾驶人占主导的道路交通环境系统中，驾驶人的视觉特性与行车安全密切相关，而驾驶人的视觉行为以眼动形式为主要表现，因此，驾驶人的眼动特性也是驾驶人视觉特性的主要表现，对驾驶人视觉特性的研究主要通过研究驾驶人眼动特性进行。

（一）驾驶人眼动基本形式

汽车驾驶人在行车过程中眼睛有四种基本运动形式：注视、扫视、眨眼、眼动追随。

注视指的是将眼睛中央窝对准某一物体，该物体经加工成像在中央凹上的一段时间。驾驶人动态下注视一个物体，眼睛伴随有漂移、震颤和微小的不随意眼跳动三种眼动。

扫视也称为眼球的跳动，是巴黎大学的贾瓦尔（Javal）教授在 1897 年发现的，表示眼睛从观察对象的一部分上停留一段时间注视后又跳到另一部分上，所以扫视发生在两次注视之间。扫视的功能是改变注视点，使下一次要注视的内容落在视网膜中央凹附近而不能清晰成像。扫视发生时，眼睛是在跳动而非平滑地运动的。扫视有两个特点：第一，双眼的每次跳动几乎是完全一致的；第二，扫视的速度很快。

眨眼指的是上下眼睑相触，眼睛暂时隐在其后的非自主眼动行为。眨眼不参与驾驶人视觉搜索过程，无法获取相关交通信息，因而眨眼不在研究范围内。

眼动追随指的是眼睛追随移动对象的一种眼球运动。当我们观看一个运动的物体时，若保持头部不动，只有眼睛追随这个目标移动，才能使眼睛始终注视目标物体；当头部或身体运动时，眼球要做与头部或身体运动方向相反的运动，这样才能保持始终注视这个运动物体。上述两种眼动追随的目的都是使被注视的物体成像落在中央凹上。

（二）注视与扫视的划分

注视与扫视是两种重要的眼动形式，驾驶人通过频繁的注视和扫视搜索外部信息。目前相关研究领域对眼动注视和扫视的区分很模糊，没有统一的划分标准，但主要的区分标准有两个：视线停留在某注视范围内的时间；眼球运动速度和加速度阈值。

将视线停留在某注视范围内的时间作为注视和扫视区分标准的研究学者认为，注视是发生在视野平面直角坐标系中的。将眼球运动速度和加速度阈值作为注视和扫视区分标准的研究学者认为，眼动行为应该以原始的眼球运动速度和加速度来描述，所以，以眼动速度和加速度阈值作为表征量衡量注视与扫视最为合适。这些研究学者通过确定眼动速度的临界值和眼动加速度的临界值，将在某采样点眼动速度小于相应临界值，且眼动加速度小于对应加速度临界值的眼动行为作为注视，不符合此条件的眼动行为作为扫视。

两种区分方式界定的注视和扫视适用于不同的试验场景，前者多用于研究静态场景下（阅读汉字）的视觉特性，后者则适用于研究动态场景下（驾驶飞机、车辆等过程）的视觉行为。阿尔布雷希特·英霍夫（Albrecht Inhoff）的研究，以眼动速度和加速度阈值作为区分注视与扫视的标准，多适用于驾驶过程中视觉行为研究。

（三）驾驶人视觉搜索过程

视觉搜索是驾驶人获取外部信息并进行加工的重要认知方式，过程复杂。从眼动形式上看，视觉搜索过程以一系列注视与扫视搜寻特定刺激，进而完成信息加工处理，目的性强。

驾驶人通过注视可以有效获取外部刺激的道路交通信息，通过扫视在不同的刺激之间进行信息切换，判断是否为感兴趣的对象。驾驶人视觉搜索过程可以表述为从一个注视对象开始，通过扫视寻找外部刺激信息，以下一次注视搜索到感兴趣目标为止。换言之，视觉搜索过程可以由两次相邻注视及其间的一次扫视组成。

（四）驾驶人视觉搜索表征参数

汽车驾驶人视觉搜索表征参数由视觉搜索过程的组成事件来描述。其中，注视行为的表征参数有：注视时间（单次注视持续时间和累积注视时间）、注视目标对象时的水平方向视角角度和垂直方向视角角度、水平和垂直方向的视觉搜索广度、注视次数、瞳孔大小等。表征扫视行为的参数有：扫视时间、扫视幅度、扫视速度等。

1. 注视相关表征参数

（1）注视时间

注视时间有单次注视持续时间和累积注视时间两个表征参数。单次注视持续时间是指一次注视发生时，视线保持注视某一对象持续的时间，单位是毫秒。单次注视持续时间代表驾驶人处理刺激信息耗费的时间，反映的是驾驶人提取有效信息的难易程度，其可以作为处理有效信息的度量标准。累积注视时间指的是对某一感兴趣区域总的注视时间，反映的是驾驶人对某注视对象的感兴趣程度，也可表示对某刺激信息的处理时间。

（2）注视目标对象时的水平和垂直方向视角

注视目标对象时的水平方向视角和垂直方向视角两个参数描述了驾驶人注视某个目标对象时，以头部为参考对象，眼球在水平和垂直方向的转动角度。注视目标时的方向视角反映了驾驶人空间注意力的分配广度。

（3）视觉搜索广度

视觉搜索广度指的是驾驶人所能清楚把握视野内目标的范围。驾驶人注视点坐标数值的标准差是衡量驾驶人搜索广度的有效指标。一般以驾驶人视野内注视点的横坐标的标准差衡量水平搜索广度，以驾驶人视野内注视点的纵坐标的标准差衡量垂直搜索广度，单位为度。搜索广度越大表示驾驶人所能清楚把握视野内目标的范围越广。

（4）注视次数

注视次数，有的研究中也称作注视点数目，是衡量视觉搜索效率的指标。在驾驶人视觉搜索过程中，注视次数反映驾驶人对视野中感兴趣刺激的注视频次，注视次数越多，驾驶人的视觉搜索效率越低。

（5）瞳孔大小

瞳孔大小表征驾驶人行车过程中的心理紧张程度，可以作为衡量驾驶人心理负荷大小的指标，多应用于弯道行车、隧道行车、驾驶疲劳等领域的研究。瞳孔大小的描述方法有两种：瞳孔直径和瞳孔面积。

2. 扫视相关表征参数

（1）扫视时间

扫视时间即扫视持续时间，指的是驾驶人执行一次扫视动作持续的时间，能够反映驾驶人视觉搜索过程中搜寻目标信息耗费的时间。扫视持续时间反映了两次注视之间的间隔时间，其大小可以表示驾驶人视野范围内搜索信息的密度大小。

（2）扫视幅度

扫视幅度指的是从一次注视结束开始到下一次注视开始结束，眼睛跳跃的范围，通常用视角的角度数来表示。

（3）扫视速度

常用的扫视速度指标有两个：扫视平均速度和扫视峰值速度。扫视平均速度指的是在一次扫视过程中，视线扫过的角度与扫视过程持续时间的比值，反映的是驾驶人搜寻视野内感兴趣目标的速度和对前一次注视信息的加工速度。扫视峰值速度指的是在一次扫视过程中视线点速度的最大值。

三、视错觉对驾驶人视觉的影响

所谓错觉，是指根据人们的视觉所获得的信息与人们所观察的实际物体的特征之间存在着矛盾与差别。错觉的产生除了与观察者视网膜的经验、视觉反应以及视觉效果有关外，还与观察者的感觉有直接的关系。

（一）速度视错觉

通常认为，驾驶人主要通过视觉观察路面和路两旁的景物的移动、身体的感受和听到的风声、发动机声来判断汽车的行驶速度，而不是通过查看车速表。实际上这种判断很不准确，并带有明显的倾向性，特别是在高速行驶的时候尤为严重。同时，驾驶人对车速感觉容易适应。汽车在高速情况下行驶时间越长，人就越容易产生顺应性，对速度感觉的准确性呈现下降的趋势。

引起驾驶人产生速度错觉的视知觉因素主要有两点：连续对比感觉的影响和适应性的影响。

当人连续受到有差异的某种刺激后，所产生的差异感往往比差异本身实际的客观物理量大，这就是连续对比感觉的影响。英国道路研究所曾对汽车驾驶人做过“车速减半”试验，即首先让驾驶人将汽车加速到某一规定车速，然后要求驾驶人立即凭自己的主观感觉，将车速减低到当前车速的一半。当车速变化时，驾驶人主观感觉到的速度差别总是比实际大。

适应性是人体自身的一种特性。这种特性决定了人对外界有变化的情况比较敏感，而对缺少变化的刺激感觉迟钝。减速前等速行驶的距离越长，车速判断的误差越大。这是因为在长直线高速公路上等速行驶一段时间后，由于适应性的影响，驾驶人的速度感减弱，虽然实际车速很高，但主观上觉得车速并不高。

（二）距离视错觉

人对距离的判断往往有很大误差。驾驶人难以对前方来车的速度和距离做出正确的判断，而且对方车速越高，判断的误差越大。国外曾做过一次试验，在夜间 100 名驾驶人轮流坐在静止的汽车里，凭主观感觉判断与停放在前方的一辆载货汽车的距离。最后，只有 3 名被试者判断正确。可见凭主观判断距离的偏差很大。

在光线充足的白天，驾驶人在行车中对距离的判断同样有很大的误差。驾驶人对前方来车的速度和距离难以做出正确的判断，而且对方车速越高，判断的误差越大。很多超车时发生的正面碰撞事故就是由于驾驶人对距离判断错误造成的。对于道路上各种类型的车辆，驾驶人有时会对来车的车长、会车间距、跟车距离产生错觉，使会车的距离不够和跟车的距离过近而导致事故的发生。常见的有，同样距离，白天看起来近，而在夜间较昏暗时感觉远；前面是大车时感觉距离近，前面是小车时感觉距离远。

（三）色彩视错觉

1. 色彩的特性

大量的研究表明，人的视力对各种色彩的反应时间和效果是不同的。

色彩可分为彩色和非彩色两大类。彩色是指红、黄、蓝、绿等带有彩色的色彩。非彩色是指白、灰、黑等不带彩色的色彩。色彩具有 3 种特性，即色调、明度和饱和度。

明度即亮度，高亮度的色彩对光的反射率大；低亮度的色彩对光的反射率小。纯白的反射率等于 1；纯黑色的反射率等于 0。越接近白色，明度越高；越接近黑色，明度越低。如果交通标志标线颜色的亮度大于背景的亮度，则其目视性好，人们在较远的距离就可发现。颜色的纯度，即饱和度。可见光谱的各种单色光是最饱和的彩色光。光谱色中掺入的白光成分越多，该色就越不饱和。

色彩有对比效果的特性：以不同颜色作为表面色、底色时，若对比效果好，色彩极其跳跃、强烈；若对比效果差，色彩交混妨碍视认。颜色从远处看又有易见和不易见的区别，远处辨认颜色的顺序为：红色无论是夜间还是白天，在同样的距离内，能看清楚的光照都比绿色大 1 倍，红色的动态易见性最好。

2. 色彩视错觉影响

科学研究和试验的结果表明，不同的颜色进入人们的眼帘，不但能使人们产生大小、轻重、冷暖、远近、明暗等的触觉，还能引起人们产生兴奋、紧张、安全、烦躁、忧郁等心理效果。颜色能影响人们的情绪、工作效率以及生活和其他方面，同样也能影响驾驶人安全驾驶车辆。在颜色视觉中很容易产生联觉。红、橙、黄等颜色似太阳和火光的颜色，使人有温暖的感觉，因而被称为暖色系。而蓝、青、绿等颜色似蓝天、海水和森林的颜色，往往引起寒冷、凉快的感觉，被称为冷色系。不同色调会引起不同的心理效应。红色能促使人的心理活动兴奋；蓝色可使情绪镇静；绿色对心理的活动有缓和作用；玫瑰色能使抑制、消沉的情绪振奋起来。颜色在保证交通安全方面具有重要意义。根据颜色视觉的规律，可以提高交通标志的视认性、引起注意和调节情绪、转变气氛、带来沉静感、提高安全感等。

颜色具有进退性。进退性即前进色和后退色。例如，红色、黄色、蓝色、绿色轿车与人保持相同的距离，红色车和黄色车给人感觉要离自已近一些，而蓝色和绿色的轿车看上去较远。这说明红色和黄色是前进色，而蓝色和绿色就是后退色。一般来讲，前进色的视觉效果较好。研究表明，在雾天、雨天或每天早、晚时分，黄色汽车最容易被人发现，发现的距离比深色汽车要远 3 倍左右。

颜色给人的体积感觉不一样。相同车身涂上不同的颜色，会产生体积大小不同的感觉。例如，黄色感觉大一些，有膨胀性，称膨胀色；而蓝色、绿色感觉小一些，有收缩性，称收缩色。膨胀色和收缩色视觉效果不一样。据日本和美国车辆事故调查，发生事故的轿车中，蓝色和绿色的最多，黄色的最少。可见，膨胀色的视认效果较好。

颜色在人们视觉中的亮度是不同的，可分为明色和暗色。明色的车型视觉效果较好，暗色的车型会觉得小一些、远一些和模糊一些。在天气晴好的条件下，浅色系的汽车视认性好，安全性能高于深色系汽车。在清晨及傍晚时段光线不好的情况下，黑色汽车的事故率比白色汽车高得多。

四、视觉连续性、视觉刺激和曲率感知对驾驶人视觉的影响

（一）视觉连续性

人眼视觉的建立和消失都有一定的惰性。从视觉的建立来说，当具有一定强度的光突然投射到视网膜上时，人眼并不立刻形成稳定的亮度感觉，而是有

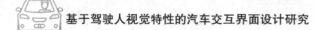

一段短暂的建立过程。随着时间的增长，亮度感觉先由小到大，很快达到最大值，然后回降至稳定值。从视觉的消失来说，其也有一个过程。

（二）视觉刺激

高速公路上车辆的速度较高，驾驶人应集中精力驾驶，突起路标的反光性能能够给驾驶人提供适量的视觉刺激，缓解驾驶人的视觉疲劳，提高高速公路车辆运行的安全。

1. 视觉刺激描述

车辆前挡风玻璃的支柱和驾驶人有限的视野范围，使得突起路标在人眼中形成闪现，通过闪现为驾驶人提供有效的视觉刺激，缓解驾驶人视觉疲劳。在高速公路长直线路段上驾驶人容易产生视觉疲劳，导致反应迟缓、精神松懈，通过合理布设突起路标，给驾驶人提供有效的闪现刺激，能够缓解驾驶人视觉疲劳。

2. 确定最佳闪频

发光体或逆反射体设置间隔能够形成闪现的视觉警示。视觉警示的频率应在一个适当的范围内，过低不能提供有效的视觉警示，过高则会对驾驶人产生视觉压力。可结合主动发光体的闪烁刺激效果，确定突起路标的视觉警示频率。

通过统计的方法可测得人眼对光源闪烁的感觉特性，再用视觉敏感系数的概念来量化人眼对不同闪烁频率引起的视觉敏感系数曲线。由曲线可以得出最敏感的频率为 8.8 Hz，在此频率两侧，敏感度随频率的变化而降低。

（三）曲率感知

曲率感知，是指驾驶人通过道路上的标志标线、道路景观或路边建筑物，对道路线形进行的感知。在曲线路段，驾驶人对线形的判断与行车安全有很大关系。当对交通安全设施进行设计、研究时，应充分考虑曲率感知。在对突起路标设置进行研究时，突起路标良好的逆反射性能，能够很好地提供线形诱导作用，所以有必要进行曲率感知分析。足够的曲率感知精度能提供良好线形诱导，从而引导车辆驾驶人改变行驶方向，促使其安全驾驶。

五、视觉适应和眩光对驾驶人视觉的影响

（一）视觉适应对驾驶人视觉的影响

视觉适应是一种感觉现象，它是由刺激物的持续作用而引起的感受变化。

如果眼睛从强光环境转移到弱光环境，感受性变低；在弱光环境中停留一段时间，则感受性会提高，这就是视觉适应。人到不同亮度的环境都有一个适应过程，从亮处突然到暗处称为暗适应，暗适应时间一般要十五分钟左右才能完全适应，有的研究则认为整个暗适应需要 30 ～ 40 分钟。例如，步行进入隧道，如果照明条件差，则会发生暗适应过程，开始时觉得突然漆黑一片，什么也看不见，但经过一段时间，逐渐能分辨出黑暗中的物体，认清前方的道路，说明视觉感受性提高，视力得到恢复。从暗处突然到亮处称为明适应，明适应时间较短，一般需要几秒到一分钟，最多不超过 5 分钟。通常，眼睛对光的变化适应是通过瞳孔的变化来适应的，但其对明暗的突然变化不能立即适应。隧道口事故高的重要原因之一就是隧道内外的亮度相差过大，驾驶人来不及适应这一变化导致操作错误。因此，在隧道入口处可进行过渡栽植，既减缓明暗落差，又起到美化作用。

（二）眩光对驾驶人视觉的影响

夜间眼睛受到强光照射而造成视力下降称为眩光。眩光可引起耀眼，即视野内有强光照射，颜色不均匀，造成人眼不舒适，形成视觉障碍。眩光的视觉效应主要是使暗适应破坏，使视觉效能降低，产生视觉不舒适感和分散注意力，造成视疲劳，损害视力。

当眩光源发出的光线直接进入人的眼球时，就会因为眼球屈光介质的散射作用形成散射光，它叠落在视看目标上会形成一种视感，就好像在视场上覆盖了一层明亮的帷幕，就是所谓的覆盖照明，它会在视场范围内形成一片成面的亮度，即等效光幕亮度。这个光幕亮度的存在改变了眼睛的视看条件，从而对眼睛的视觉功能产生影响。眼睛的适应能力、眩光源的位置、光源亮度等都与眩光对视功能的影响程度有关，眩光对视功能的影响程度还与人个体的年龄和健康情况差别等有关。驾驶人夜间驾驶车辆时，会根据背景物体的反射光线在其视网膜上的成像来判断背景物体的运动状态并决定采取相应的驾驶行为。但当眩光源同样在驾驶人的视网膜上形成一个亮度时，就会因为视看条件的改变而影响到其所做的判断。下面从三个方面分析眩光对驾驶人视觉的影响。

1. 眩光对察觉阈限的影响

察觉阈限分为绝对阈值和阈值比。对于夜间驾车环境而言，常使用后者来描述人眼察觉目标的能力。阈值比是指观察者刚好能发现目标时目标亮度与环境亮度的最小比值。由眩光所产生的光幕亮度，对驾驶人员察觉目标的能力产生了两个相互矛盾的影响：通过增加背景亮度提高了发现目标的可能性，同时又通过减小目标与背景的亮度对比降低了发现目标的可能性。

2. 眩光对反应时间的影响

反应时间就是从信息刺激开始到身体尽可能快地做出反应之间的时距。反应不能恰在给予刺激的同时便从肌体发出。反应时间的检测就是测出从刺激信息发出开始到反应产生为止的时间值。

对于路面驾驶的视觉反应而言，驾驶人从视觉感觉器官——眼睛接受刺激，到大脑分析并支配身体做出相应反应的时间，称为驾驶人的反应时间。在直接影响交通安全的所有心理品质中，最重要的是驾驶人对交通情况变化的反应速度。波兰对肇事驾驶人进行的心理生理研究发现13%的肇事是由于驾驶人的心理活动功能低下、反应迟钝而造成的。可见驾驶人反应时间对交通安全有着极重要的影响。在行车过程中，驾驶人要不停地判断和处理道路上各种各样的信息，时间一长，大脑就会产生疲劳，当需要处理的信息量相同时，反应时间短的驾驶人可以有更多的大脑休息时间也就不易疲劳，而且在复杂的交通情况面前能做出及时的处理；相反，反应时间长的驾驶人，则对突如其来的情况会感到措手不及。因此，要求驾驶人有敏锐的反应能力，否则就有可能酿成事故。研究表明，眩光强度增加到一定范围时，驾驶人反应时间明显增长。

3. 眩光对识别阈限的影响

识别阈限表示人眼对物体细节感知能力的极限。眼睛辨别物体细节的能力被称为视锐度，它表示视觉器官辨认物体的敏锐程度。

由眩光产生的等效光幕亮度的存在和提高对于识别阈限而言始终是不利的，降低了人眼观察目标细部的能力。在眩光强度相对低的范围内识别阈限随着眩光强度的提高降幅较大，之后降幅趋于平缓。对于夜间机动车道路的光环境而言，其中存在的比较强烈的眩光一般会发生在会车时，如对面车辆远光灯发出的刺眼光芒，它会对驾驶人员察觉目标、辨认目标的能力和做出反应的速度造成非常不利的影响，甚至会使驾驶人本能地转头以通过加大眩光的入射角来减轻其影响程度，这对于夜间的行车会造成极大的安全隐患。

六、驾驶人视觉特性与交通安全的关系

（一）公路安全形势及驾驶人视觉特性影响分析

由交通安全的基本影响因素可知，人的因素最为关键。研究统计表明，在全国各类交通事故中，由机动车驾驶人操作失误及违法引起的道路交通事故占

很大的比例，达到了 80% ～ 90%，由视错觉引起的事故占总事故数的 36.8% 以上。

从发生交通事故的时段分析，下午和前半夜的事故起数和死亡人数呈高位运行状态，14 ～ 18 时事故起数最高，18 ～ 22 时死亡人数最多，17 ～ 18 时的事故起数和 20 ～ 21 时的死亡人数为单小时最高。但高速公路发生交通事故的时段与国省道相比存在明显差异。对于高速公路而言，后半夜和下午两个时段为事故发生的高峰期，这两个时段的事故数量远高于平均数。

从高速公路事故形态分析，碰撞运动车辆事故高居首位。由此看出，动态违法行为引发的事故较多。

从事故发生的路口路段类型分析，匝道口事故比较突出。

结合驾驶人的视觉特性，分析出现上述事故特征的原因，得出视觉特性对安全的影响如下。

1. 高速公路事故危害性大

在等级较高的公路，由于道路条件较好，车辆行驶速度快，驾驶人的动视力明显下降，视野变窄，很容易出现视野缺损的情况。视野缺损意味着在缺损区无法感知交通信息，对于可视区的感知能力下降。同时，由于视野变窄，驾驶人往往不得不将注视点投向更远的地方，驾驶人的注意力随之引向景象的中心而置两侧于不顾，形成所谓"隧道视"。这就使得驾驶人的辨认距离缩短，对周围情况感知不足，对于道路突发情况或者道路障碍没有足够的时间进行处理，极易造成交通事故。同时，由于车速较快，驾驶人对于速度和距离的感知往往比实际更差。我国学者对驾驶人以一定速度行驶不同距离后再主观判断减速至另一速度进行了实验，结果表明减速前等速行驶距离越长，车速判断的误差越大。因此，当驾驶人在高速公路连续行驶一段时间后，高速感渐渐淡薄，到高速公路出口或匝道口减速时，常常因速度判断错误而造成交通事故。有一项关于超车的研究表明，驾驶人一般都会低估超车最小距离，且随着车速的提高而扩大，很多超车时发生的正面碰撞事故就是由于驾驶人对距离判断错误造成的。

2. 下午和夜间事故频发

在下午或者夜间，由于经过一上午或者一整天的开车，驾驶人容易出现精力不集中、视觉疲劳的状况，而公路上一旦缺乏相应的视觉刺激，驾驶人的疲劳得不到缓解，其判断力就会下降，便极易发生交通事故。在夜间，另一个危害严重的因素就是眩光。夜间道路上产生眩光的来源主要是对面相向行驶车辆的车灯照明和道路的固定照明。当前者发出的光线直接射入驾驶人眼睛时，对其视看工作的影响是非常大的，特别是在会车时尤为突出，严重时甚至会直接引发交通事故；当后者的光线直接进入人眼时也能对眼睛造成一定程度的眩光影响，改变眼睛的视看条件，从而对驾驶工作产生影响。除此之外，雨、雪、雾天等不良天气也会影响驾驶人的视线，危害行车安全。

（二）基于驾驶人视觉特性的安全设施分析

驾驶人的视觉特性能够影响其驾驶行为，进而影响公路交通安全。有效保障道路行车安全，减少交通事故的重要手段之一是设置相应的交通安全设施。因此，下面从驾驶人视觉特性的角度分析相应的安全设施的设置效果与规范设计现状。

1. 三维立体视错觉减速标线

三维立体视错觉减速标线是指通过在道路中铺画彩色的减速标线，利用人类视觉整体性使其自身具有立体的视觉效果，让驾驶人产生以为是障碍物的感觉，引起驾驶人注意、适度紧张，从而达到引导其自然减速的目的，维护行车安全。国家规范《道路交通标志和标线 第3部分：道路交通标线》（GB 5768.3—2009）对收费广场和车行道减速标线有较明确的规定：收费广场减速标线设于收费广场适当位置，为白色反光虚线，根据设置位置的不同，可以是单虚线、双虚线和三虚线，垂直于行车方向设置。收费广场减速标线应按以下原则配置：使驶向收费车道的车辆通过各标线间隔的时间大致相等，以利于行驶速度逐步降低，减速度一般设计为1.8米/秒^2。车行道减速标线设置于弯路、坡路、隧道洞口前、长下坡路段及其他需要减速的路段前或路段中的机动车行车道内，分为车行道横向减速标线和车行道纵向减速标线，可用振动标线的形式。该规范给出了收费广场、车行道处减速标线的尺寸、设置长度以及各道标线的间隔，但对于高速公路其他一些需要设置减速标线的地段，并没有相关的标准可遵循。

2. 突起路标

突起路标俗称道钉，当突起路标安装在道路边线时，车轮碾压到突起路标就会产生颠簸感从而提醒驾驶人，能够给驾驶人提供有效的警示作用。而当突起路标应用于行车线时，则可以有效防止驾驶人经常性的换道行驶。在夜间，由于突起路标的逆反射性能，可以清晰地勾勒出道路的边缘轮廓，诱导驾驶人进行安全行车。国家规范GB 5768.3—2009规定：突起路标配合路面标线使用时，应选用主动发光型或定向反光型，且颜色应与标线的颜色一致，布设间隔为 6 ～ 15 米，一般设置在虚线标线的空当中，也可根据实际情况适当加密；当突起路标配合边缘线和中心单实线使用时，突起路标应该设置在标线一侧，且设置间隔应与在车行道分界线的设置间隔相同；突起路标单独用作车行道分界线时，其布设间距推荐值为 1 ～ 1.2 米，也可依据实际情况适当加密。壳体颜色应与标线颜色一致，并应使突起路标表面具有足够的摩擦系数。国内对于突起路标合理的间隔设置并没有一个确定的研究，对于突起路标的振动效果也研究较少。

3. 防眩设施

防眩设施通过有效遮挡车辆前的照灯眩光，使横向通视好从而减小眩光对驾驶人的视觉影响。当相会的两车非常近（纵向距离小于 50 米）时，对向车辆前照灯的光线不会影响视距，但当两车纵向距离达到某一数值时，眩光会对视距产生较大的影响。

第三章　交互设计的发展与现状

第一节　交互设计概念

21 世纪是一个以信息为主导的时代，在互联网、移动互联网席卷全球的今天，那些富于想象的发明和激动人心的创造，不断地出现在人们的视野当中，它们并不一定会成功，但却耀眼而绚丽。就像憧憬着飞翔的人类，一次又一次地尝试不同的方法和器械，甚至付出了生命的代价，才最终由莱特兄弟完成了这个夙愿。

1952 年，加拿大多伦多的一群工程师发明了一项新技术——“轨迹球”，这是一个能将定住的球进行自由旋转，并把旋转转化为直角坐标系上的轨迹的输入方式。相较于纸带、键盘的输入，轨迹球能够更高效直观地定位位置。由于技术的限制以及当时几乎不存在民用需求，轨迹球在较长的一段时间内更多地应用于军事领域。

1968 年，斯坦福大学的道格拉斯·恩格尔巴特带领团队尝试了多次后，终于发现将滚动的轨迹球反过来放在一个“盒子”里，随着盒子一起运动，可以让人能够更直观地进行屏幕定位。之后，又经历了二十多年的技术革新和再设计，产生了交互设计的工具——鼠标，并随着 Mac 以及 Windows 操作系统的普及走向了大众，成为电脑不可缺少的组成部分。鼠标在现代科技发展史上是划时代的产物，正是这个电脑工具的启发，逐渐发展成交互设计。尤其是移动互联网爆发后的几年，交互设计逐渐真正地、广泛地、深入地对世界产生了影响，交互设计从此融入人们生活的方方面面。因此，今天我们享受到的高科技产品，如智能手机、电脑或者智能家电等，在生活中扮演着不可替代的角色，成了生活必需品，而我们享受的这些高科技产品同时也是交互设计的产品。

一、交互设计的定义

交互设计，从广义上讲是研究人造系统和人造物的行为的设计，即人工制品，如软件、移动设备、人造环境、服务、可佩戴装置以及系统的组织结构。交互设计，是研究人造物与用户之间发生的行为方式（人工制品在特定场合下的反应方式）相关的界面与操作方式；是研究用户在使用产品时的安全、舒适、便捷的问题；是研究用户在产品使用中的生理学和心理学，以及探索产品与人和物质、文化、历史的统一的科学。交互设计的工作核心就是研究在满足用户使用功能的前提下，以最少的体力消耗、最简便的操作方式、最完美的视觉享受，取得最大的劳动效果的科学。

从用户角度来讲，交互设计是一种如何让产品便捷、易用、有效且让人愉悦的技术。它从了解目标用户和他们的期望出发，了解用户在与产品交互时彼此的行为，了解“人”本身的心理和行为特点，同时，还包括了解各种有效的交互方式，并对它们进行增强和扩充。交互设计还涉及多个学科，以及和多领域多背景人员的沟通，可以说交互设计是一门综合学科。

交互设计扮演了人类与产品之间的互动的角色。交互设计的出发点在于研究用户和产品交流时人的心智模型和行为模型，并在此基础上，设计界面信息及其交互方式，用人机界面将用户的行为翻译给机器，将机器的行为翻译给用户，来满足人对于软件使用的需求。所以交互设计，一方面是面向用户的，这是交互设计所追求的可用性，也是交互设计的目的所在；另一方面是面向产品实现的。

二、交互设计的本质

交互设计的本质是让人们如何愉悦、便捷地跟机器进行信息的交流和反馈，简而言之，就是如何简单、高效、便捷地实现某一类人群的一个目的。

（一）确认目标用户

在软件设计过程中，应根据不同的用户需求确定软件的目标用户，并获取最终用户和直接用户的需求信息。用户交互要考虑到目标用户的不同而引起的交互设计重点的不同。例如，新手用户、中间用户和专家用户的交互设计重点就不同。

新手用户关注的是这款软件有什么用处，如何开始，如何操作。中间用户关注的是版本的功能，如何自定义，如何找到某一个功能。专家用户则关注更加智能、更加深奥的问题，如如何使某一功能自动化的快捷方式。

（二）采集目标用户的习惯交互方式

不同类型的目标用户有不同的交互习惯。这种习惯的交互方式往往源于其原有的针对以往的交互流程、已有软件工具的交互流程。当然还要在此基础上通过调研分析找到不同类别的目标用户希望达到的交互效果，将这些不同类别的用户加以归纳，并且以记录流程的方式确认下来，以备在之后的交互开发设计中进行参考和应用。

（三）提示和引导用户

软件是用户的工具，因此应该由用户操作软件。交互设计最重要的就是针对用户交互过程得出相应的结果和反馈，提示用户得到的结果和反馈信息，并引导用户进行其需要的下一步操作。

三、交互设计的原则

（一）设计目标一致

软件中往往存在多个组成部分（组件、元素）。不同组成部分之间的交互设计目标要保持一致。例如：如果以入门级用户为目标用户，那么就要以简化界面为设计目标，并且简化的设计风格需要贯彻于软件的整体而不是局部。

（二）元素外观一致

交互设计每一个元素的外观都会影响用户的使用效果。同一个（类）软件采用一致风格的外观，对保持用户习惯、改进交互效果有很大帮助，因为用户在使用同一类软件时会有习惯性的使用方式，即使用惯性。在实际设计中，对于元素外观一致性没有特定的衡量方法，因此，需要设计师通过对目标用户进行详细调查、访问等方式取得反馈意见及问题，再针对用户的使用习惯进行统一设计。例如，不同音乐播放软件，其中的音乐分类、选择、播放设计模式基本一致。

（三）交互行为一致

在交互模型的设计中，在设计不同类型的元素时，用户进行其对应的操作行为后，其交互行为需要一致，使用户对不同的软件形成同一种操作惯例。例如，所有需要用户确认操作的对话框都至少包含“确认”和“取消”两个按钮，使用户在进行重要操作时可以再次思考。交互行为一致的原则虽然在大部分情况下是可行的，但是在实际设计中也有少数的案例以更加简化的方式进行操作。

四、交互设计的目标

交互设计的目标是使产品有效易用，让用户对产品产生依赖，让用户使用产品时能够产生愉悦感。换言之，交互设计就是要不断地去改进一个交互系统，使用户在交互的过程中更加有效、快捷、愉悦、易用地进行日常工作，通过执行一系列的步骤来完成某项任务。设计师进行交互设计的目标就是使系统变得简单易用，使用户的工作效率大大提高。

比如，某购物系统，其产品种类繁多，用户流量巨大，在生成订单的过程中，由于操作的过程较为复杂，就会产生不顺畅的情况，因此一部分用户就会放弃使用，造成了用户流失。那么交互设计的目标就是帮助该系统找到流失用户，以及用户在操作过程中遇到的问题、不能完成购买的原因，再针对这些问题进行改进、测试，最后让用户顺利、便捷地完成操作，并获得良好的购买体验。

再比如：某电子产品，技术先进，但其人机界面的设计可能由研发技术人员来完成，并没有从用户的角度去设计，这就容易使用户不明就里，感觉产品的使用过程比较复杂、费解。在这时，交互设计师就可以从用户的体验的角度提供帮助，解决其存在的问题，帮助改进，让用户能够很容易地学会使用它。

五、交互设计的发展历程

交互设计作为一门专业学科，在 20 世纪 80 年代就产生了，它由 IDEO 公司的一位创始人比尔·摩格理吉（Bill Moggridge）在 1984 年的一次设计会议上提出。他一开始将它命名为“Soft Face（软面）”，由于这个名字容易让人想起当时流行的玩具“Cabbage Patchdoll（椰菜娃娃）”，于是把它更名为“Interaction Design”，即交互设计。

初创期（1929—1970）。简单地说，交互设计是人工制品、环境和系统的行为，以及传达这种行为的外形元素的设计与定义。与传统设计学科不同，传统设计学科主要关注形式、内容和内涵，而交互设计首先旨在规划和描述用户的行为方式，然后再将这种行为的操作以最有效的形式进行设计操作的表达。从用户角度来说，交互设计是一种如何让产品易用、有效且让人愉悦的技术，它致力于了解目标用户及其期望，了解用户在同产品交互时彼此的行为，了解“人”本身的心理和行为特点。同时，还包括了解各种有效的交互方式，并对它们进行增强和扩充。交互设计还涉及多个学科，以及和多学科的融合、交叉。交互设计借鉴了传统设计、可用性及工程学科的理论和技术。它是一个具有独特方法和实践的综合体，而不只是部分的叠加，具有一定的科学逻辑性。它也是一门工程学科，具有不同于其他科学和工程学科的研究方法，在设计过程中需要多领域多背景人员的沟通和协作。

1959 年，美国学者沙克尔（Shackel）发表了人机界面的第一篇文献《关于计算机控制台设计的人机工程学》。1960 年，利金德（Liklider）首次提出“人机紧密共栖”的概念，被视为人机界面的启蒙观点。1969 年，召开了第一次人机系统国际大会。

奠基期（1970—1979）。从 1970 年到 1973 年出版了四本与计算机相关的人机工程学专著。1970 年成立了两个人机交互研究中心：一个是英国拉夫堡大学的 HUSAT 研究中心；另一个是美国施乐公司的帕洛阿托研究中心。

发展期（1980—1995）。在理论方面，交互设计学从人机工程学独立出来，更加强调认知心理学以及行为学和社会学等学科的理论指导。在实践范畴方面，从人机界面拓延开来，强调计算机对于人的反馈交互作用。“人机界面”一词被“人机交互（HCI）”所取代。HCI 中的“I”，也由“Interface（界面 / 接口）”变成了“Interaction（交互）”。

提高期（1996 年至今）。人机交互的研究重点放到了智能化交互、多模态（多通道）——多媒体交互、虚拟交互以及人机协同交互等方面，也就是“以人为中心”的人机交互技术方面。

交互设计在我国起步较晚。在实践方面，由于互联网设备的普及，人机交流成为生活和工作的常规活动，随之而来的网页交互设计、手机交互设计成为生活和工作的常规活动。

虽然国内交互设计理论研究相对落后，相对的实践却方兴未艾，随着交互设计领域的进一步拓展，越来越多的交互设计被应用到工业设计和产品设计领域，如目前热门的平板电脑、智能手机都把交互设计中开发的独特功能作为产品差异化战略的重要组成。

由于交互设计的研究者和实践者来自不同领域，而且这个领域本身尚在创建阶段，因此，人们往往对某些问题尚未达成共识，甚至对类似的和相同的问题本身的理解以及解决方式也可能有不同方案，甚至相互矛盾。特别是进入数字时代，多媒体让交互设计的研究显得更加多元化，多学科不同角度的剖析让交互设计理论变得更加丰富。

六、交互设计的流程

一个完整的交互设计流程是一个复杂的过程，有一个严密的逻辑顺序，需要经过调查、研判、分析、设计、评审、测试等环节，经过不断的修改，最终满足用户需求。整个流程分为八个步骤：定性研究、确定人物角色、写问题脚本、写动作脚本、画线框图、制作原型、专家评测、用户评测。

（1）定性研究

针对可能使用你的产品的人，进行问卷、访谈等形式的调查访问，收集其需求，目的是了解用户以下五个方面。

①行为：例如，用户多久用一次本产品，一次用多久？

②态度：例如，用户怎样看待这个产品？

③资质：例如，用户的学历和工作经历怎样？

④动力：例如，用户为什么用本产品？

⑤技能：例如，用户对相关产品是否熟悉？

（2）确定人物角色

如果定性研究完善、成熟，这时应该对用户有所了解了。根据定性研究的五个方面，需要挑选出最典型的一个或几个形象。例如，人物角色可能包括比较普通的求知者、特定领域的专家、到处灌水的网络爱好者等，我们要确定这些人物角色的主要特点，还要确定他们的需求和目的。为了增加真实性，可以给人物角色取名字，设定具体的身份背景，细化他们的背景资料。

（3）写问题脚本

基于对人物角色的理解，我们设想出他们在使用产品中可能遇到的问题。可以为每一个人物角色在使用时遇到的问题列一个问题单，也可以把它们整理到一个简短的故事里。

（4）写动作脚本

把人物角色模拟在一个具体的情节当中，在使用我们设计的产品时，会遇到细节问题。在解决问题的过程中交互方案的概念模型已经基本成型了，这个概念模型是通过解决问题脚本里的问题而得出的。

（5）画线框图

当交互方案有了一个比较抽象的想法时，将其具象化，线框图就是通过把动作脚本里的概念模型转化成视觉模型得到的线框图。

（6）制作原型

原型可以概括地说是整个产品面市之前的一个框架设计。在整个前期的交互设计流程图之后，就是原型开发的设计阶段，简单地说是将页面的模块、元素、人机交互的形式，利用线框描述的方法，将产品脱离皮肤状态下更加具体、生动地进行表达。用户界面原型必须在先启阶段的初期或在精化阶段一开始建立。整个系统（包括它的“实际”用户界面）的分析、设计和实施必须在原型建立后进行。

（7）专家评测

原型完成后需要若干设计师或者对交互比较了解的人使用并评测原型。你可以将原型所关注的几个任务列出来，以免专家不知道原型哪部分可交互、哪部分不可交互。

比较常用的评测方法是启发式评估法，而这种方法比较常见的标准是尼尔森交互设计法则。以下是十条尼尔森交互设计法则：系统状态是否可见；系统是否符合现实世界的习惯；用户是否能自由地控制系统；统一与标准；错误防范；减轻入门用户的记忆负担；灵活性和效率；美观简洁；帮助用户认知、了解错误，并从错误中恢复；帮助文档。

启发式评估法：首先，专家们各自将自己发现的问题列出来，并将之与对应的法则相关联，或者根据法则来查找问题；然后，专家们分别给自己的问题打分；最后，专家们完成自己的问题列表后，一起讨论，将问题整合起来。

常用的打分方法如下。

4 分：问题太过严重，一旦发生，用户的进程将会终止并且无法恢复。

3 分：问题较为严重，很难恢复。

2 分：问题一般严重，但是用户能够自行恢复，或者问题只会出现一次。

1 分：问题较小，偶尔发生，并且不会对用户的进程产生太大影响。

0 分：不算问题。

（8）用户评测

原型通过专家评测后，你可以找一些典型用户使用原型。你可以把任务列给他们，让他们自己尝试完成任务。中间遇到的问题可以记录下来，设计师通过观察来进行评分。让用户使用原型完成指定的几个任务，让他们在使用过程中将他们的每一步和心中的想法说出来。如果他们忘记说或者不知道该怎么说，可以适当提问。与此同时，要将屏幕和声音录下来，可以用录屏软件或摄像头。完成后，回放这些视频，把观察到的问题和用户报告的问题全部记录下来，与交互法则关联并打分。

七、交互设计和周边学科

交互设计是解决如何使用交互式产品的学科，其任务就是设定用户的使用行为，并通过规划信息的内容、结构和呈现方式来引导用户的使用。这种以使用为核心的理念和以形式为手段的方法也充分表明了交互设计与工业设计、平面设计语言学、心理学等之间的关联是与生俱来的。

交互主要研究人的认知模型和信息处理过程与人的交互行为之间的关系，研究如何依据用户的任务和活动来进行交互式计算系统的设计、实现和评估。由于计算技术是信息化产品的基础技术，因此，交互的模式往往对于人与产品交互的模式有着决定性的影响，交互的研究成果对于人与产品交互的研究也有着重要的参考价值。人们普遍认为交互式产品的使用过程是一个在人与产品之间所发生的信息循环的过程。在这个循环中，人是主动的一方，人的认知和思维方式驱动着交互过程的进行。因此，对于人的生理、心理特征如人的视觉、听觉和思维习惯、问题表征模式等的研究在交互设计的研究中越来越受到重视，认知心理学的相关内容也成为交互设计研究的基础。人的使用行为决定了交互的模式，是交互设计的核心。在对人与产品交互过程的研究中，人们逐渐意识到除了人的生理特征和心理需求外，还有很多因素会对人的行为产生影响。这种对行为在交互过程中的重要地位的认识和对人类行为的因果关系的分析，促使人们开始向社会学、人类学寻找答案。德国的社会心理学家勒温指出，人的行为是在心理需要和周围环境的相互作用下产生的。当人的需要未能得到满足时，人的内心会产生一种内在的心理张力（内在因素），周围环境（外在因素）则成为导火索，在两者的共同作用下，人们做出了行为。简单地说，就是人的行为是内在因素和外在环境相互作用的结果。这种对环境与行为之间关系的理解提示了人们把交互的过程放置在人、机、环境所构成的系统中来分析，尤其在当前强调计算与环境相融合的技术背景下，对于交互情境的分析渐渐成为研究的热点，换言之，交互设计就是探索人、产品和环境之间的对话。同时，社会学、人类学的研究方法如情境考察、人种学等研究方法也成为交互设计实践中问题定义和用户研究的重要方法。当然，计算机科学、人机工程学和市场学等学科对于交互设计的技术、流程和市场研究起到了支撑性作用，也成为交互设计必不可少的研究视角和学科基础。交互设计是一个交叉性很强的研究领域，一个完整的交互设计活动很难由具有独立学科背景的人完成。

因此，一项交互设计是由不同专业领域，包括工业设计、平面设计、用户界面设计、程序设计等综合完成的，人们使用交互设计的过程实际上是全方位的体验过程。

第二节 用户研究与用户需求

研究收集用户需求的调研主要依靠观察和分析，而不只是收集一堆预先设置好问题的答案，但是探讨优化产品的各种方法之前，我们需要定义一些基本研究内容。

首先，我们需要区分定量研究和定性研究。在定量研究中，数据往往不直接从受访者处收集，而是通过调查问卷或网页分析收集。定量分析能帮助你理解发生了什么情况，或者在多大程度上出现了这种情况。而定性分析数据直接从参与者处收集，通常以访谈或者可用性测试的方式进行。定性分析可以帮助你理解某些特定的行为会怎样出现，以及为什么会出现。

其次，我们还需要区分市场调研和用户调研。二者都非常重要，但它们的目的不同。市场调研是要了解市场上整体的需求，主要关注品牌价值和市场定位等问题。而用户调研的关注点在于用户如何与你的产品互动，关乎人们如何使用新技术，以及从他们缺少的、需要的以及感到沮丧的地方我们能了解到什么。

最常用的用户调研方法大体上分成三类。

一是探索性调研。当我们的目标是发现用户使用产品最重要（通常是未被满足的）的需求时，探索性调研是非常有效的。探索性调研包括情境访谈（也叫作"民族志研究法"或"实地访问"）、参与式设计会议以及产品概念测试。这么做的目的是发现现有产品在解决用户需求时所出现的不足。新产品或功能的创意常常出自这些会议。这种方法并不是问用户是不是想要更快更便捷的方式，而是观察人们，发现他们在哪些方面需要比现在做得更好。

二是设计研究。设计研究帮助开发者利用需求分析得出的结论进一步改进产品创意。具体方法包括传统的可用性测试、快速迭代测试与评估，甚至包括眼动记录等定量的方法。这类研究在设计产品、解决用户需求过程中作用十分明显。我们可以先开发一个交互式的原型机，然后把人们带到可用性测试实验室，给他们一些任务让他们在原型机上完成，通过这种方式我们可以在进入代价高昂的开发环节之前发现一些可用性方面的问题。通过深入的一对一访谈，我们有很多机会深入了解自己是否很好地满足了在探索性调研中发现的用户需求。

三是评估研究。评估研究帮助我们验证对产品所做的改变是真正提升了产品，还是只做了无用功。这类研究常常被忽视，但它是产品开发过程中非常重要的一环。我们可以通过调查问卷和应用页面分析了解产品随着时间的推进其表现如何。这里需要关注的不仅是一些硬指标上的变化，还要看用户态度上的转变。只有将评估研究和设计研究深入地结合起来，才能更好地理解我们为什么会看到产品发生的变化。比如，通过表格分析可以看出人们在哪里放弃填写一份表格。每当我们改进一次表格的可用性，就需要了解这些改变对表格的完成度有什么影响。没有评估研究，我们就没办法知道产品是否找准了方向。

一、用户研究

（一）用户的概念

在商业领域，用户通常指产品或者服务的购买者；在科技创新领域，用户通常是指科技创新成果的使用者；在IT业领域，用户通常指网络服务的应用者。

用户在交互范围内的含义是指交互设计的使用者，即使用产品或服务的客户。网络通信技术的发展使得创新不再是科学家和技术研发人员的专利，用户对科技创新的重要性被日益认识，用户参与的创新2.0模式正在逐步显现。用户需求、用户参与、以用户为中心被认为是新条件下创新的重要特征。用户成为创新2.0的关键词，用户体验也被认为是知识社会环境下创新2.0模式的核心。这种趋势在交互设计领域的应用创新方面尤其明显，如网站、软件的设计与开发等。

（二）用户类型

交互设计的最终目标是满足用户的需求，前提是遵循以用户为中心的原则。对于用户，他们的情况不尽相同。用户的差别受到对信息认知的程度、学习记忆的能力等因素的影响。设计交互系统时为了能够满足用户的不同需求，将用户进行分类是很有必要的。为了在交互设计中找到一个准确的平衡点，我们可以将目标用户分为新手用户、中间用户和专家用户三类，进而分析这三类用户掌握的新概念和日常行为习惯。

1. 新手用户

不论是中间用户或是专家用户，都是由新手用户发展而来的。新手用户不愿意停留在新手级别，新手用户经过一段时间的使用，如果操作顺利，那么很快就会成为中间用户；如果遇到麻烦，解决起来较为困难，那么他们就会中途退出。让新手用户摆脱当前的状态成为中间用户，需要程序的辅助和对话框的引导。例如，当新手进入界面时会跳出帮助窗口，引导用户操作，在引导过程中，应尽可能以最简单的方式进行操作。

2. 中间用户

新手用户能够很快成长为中间用户且中间用户数量很大，而中间用户却很少能继续成长为专家用户。学者拉里·康斯坦丁（Larry Constantine）最早提出了为中间用户优化体验的原则。在很多情况下，设计师会在设计的过程中进行平衡，即不会单纯地迎合新手用户或者专家用户，而是把工作的重点放在满足中间用户上。

3. 专家用户

专家用户的使用体验对于缺少经验的用户来说有很大帮助，也是不可忽略的重要人群。新手用户更容易听取专家用户的一些建议，并遵行这些建议，同时专家用户总是会想方设法寻找一些更加高级或者更加合理的功能，他们希望得到更多更快捷的方式。

新手用户希望尽快地摆脱当前的状态向中间用户靠近，他们希望在设计界面获得更多的提示性元素。大多数中间用户会长时间停留在当前阶段，很少会继续发展为专家用户。而少数的专家用户期望的是更高一级的功能界面，继续探索。面对三个不同类别的用户，我们不能忽略任何一方但要有所偏重，我们要做的就是让新手用户迅速无障碍地成为中间用户；为那些想成为专家用户的中间用户提供帮助；最重要的就是为中间用户优化体验，因为大多数中间用户将长期地处于中间层次。

二、用户需求

（一）用户体验目标及交互设计目标

1. 用户体验目标

①有用。这个有用是指用户的需求，更重要的是要考虑当下交互功能的互联需求，同时也要有超前的开创性，也就是能够帮助用户解决将来可能遇到的问题或者需求。

②易用。不容易使用的产品，也不会被市场接受。例如，市场上手机品牌有几十种，每一个手机都有一百多种功能，当用户买到这个手机时，他不知道怎么去用，一百多种功能可能用的就只有五六种，当用户不理解这个产品对自己有什么用时，用户就可能不会花钱去买这个手机。产品要能够让用户很直观

地知道怎么去用，而不是需要去读说明书才知道如何使用。这也是设计的一个方向。

③友好。当我们与用户发生沟通关系时，要使用户感觉到我们的友好与热情，如当用户注册会员验证成功后，我们可以说“欢迎加入我们”，而不要讲“批准”。因此，文字上的这种感觉也是用户体验的一个细节。

④视觉设计。视觉设计的目的其实是要传递一种信息，是让产品产生一种吸引力。这种吸引力让用户觉得这个产品舒适、美观。好的交互产品其实就有这样一个概念，就是能够让用户在视觉上受到吸引，爱上这个产品。

⑤品牌。前四者做好后，就融会贯通，上升到品牌目标。这时去进行市场推广销售，用户的认可度也会提高。如果前四个基础没做好，推广越多，用户用得不好，他们会马上放弃，而且永远不会再使用，甚至还会将此信息传递给其他潜在用户。

2. 交互设计目标

没有明确的目标，做事情当然是无方向性的，往往事倍功半。产品的设计目标就是满足用户的使用需求。例如，Excel 就必须能对表格的内容进行运算。而交互设计的目标，则是让用户在完成任务或学习的时候更方便、更舒心和更有效，甚至是更有乐趣。

这个问题很容易理解。一个管理系统，自然要非常有效才能够提高用户的工作效率；而一个学习软件，则需要表现得更有挑战性和吸引力，才能让用户更积极地学习。要达到的这些事项就称为交互设计的目标。这些目标可以具体分为可用性目标和用户体验目标两种。可用性目标是关于满足特定的可用性标准（如有效性）的，而用户体验目标则是对用户体验质量所做的明确说明（如富有美感、令人舒畅）。

（1）可用性目标

所谓可用性，指产品是否易学、使用是否有效果，以及通用性是否良好等。它涉及优化用户与产品的交互方式，从而使人们能更有效地进行日常工作、完成任务和学习。可用性目标具体包括可行性、有效性、安全性、通用性、易学性、易记性六方面。

①可行性。可行性是最常见最基本的目标，指的是产品是否“可行”，也就是用户能否通过产品达到意图，还有达到意图的程度有多高。也就是说，如果产品或服务使用起来没有效果，就失去了它存在的意义。

②有效性。有效性指的是用户在执行任务时，产品支持用户的方式是否有

效，从而避免烦琐的操作。当我们第一次在某网站进行在线购物时往往需要注册。注册后可以输入购买商品的配送地址，网站将会对其进行保存。这样，当我们下次在该网站购物时，网站会自动将保存的配送地址显示出来，无须再次输入。

③安全性。安全性关系到保护用户以避免发生错误，以及令人不快的情形。不管是新手还是老手，他们都有可能会犯错误。产品应该能避免因为他们偶然的活动或误操作而造成损失。要知道，每个人都会对出错导致的后果担忧，这种担忧会对他们后续的操作产生很大的影响。因此，我们在设计中就需要降低用户按错键或者按钮的风险，从而预防用户犯严重的错误（如不要把“退出”或“删除”命令与“保存”命令安排在一起）；为用户提供出错后的复原方法，从而让他们更有信心，敢于发掘界面、尝试新操作；采用其他安全机制，包括取消选项和确认对话框，让他们有机会再次考虑自己的意图。设计师对此需要明确：系统能不能预防用户犯严重的错误？如果用户已经犯错，好不好恢复？

④通用性。通用性指的是产品是否提供了正确的功能接口，以便用户可以做他们需要做的或者想要做的事情。例如，有这样一个绘图软件，它只能使用鼠标而不支持手写板，而且只能绘制多边形，那么它的通用性就较差，没有多少人会使用这种不具有通用性的软件。

⑤易学性。易学性指的是学习使用产品的难易程度。对任何产品，用户都希望到手后能立即使用，而不希望耗费过多的时间和精力去学习用法。经常使用的产品更应该这样。例如，手机 App 软件，新用户应能在 10 分钟内学会如何使用它。当然，也许有用户愿意花较长的时间去学习复杂的、提供更多功能的产品。因此，一个设计师需要解决的重要问题就是，确定用户到底愿意花多少时间去学习这个软件。如果大多数用户无法或者不愿花时间去学习，那么我们就要重新考虑一下开发的必要性了。

⑥易记性。易记性指的是用户在学会使用某个产品后，是不是能迅速地回想起使用方法，这一点对于偶尔才使用的交互产品尤为重要。用户不应该每次都需要重新学习如何执行任务，应能够借助一些简单提示就可以回想起它的用法。如果产品的操作不合逻辑，或者次序不合理，它的使用方法就可能很难记住，用户会经常觉得需要帮助。有很多方法可以提高易记性。例如，在执行任务的不同阶段，使用一些有意义的图标、名称或选项来协助用户记住操作次序。另外，在组织选项和图标时，把它们进行分组（如把所有绘图工具放置在界面的同一个区域），也能使用户知道在什么阶段应该在哪里寻找这些工具。

（2）用户体验目标

随着新技术的快速发展，人们对产品也有了更多的要求。这就使得研究人员和业界人士开始思考进一步的目标。交互设计已经不仅仅是如何提高工作效率的问题了，而是人们也越来越关心产品是否具备其他一些品质，如令人感到满意、令人心情愉快、有趣味性、引人入胜、富有启发性、富有美感、富有时尚感、可激发创造性、让人有成就感、让人得到情感上的满足等。

所谓“用户体验”，指的就是用户在与系统交互时的感觉。例如，“动感地带”网站的主要消费群体是年轻人，它的用户体验目标就是有趣味性、富有时尚感。

（二）用户体验的层次

无论是互联网产品还是传统软件行业的产品，都越来越重视用户体验，都已经把用户体验提升到一个新的高度。交互设计和开发的过程是科学的、严谨的。在这个过程当中融合进用户体验的元素，可以让产品在尚未上线运营时就已经具备基本的用户接受度，使产品占得先机。这个过程包含设计者研究的五个层次，也包含用户体验的五个层次。

1. 设计者研究的五个层次

（1）表现层

用户看到的是一系列的由图片和文字组成的页面。一些图片是可以点击的，从而执行某种功能，如把你带到购物车页面去。还有一些图片就只是图片，如一本书的封面或网站自己的标志。

（2）框架层

在表现层之下是网站的框架层，包括按钮、表格、照片和文本区域的位置。框架层用于优化设计布局，以使这些元素发挥最大效果，使用户在需要的时候，能记得标识并找到相应的按钮。

（3）结构层

与框架层相比，结构层更抽象。框架是结构的具体表达方式。框架层确定了页面上交互元素的位置；结构层则用来设计用户如何到达某个页面，并且在他们做完事情之后能去什么地方。框架层定义了导航条上各项目的排列方式，允许用户浏览内容的不同类别；结构层则确定哪些类别应该出现在哪里。

（4）范围层

结构层确定网站各种特性和功能的最合适的组合方式，而这些特性和功能就构成了网站的范围层。例如，有些图书销售的网站提供了一个功能，使用户可以使用之前保存的邮寄地址。这个功能或任何一个功能是否应该成为网站的功能之一，就属于范围层要解决的问题。

（5）战略层

网站的范围基本上是由网站的战略层所决定的。这些战略不仅包括经营者想从网站得到什么，还包括用户想从网站得到什么。

2. 用户体验的五个层次

（1）产品能否满足用户需求

首先是产品的定义问题，即阐述产品的愿景、目标市场、市场竞争分析、战略目标和解决用户什么样的需求。很多情况下我们做产品其实都不是很明确，往往有一个比较模糊的目标市场就开始动工做了，很多做法都只是停留在理论层面而没有实际行动。但是作为一个交互设计师，其基本的素质素养就是要遵循一定的交互设计定义流程，需要做市场分析、竞品分析等，这些过程都不可或缺，这样才能有准确的设计目标，才能满足用户的具体需求。

（2）产品能不能用

从产品功能性角度来看，当产品提供了某种功能来满足用户的某个需求时，一方面是指这个功能是否有用，即用户在使用的过程当中能否顺利地完成操作；另一方面是指这个功能是否能用，即用户使用了之后能否达到预期的效果。如果前者是否定的，那基本上这个用户用过一次之后不会再用第二次，对用户来说这是一次糟糕的使用体验，印象分几乎为 0；如果后者是否定的，在没有达到预期效果的情况下，若有折中的使用体验能满足用户的需求，也会给用户留下一个“还行”的印象，有些专家型用户还会提出一些意见反馈，这就达到了产品能用的要求。这是一个基本的要求，若是将一个不能完整使用的产品投放出去，该产品只能算是半成品，是对产品不负责任的表现。

从产品使用性角度来看，用户选择使用某个产品的时候，肯定都带有某种目的或者期望，当其发现使用了这个产品无法达到其目的或者期望时，用户就会放弃使用这个产品，这是非常正常的现象。我们无法满足全部用户的需求，但我们要满足产品目标用户的使用期望，如果连目标用户人群都觉得这个产品没有解决任何问题，那这个产品就是一个无用的产品，对用户来说没有任何价值。一个没有用户愿意使用的产品，功能性没有问题的话，往往是需求分析出了问题，可能是没有找到真正的用户需求，没有达到产品能用的要求。

（3）产品好不好用

在部分产品能用的前提下，产品的好用程度会影响用户的留存度。当今社会产品市场竞争激烈，除非是别人都没有的产品，否则都需要考虑竞争的问题。有竞争就会有比较，同样功能和价格的产品，比较之下可知好坏。一般好用的评价标准是，在满足用户需求的前提下，用尽量少的操作步骤去得到结果。目前的多数设计师都在研究如何优化或简化产品使用流程，即这个道理。例如，电子商务网站的购物流程，在相同的购物目的下，用户在整个购物流程当中，需要六个步骤完成和只需三个步骤完成的体验是不一样的，需要注册登录才能下单和直接就可下单的体验也是不一样的。

从使用界面的角度来分析，好不好用还体现在产品的整体界面排版布局和视觉设计上。界面排版布局会影响用户的操作轨迹，视觉设计主要体现在色彩搭配上。目前，多数交互设计流行的淡色系和小清新风格，都是为了给用户一个良好的使用情境，如可以减轻一些焦躁的情绪，使用户可以静下心来去使用产品。

（4）愉悦的产品体验

愉悦的体验适合培养忠实用户，忠实用户的数量多少，对一个产品价值的影响是非常大的。好的视觉设计能给用户带来愉悦的产品使用体验，还可以掩盖一些产品上的瑕疵。一个产品的精致程度，用户很大程度上都是通过产品的外观来衡量的。良好的视觉体验会让用户体会到设计师是在用心做产品，也会增加去深入使用的好感度。

另外就是产品的使用体验有没有超出用户的预期。用户在使用产品的时候，都会有一个预先的目的或者期望，当产品达到了这个期望，用户会觉得“还行”；当产品超出了这个期望，用户就会觉得“不错”；如果想让用户觉得“很好”，就要看产品能超出多少期望了。为了达到超出预期的效果，以前较为流行的一种做法是往产品上堆叠功能、附属功能、扩展功能、关联功能等，以至于最后用户都找不到哪个是产品原来的主要功能了，这种方式现在已经被证明是不可行的。最科学合理的方法是把产品的主要功能做到极致，这就是一种成功。例如，拍照或听音乐的 App 那么多，为什么受欢迎的就那几款，原因就在于它们找到了用户使用的诉求，简化了使用的操作，并且超出了用户使用的预期。

（5）产品还有什么可改进的

能做到让用户主动参与进来并提出意见，通过反馈来改善的产品，这本身已经是一种成功了，这证明产品还是有可取之处的，用户愿意在使用的过程中发表自己的看法，来帮助产品去逐步地完善和改进。在有选择的前提下，用户是很自由的，某个产品在使用中不适合用户的某种习惯，大可不必继续用下去，可以换个功能类似的产品用，之所以停留，是因为该产品有吸引用户的地方，解决了一部分的问题，至于未解决的部分，用户愿意告知如何去解决，需要的只是设计者的专业性评估，以决定是否采纳用户的意见。这个时候用户已经完全参与进来了，满足了他们的一部分自我实现的需要。

第三节　交互设计的类型和原则

一、交互设计的类型

交互设计是一个有着宽泛含义的术语，本节主要讲述狭义上的交互设计，即用户面对界面系统时对信息进行的各种操作以及系统对用户的反馈。如果说信息设计是为了让用户快速准确地理解界面系统，交互设计就是让用户顺利愉悦地使用系统。

回到现实世界，用户使用一个现实中的实物系统会遇到的问题在交互界面系统中同样存在。例如，看到门把手不清楚是推门还是拉门才能打开门，看到一个圆形的按钮却旋转不动，最后发现它是向外拉的，过马路时按下人行横道的灯按钮，却不知道它是否起作用，这些实物产品设计的问题同样考验着在交互界面设计领域的设计师。

交互设计是一个复杂的综合过程，用户在这一过程中不停地和交互界面进行各种交流与沟通，同时也产生着各种复杂的情绪变化。分析这一过程不是简单的事情，设计师可以从以下角度去体会和理解交互设计的不同类型。

（一）直接操控与间接操控

1. 直接操控

直接操控这一概念是从 20 世纪 80 年代开始出现的，指的是用户按照现实生活中操作真实物体的方式来选择和操作数字对象。最典型的直接控制如点击屏幕上的按钮播放一段音乐，就如同用户在现实生活中按下一个按钮让卡带开始转动一样。

（1）使用鼠标

鼠标的出现是一件划时代的事件，它是图形界面（GUI）系统中不可缺少的一部分。它让用户可以采用直接控制的方法在计算机屏幕上进行操作。在鼠标出现之前，用户只能通过键盘间接控制屏幕上的元素。鼠标和屏幕上的光标代替了用户的手去选择和操作屏幕上的各种元素。鼠标的使用有一系列的约定俗成的操作习惯，大多数习惯使用鼠标的人可能已经忘记了第一次使用鼠标时的感觉，但用户肯定是经过一段时间才习惯了鼠标的这些操作。移动鼠标对应着屏幕上的光标运动；鼠标经过某个按钮时，它会打个招呼；单击鼠标表示选中某个元素，就像用手抓起一件东西；双击鼠标代表着进一步的操作；右击鼠标可以给用户带来更多的选择等。

因此设计师在设计一个基于鼠标操作的界面时，应当考虑到如何将用户对界面的操控分配给鼠标动作。例如，文本的选择，在大多数浏览器或者文字处理软件中都有对于选择文本的鼠标操作的定义，即单击鼠标选定文本的位置，双击鼠标选中当前位置的单词，连续三次点击鼠标选中当前段落。下面是几种典型的鼠标交互设计方式。

鼠标悬停效果。鼠标悬停是一个常见的交互设计方式，目的是提示用户该元素可以选取或者点击，有时也会激活说明提示文字。也可以使用更加复杂的设计让鼠标的经过变得有趣，上方为原始状态，下方为鼠标经过状态。

光标替代。在使用鼠标的过程中，鼠标的移动对应着屏幕上光标的移动，而光标的样式的替换可以给交互增加新的含义，而不再是代替手的动作。

鼠标手势。鼠标手势是一种特殊的鼠标行为，出现在火狐（Firefox）、IE等浏览器中。用户可以使用鼠标在界面空白处滑动，不同的滑动轨迹代表着前进、后退、新建窗口等多种操作，可以提高用户使用浏览器的效率。

与鼠标类似的界面操控工具还有数位笔、轨迹球等，它们产生的交互效果与鼠标类似。

（2）使用手指

随着触屏手机与平板电脑的流行，使用手指与界面进行交互越来越普遍。使用手指当然要比使用鼠标更加直接，一个没有鼠标使用经验的老人或者孩子可以很自然地使用手指操作界面。这种直观的操作指示性是手指操作的优势。但如果用户已经熟悉了鼠标的应用，那么从操作准确性和速度来看，手指并不占上风。用户如果使用手指去操作一个基于鼠标操作的界面，那效率就会非常低。

手指操作也有着约定俗成的习惯，手指的点击动作是继承了鼠标的操作；滑动手指可以进行拖曳；在多点触控的界面上用两根手指扩大或者缩小界面；点击三根手指可以打开菜单等。

触屏手机的解锁操作也是一个手指操作的典型案例。苹果 iPhone 与 iPad 的解锁方式非常直观，类似于日常生活中的拔开插销的动作，箭头的指向与文字说明帮助用户理解，而且用手指在直线上滑动操作非常简便。其他不同手机系统也都有着各自的手指操作解锁方式。

（3）使用 TUI

TUI，是指实体用户界面，这一概念最早由美国麻省理工学院（MIT）媒体实验室提出。TUI 可以让用户彻底摆脱图形用户界面（GUI）的学习过程，直接对实物进行操控，达到使用交互系统的目标。

中国的传统计算工具算盘是一个典型的实物操控系统的例子，算盘输入数字的方式是拨动算珠，用户在操控实物的过程中直接得到反馈与信息的输出。目前的 TUI 往往和 GUI 相结合，像苹果 iPad 的旋转屏幕的方式也是一种对实物的直接操控。TUI 与 GUI 相结合的例子还有微软推出的 Surface 系统。通过实物手机、杯子、银行卡等与带有图形界面的屏幕相互结合，改变了交互系统的使用方式，更加直观和有效率。

2. 间接操控

间接操控是指不接触操控的对象对其进行操控的方式。GUI 时代之前的命令行以及文本界面时代的计算机操作大多是间接控制。使用键盘是间接操控的主要方式。例如，使用快捷键“Ctrl+C”复制，使用“Ctrl+V”粘贴以及直接使用键盘上的“Delete”键删除对象等。使用键盘进行操作的流程要比直接操控简单，因为这一流程省略了在空间中准确定位选取对象的过程。在没有鼠标时，用键盘上的“TAB”键、方向键以及一些快捷键组合操作 Windows 系统，是间接操控的方式。

设计师喜欢使用快捷键操作像 Photoshop、3dsMax 这类的设计软件，这种操作方式比拿起鼠标在菜单栏里沿着层级寻找按钮要有效率得多。但如果想熟练掌握这种间接操控则需要较长时间的学习与记忆。

在游戏领域，间接操控的使用更加广泛。从最早的掌上游戏机到今天的大型网游，使用键盘进行间接操控都是常用的方式。最早的掌上游戏机都是通过按键控制着屏幕上的人物或者汽车左右移动，发射子弹等，这种操控模式需要较长时间的练习才能熟练掌握。这种间接操控经常会用在一些模拟游戏场景的网站设计中。例如，设计师把浏览网站的模式设计成游戏模式，吸引用户在网页上浏览与探索，用户需要用方向键控制屏幕上的小汽车，在一个类似地图的界面上进行各种信息的浏览。

直接操控和间接操控往往是结合进行、相互辅助的，如果只是单一的操控方式，很可能会招来用户的抱怨。设计师在设计一个交互系统时，要考虑到用户在直接操控和间接操控这两方面的需求。

（二）状态转化与行为序列

交互系统对于用户操控的回应也是设计师需要关注的问题。界面的回应方式有状态转化、转场设计、行为序列等。

1. 状态转化

最常见的状态转化是页面的跳转。大多数界面是由多个页面生成的，每个页面上承载着功能的实现和信息的传达。典型的页面跳转是网站中的页面浏览，这种交互的方式源于阅读传统的报纸与杂志。

弹出式页面是另外一种常见的状态转化类型。当页面中信息量较大需要新的空间承载，同时又不希望用户离开这个页面时，弹出式页面是最佳选择。弹出式页面要具有关闭按钮，以便用户随时关闭，不推荐使用主动弹出的页面，以免让用户感到打扰。

折叠式面板可以把不需要随时展示的内容收起来，需要的时候再打开即可。一般使用上下箭头或者左右箭头作为操控按钮。

收缩式面板与折叠式面板的作用类似，用户可以随时打开和收回面板。操控收缩式面板的元素一般设计成标签或者把手的形态，以便让用户理解。

2. 转场设计

所谓转场设计，是指状态转化的过程与方式设计，通常是动画的形式。这是提供给用户不同交互体验的一种主要方式。转场设计可以给用户提供视觉上的舒适感受，而不会产生突兀的感觉。设计师也可以通过转场体现整个交互系统的风格。但需要明确的是，转场只是为了提高用户的使用体验，转场本身不能成为焦点。

①淡入淡出是转场的基本方式，在视觉设计和声音处理中经常被用到。这种方式提供了一种平滑的转换感受，而且并不会过多地吸引用户的关注，如果这一效果做得过于明显，会让用户觉得多余和烦琐。

②空间变换。空间变换转场的方式非常多，二维空间的转化是最普遍的方式。页面会在平面二维空间内沿着上下左右四个方向延伸，交互系统给用户一种整体的感受。三维空间的转场更多的是给用户带来绚丽的视觉体验，有时也会提示页面在三维空间内的结构方式。

③隐喻式转场。最典型的隐喻式转场是翻页，用户通过翻页的方式打开新的页面，隐喻了现实中的阅读场景。隐喻式转场可以通过交互的过程表达设计师对这一界面设计的理念，也可以给用户的交互过程带来有趣的体验。隐喻式转场，给用户带来了新的交互体验，体现了设计师的设计理念。

3. 行为序列

行为序列是一个特别的概念，是指用户在对界面进行操控之后，页面的某个元素或者整个页面产生的一系列的行为交互。例如，通过拉拽放大或者缩小窗口等。行为序列的目的是给用户的操控以明确的反馈，表明用户交互行为有了结果。典型的行为序列包括拖拽、关闭、位置与形态的变化等。用户用手指拖拽界面上的放大镜进行信息浏览，在拖拽的过程中，界面上的元素跟随着光标的位置，按照用户的意愿移动。

二、交互设计的原则

同很多设计领域一样，交互设计也有一些基本原则，掌握这些原则可以让设计师的工作少走弯路，设计出用户满意的交互方式。当然，原则的使用要结合实际的情境，不能作为教条生搬硬套。

（一）Affordances

“Affordances”一词翻译成中文为预设用途或者示能性，指物品被人们认为具有的性能以及实际上的性能。人们看到一个杯子就知道它是一个容器，可以盛水，因为它具有一个开口的空间；人们看到一支铅笔，就知道可以握着它书写；人们看到一个旋钮就知道可以扭动它。这些预设用途是用户从人类的生活经验和自身的生活经验中学到的，但有时也会由于环境的不同而产生偏差。

在交互界面设计中，这一概念也非常重要。与直接模拟形象的设计方法不同，预设用途主要提供了一种使用界面的线索以及使用界面上某一元素的因果关系，而不只是形象上的相似。界面设计中最常见的预设用途为网页中的链接。红色的文字会告诉用单点击这个链接会有新的页面出现，鼠标经过时链接也会显示出下划线进行提示，这样的预设用途大多数用户都会知晓。

同样的预设用途还有很多，如告诉用户单击就会关闭的“叉子”符号，提示用户输入内容的文本框等。

也有越来越多的预设用途在界面交互领域出现，今天的用户看到一块屏幕在面前时，会不由自主地用手指点击屏幕，因为触摸屏的预设用途已经深入人心。苹果公司的产品很多都带有多点触控的功能，用户可以用两个手指在触摸屏或者触摸板上做出放大或者缩小的滑动操作。当这种操作被越来越多的用户使用之后成为一种风潮，它也成为针对触摸屏的一种预设用途。用户见到触摸屏时，会增加一个动作，就是用两个手指头在屏幕上滑动。

（二）控件

控件是预设用途最好的案例。在计算机出现之前，人类就开始使用一些有固定功能的设备完成特定的任务，这就是界面控件的原型，如开关、旋钮、把手等。

控件的作用是完成设定好的操控，按键用来激活或者关闭某个功能；旋钮用来调整在一定范围内的变化；拨动开关用来在两种状态中进行切换。

交互界面中的控件是不可或缺的部分，是用户与系统进行交互的重要工具。几乎每个界面上都会存在各种各样的控件。使用控件的优点如下。

第一，容易理解预设用途。用户不必过多的学习就可以直接使用。

第二，易于标准化。使用标准控件可以让用户快速地把使用一种界面的经验转移到同类界面中。

第三，让界面更简洁。控件可以保持界面的一致性，从视觉上减轻用户的负担。

1. 使用控件注意事项

在使用控件时，首先要注意不要在一个页面上放置过多的控件，以免给用户带来困惑。下面是使用控件时需要注意的另外几个因素。

①控制控件的尺寸。控件应该至少有 16 像素宽，16 像素长。如果是使用在触摸设备上，尺寸应该更大，使用户能够方便地使用。控件的尺寸也不应过大，控件是辅助用户操作的元素，过大或者过于复杂的控件会影响整个界面的视觉层级。

②将核心的控件突出。每个界面上都有核心功能的控件，可以调整这个控件的尺寸、位置等，让它处于最醒目的位置。

③将有关联的控件放在一起，无关联的控件分开，以免产生误解。

④控件的摆放顺序。如果有多个控件出现在界面上，设计师要认真地考虑它们的摆放位置。如果控件来自现实生活，要考虑到控件原型的摆放习惯，使控件与原型产生映射关系。如果没有参考实际生活中的原型，一般控件的摆放应当按照操作顺序从左至右、从上到下摆放。像确定、提交一类的按钮会放到流程的最后，以避免用户产生误操作。

2. 常用控件

控件最早是出现在软件工程领域的概念。控件库是软件设计必不可少的工具。推广至整个交互界面领域，可以把具有固定功能的界面元素都看作控件。

①按钮。按钮是交互界面中最常用的控件，一个界面上往往存在几十个按

钮。按钮可以完成控制页面状态的转换，也可以控制界面元素做各种动作。在标准化程度要求较高的界面中，如软件界面和手机界面，按钮的样式较为固定，而在一些网页设计中，按钮的设计往往能够成为吸引人眼球的亮点。

②滑块。滑块可以提供在一定范围内的调整操作，一般用来调整音量、亮度或者范围。有的滑块的两端会有微调按键，这种控件也被称为滚动条。

③文本框。文本框可以提供输入文本的空间，这种控件往往会包含在搜索框或者各种表单中。

④进度条。进度条用来表示一个复杂进度进行的程度。

⑤下拉菜单、单选框、复选框、搜索框等也是常用的控件。

（三）反馈

反馈是指用户进行操作后交互系统给予的某种提示。如果系统对用户的操控没有反馈或者反馈较慢，可能会导致用户的重复操控动作，整个交互过程就会出现问题，用户的任务就会以失败而告终。因此，恰当的反馈是设计师需要用心设计的部分。

1. 反馈的要点

①及时性。反馈必须要及时，哪怕耽误一秒钟也会引起用户的疑惑与不满。试想一下在饭店招呼服务员的场景，没有服务员理会的感觉是很糟糕的。当顾客有需求时，服务员如果不能立刻服务客户，也要及时地反馈给顾客已经收到了他的请求。这种情境和界面设计里的反馈是一样的。当用户按下一个按钮时，界面要立刻有所反应，如果这个反应过程时间比较长，系统要提供一个进度指示表明系统正在做出反应。

②明确性。系统的反馈也必须明确。当系统正在为用户的操作进行处理时，可以提供类似“载入中”“请稍后”这样的提示；更明确的方式是提供进度条。但当系统中断或者异常终止时，系统必须明确地告诉用户系统已经中止操作或者退出。否则用户会在等待中失去耐心，做出更多错误的操作。

2. 反馈的类型

反馈在整个交互过程中无处不在。没有反馈，用户就无法和交互系统继续交流，不同类型的反馈又都有着各自的特点。

①悬停反馈。悬停反馈能够指示出光标目前的位置，并能告知光标经过的位置上是否有特别的元素等待进一步的操控。在界面中按钮必须设置悬停反馈，否则用户会感觉不到按钮从而失去操控的工具。复杂的悬停效果可以给界面增

加亮点，提升用户的交互体验。

②单击反馈。单击反馈是指界面元素在被单击后产生的反应，表明此元素已经被单击。单击反馈在触屏系统中更加重要，因为触屏系统中没有悬停反馈效果。

③选中反馈。当元素被选中后，要显示出与未选中状态的区别，以提示用户已经选中，可以进行下一步的操控。

④进度反馈。进度反馈分为确定性反馈与非确定性反馈两种。确定性反馈可以告知用户进程大致完成的比例。非确定性反馈也经常在网页设计的载入显示中使用，这个载入动画显示出网页载入的百分比。

⑤激活反馈。有些元素特别是控件不应占据页面的重要位置，给这些元素设置动态反馈，可以区分它们的激活与非激活状态，在非激活状态下元素尽量消隐在页面中，当需要它们时再将其突出。

（四）错误

错误是交互系统设计中要尽量避免的。在用户进行了错误操作时，系统需要提供错误信息，往往也会伴随着提示音。

用户可以撤销操作也是需要考虑的，这样用户出错后还有弥补的机会。用户出错后的错误报告页面也是设计师要考虑的问题，在页面中要提供尽可能准确的信息，并且也可以提供一些有趣的设计缓解用户的焦躁情绪。

第四章　汽车交互界面设计发展趋势与交互技术

第一节　交互技术与汽车人机交互界面设计趋势

比利时设计师威尔德曾经说过，“技术是产生新观念的重要因素。”哈加登（Hargadon）和道格拉斯（Douglas）将“设计”的本质归纳为“通过技术中介进行的创新”。或者说，设计创新从某种意义上说是一种改良性的创新，而不是全新的创造。事实上，我们日常生活中的大多数产品，如电话、电视、手机、汽车等最早都不是由设计师发明的。这些发明创造大多和相关的技术与工程直接相关。通常情况下，技术对设计的影响主要体现在两个方面：一是对传统观念的变革，二是对全新观念的革新。对传统观念的变革主要是由设计流程的改变而引起的，而全新观念的革新是由设计载体的创新引发的。无论是变革还是革新，首先都要从了解技术、总结趋势开始。因此，了解技术对设计工作有非常大的作用，对交互设计而言更是如此。

本节主要从设计的角度出发，从技术层面对学术界和工业界现有和前瞻的人机交互技术进行获取与分析，从而获得人机交互技术对未来汽车人机界面（HMI）设计和开发的影响与趋势。

一、个性化、定制化

个性化、定制化从来就是一种设计趋势。在定制购买之后，个性化的设置就成为主要的定制内容。个性化设置最关键之处在于如何更好地将身份识别技术整合在车载应用和服务之中。识别技术的发展是直接推动个性化与定制化的一个重要因素。

目前流行的汽车个性化、定制化，从本质上来说，主要涉及一些参数化定制。汽车市场上一些品牌的定制产销方式已较为成熟——厂家只生产裸车，其他配置，包括颜色、内饰、天窗、导航、音响等则完全根据消费者自己的爱好和需求，自由地进行挑选装配，最后由经销商负责整车装配，以打造专属的个性化、定制化汽车。这是一种典型的销售定制，可以根据个人不同的私人要求，为客户提供完全个性化与定制化的汽车产品。

从设计的角度来看，个性化、定制化主要是在用户使用产品过程中的个性化与定制化。这就必然和身份识别技术有密切的关联。除了比较熟悉的在安全方面的较多应用（如防盗功能等），身份识别技术也通过生理或行为特征来识别或验证用户身份，包括人的语音识别、关节识别、签名识别、指纹识别、虹膜扫描、视网膜扫描、掌形或面部特征等。一旦系统识别出用户，它就可以授权用户使用设备，并可根据用户的已有设定进行个性化模式切换。在对未来汽车趋势的研究中，美国艺术中心设计学院校长肯·奥库雅马（Ken Okuyama）认为，"所谓的主流车型将越来越少，车主将拥有更多的优先选择权。"奥库雅马认为，当前有两种类型的汽车，一种是主流的，另一种是个性化的。奥库雅马明确指出，个性化的汽车将专注于在使用时满足个人的需要。结合身份识别技术的个性化与定制化汽车，将为用户带来更好的体验。一方面，可以自主选择车内配置，如具有个人风格类型的导航仪、音响、空调及天窗等；另一方面，可以提供更加智能化与简易化的操作模式，免去手动操控麻烦，如反光镜自动调节、座椅高度与距离调节等。此外，还可能是定制显示模式及内容，如车内氛围调节、光带显示、中控台显示的风格及内容等，这将引领一种全新的驾驶体验。

①概念案例：个性化定制的汽车使用概念设计。

驾驶者打开识别系统，面部识别录入人脸资料后，进行相应的个性化设置，当下次用车时，只需打开该识别系统，系统进行人脸资料对比，识别成功后车内显示及相应设备就会依照已有的定制进行自动调节。

②概念案例：OLED 个性化定制天窗概念设计。

有机发光二极管（OLED）个性化定制天窗，可以让用户随心所欲地变换车里氛围。用户可以用手机或 iPad 中的一款 App 来控制天窗背景，可以根据个人喜好下载各类天窗壁纸，通过摇一摇的方式切换车天窗壁纸，让车内更加具有情趣氛围。

二、互联驾驶

互联驾驶是汽车设备通过互联网接入，允许汽车内外的其他设备共享网络的技术。互联驾驶通常分两种情况：一种为车对车的连接，另一种为车对互联网的连接。互联驾驶需要通过第三方软件或嵌入式车内软件来连接。具体技术涉及专用短程通信技术（DSRC）、3G、4G、HTML5、云计算、高宽带等方面。

几乎每种新车型都可以通过自身或车内的导航设备、手机、电脑等连接上网络，使驾驶人从独立驾驶行为逐步转变为现在的复合驾驶行为（连接网络所带来的多样性）。可以预计，在未来将出现大量的汽车服务等相关车载应用与服务。例如，福特 2013 年在中国推出了新一代 SYN AppLink 技术及 9 款全新应用程序，以提升搭载 AppLink 系统福特汽车的驾驶体验，并实现智能手机应用程序与车辆之间更好的互联。这些应用程序分别来自百度、新浪、高德等公司，消费者通过简单的语音指令，就能将他们最爱的智能手机应用程序带入车内。

在众多车载应用中，最有可能出现的是一个基于地理位置（LBS）的车内社交应用（类似于脸书）。汽车作为一个社交工具不同于一般移动设备（手机、平板等），它应有一些自己的特征，如不易手动输入信息、注重分享地点以及路线、操作简单等。目前，脸书为其社交网中的所有用户提供状态信息，包括社交状态、照片等。汽车人机交互界面设计关心的不只是驾驶人之间的社交互动，更多的是汽车领域作为一个潜力巨大的现实社会社交场合的机会与价值。驾驶人相对容易地在任意时间通过车载信息系统、导航设备、GPS 信息来提供状态信息（地点、速度、驾驶目的地等）。

从用户心理层面来看，车载环境下的社交也是一个具有特殊环境和需求的场合。车辆是一个和办公室、家庭不同的社交环境，在这样的环境中，人们的行为、任务均有所不同。因此，在这种特殊环境下如何进行社交就具有较大的挑战。首先，时间有限。驾驶车辆始终还是占据主要的注意力资源。其次，社交形式也有限制。汽车联网以后，其信息量也跟随着不断增大，驾驶人越来越难以处理所有的信息，设计者应该减轻驾驶人的信息负担，把一些信息与任务以最合适的方式显示，来保证行车安全。在这些问题中最为关键的是动机和需求：为什么人们会在车上社交？如何引导？因此，车内社交不可能是简单地将现有的社交工具直接移植到车上即可，而是要充分考虑车载环境的特殊需求，满足需求和动机。

三、可穿戴设备

可穿戴技术可以弥补空间手势交互的不足，在自由度、交互舒适性方面会有更佳的体验。同时，可穿戴技术可以获得驾驶人与乘员的个体生物信息，可以和现有的行车数据一起构成未来汽车人机交互界面的主要内容。

谷歌公司推出 Google Glass 后，立即受到不少车企的关注，戴姆勒股份公司就计划将谷歌眼镜整合到奔驰的汽车导航系统中。2013 年，日产汽车公司展示了一款名为 3E 的可穿戴眼镜，造型非常具有未来感和科技感。3E 镜片有一个玻璃显示器，可显示汽车的各种数据，佩戴者可以利用 3E 实现车辆遥控，还可将所需信息投影到驾驶人所佩戴的左眼前方屏幕上。同时，日产还展示了一款 Nismo 概念手表，号称是首款可连接汽车和驾驶人的智能手表，能够远程读取车速、油耗等数据。此外，它还能监控驾驶人的健康状况，显示心跳频率等信息；如果驾驶人心率过快，它会自动发出警告。

可穿戴技术融入汽车，最重要的是需要考虑汽车这一环境（驾驶情境与乘坐情境）的特殊性，同时也要适用于日常生活场景。怎样在这两种情境中共同适用，并且相互切换自如，是设计的关键问题。此外，当我们已经有了越来越多的移动设备，如手机、智能手表和各种需要携带的智能设备等之后，所需做的就是在给用户带来便利的基础上，保持自然性。通过可穿戴设备，很可能会使得自然交互成为汽车人机交互界面的主流和核心。

概念案例：车载可穿戴手表的概念设计。

这款可穿戴手表在日常的生活中就像普通的手表一样，具有指示时间的功能。同时，它能实时记录佩戴者的身体健康数据，能在突发性疾病发作前预警，防止在开车的时候突发疾病而导致更严重的后果。另外，它可作为一个与车连接的控制器，结合自定义手势对车内设备进行操控。

四、手势交互

手势交互是基于手势检测与识别技术上的新兴交互方式。目前，基于汽车环境下常见的手势交互主要应用于以导航、音乐为代表的界面操作中，通常情境为通过简单的手势实现对界面中对应操作的控制，革新以传统按钮式操作和触屏操作为主流的交互操作模式，创造全新的交互体验，实现人车互动的全新驾驶体验。

在手势交互中，比较有代表性的是谷歌公司在 2013 年递交的手势控制汽车技术的专利申请。这一系列的专利技术能够对驾驶者的手势动作进行追踪，从而能让其在开车时无须触碰车上的物理按钮就能够完成对多种功能的控制，它的使用场景和体感游戏比较类似，驾驶人能够通过在车内特定区域做出特定的手势来控制环境系统、调节座椅位置、开关车窗以及选择立体声播放和音乐大小等。谷歌公司表示，在仍需司机来控制汽车转向的时代，手势识别将是最有用的。因为手势识别能够让司机在开车时减少分心，这样原来的多项功能就能够通过集中的一片区域来实现，使驾驶人能够集中精力做好驾驶工作，提高行驶的安全性。

现代汽车公司在其推出的一款概念车的高科技配置方面包括平视显示器，该显示器还配备了驾驶人眼部追踪功能以及交互式3D手势控制系统，也就是说，仅需驾驶人的一个手势就可切换平视显示器的显示。

除了汽车和互联网企业之外，部分第三方汽车设备供应商也开展了相关的产品开发。美国知名的车载信息娱乐系统公司哈曼集团工程师汉斯洛斯表示：手势控制汽车旨在用更简单的手势达到司机的一些额外需求，这样不至于令开车人手忙脚乱而分心。驾驶人只需要将手掌放在某个传感器前面，就可以直接调出相应的菜单，如可以设置目的地或者切换歌曲到下一首播放。一旦手掌收回，那么系统界面就会自动切换到地图导航状态。另外，日本的先锋公司，也针对导航的手势控制与操作开发了相关的手势以及用户界面。

如今，手势将成为汽车人机交互界面最大的机会点之一。

第一，手势操控全车计算机系统甚至传统的物理部件在智能汽车时代有可能实现，并作为主流操作方式。

第二，手势会成为连接汽车品牌与用户的纽带之一，不同品牌会对应与之格调相匹配的手势命令或手势词典，手势也有可能成为汽车品牌形象的组成要素，成为重要的企业特征的代表。

第三，手势在汽车内的操作会由现在的面向界面的硬性交互，扩展到针对车内实体的更加趋向于自然交互的操控方式。

第四，汽车手势操控可能将走向自定义，用户可以根据自己的习惯设置不同手势对应的命令操作。

概念案例：多屏手势交互概念设计。

本概念设计通过手势来实现多屏界面的整合交互，在四周车窗上显示不同信息，副驾及后排乘客可以通过手势控制信息的显示位置，将所需信息移动到自己需要的显示屏幕。

五、无处不在的显示

无处不在的显示是未来汽车数字化和信息化最重要的标志。

从显示方式看，平视显示（HUD）将逐步承担仪表板的部分显示功能，以减少驾驶人因为低头导致的视线从前方道路偏移问题。可能的显示内容主要是与辅助驾驶直接相关的重要行车信息（如车速、导航信息等）。在此基础上，少量非重要信息（如娱乐系统中的音乐等）也可在平视显示器上显示，但处于非重要区域，或者根据驾驶人的需求和操作显示。

目前，大众、日产、通用、欧宝等汽车公司推出的概念车设计，其共同特征是具有大范围的显示界面，显示范围包含主仪表台、副仪表台以及中控台区域。日产 Friend me 概念车的主副仪表台和中控台连贯成了整体的显示界面，实现了前排和后排乘员间的信息分享。而凯迪拉克 SXT-V 的概念设计则强调了主副驾驶之间的信息推送。主驾驶前的主仪表台显示与驾驶相关的信息，如时速、电量等；副驾驶前的副仪表台则侧重娱乐信息，如车载应用的集中展示；主副驾驶之间的中控台区域则集中显示了座椅调节、温度控制等信息的设定。以特斯拉为代表的新能源汽车为传统的汽车注入了互联网产品的特征，大量信息的涌入需要更大范围的显示载体，因此在特斯拉汽车中，传统中控台的物理按键已完全被 17 英寸（1 英寸 =2.54 厘米）的巨型屏幕所替代。

此外，从互联驾驶的角度看，人与车、车与车、车与环境之间的信息互动也需要丰富的显示空间，车窗、车身都可能成为显示的载体。因此，原本以驾驶为中心的信息构架将会以驾驶、娱乐、互动、车内氛围设置等层级进行分解，显示位置和显示载体会与信息的互动者密切相关。例如，主驾驶可操作的是驾驶相关信息，而车内乘员则可参与社交和娱乐信息的互动。

就显示而言，未来 10 年的趋势很可能是 HUD、虚拟现实、增强现实、3D 显示将与仪表板甚至中控台联合成一个整体的显示界面，显示内容将会整合汽车控制、导航、娱乐、通信和网络应用，随着这些信息的介入，未来的车载系统将形成一个强大的网络终端。

除了与驾驶位置直接相关的显示以外，副驾驶、后排乘客区也有显示的需求。目前，副驾驶、后排乘客区的显示主要集中在中控台（副驾驶）和座椅后方（后排乘客）。未来的发展，车窗、车顶乃至整个汽车内外都有可能成为显示界面。这与显示器价格降低以及柔性显示屏的出现密切相关。丰田公司在 2012 年推出了全车身显示的概念电动汽车，充分反映了这一趋势。在其他行业，多显示器使用也非常普遍。内室的层面，通用汽车早在 2010 年就开发成功了车窗作为显示器的设计方案。因此，非驾驶人员的无处不在的显示区域和方式将会是未来重要的趋势。

六、新材料

汽车作为移动载体，集成了众多现代和传统的材料。近年来，随着技术的进步，材料的翻新替代，组成汽车的物理材料开始变得更加丰富。未来汽车领域新材料的发展，一方面将会继续研发为汽车轻量化而服务的新材料，另一方面将会与传感器、电子元件等结合起来，形成具有复合功能的综合载体。当前，汽车新材料的应用可以分为三个主流方向。第一，车内氛围营造：个性化情境定制。中控台、车门嵌入板、车顶棚蒙板可以运用新材料使之成为制造车内氛围的载体。第二，人机互动：中控台部分、车身、车窗会成为人与车、车与车之间相互沟通交流的重要媒介与平台。第三，车身轻量化：运用于汽车车身上，降低整车质量，从而提高汽车性能，降低油耗，使价格更为合理。

新材料中的智能材料对于交互模式的拓展具有重要意义。智能材料是继天然材料、合成高分子材料、人工设计材料之后的第四代材料，是现代高技术新材料发展的重要方向之一。未来智能材料趋向于以下几种方向：第一，有线传感材料，用于测试监控各种设备和交通工具的温度情况；第二，快速响应形状记忆合金，未来可能在医学、卫星天线等领域获得新应用；第三，磁致伸缩材料，在拉伸压力作用下能够将电能转换成机械能，或将机械能转换成电能；第四，导电高分子材料；第五，压电材料。

从发展趋势上看，可记忆的合金和聚合材料有可能在汽车先进材料领域扮演至关重要的角色。例如，通用汽车和著名的休斯研究实验室紧密合作，在密歇根大学进行了智能材料在汽车行业中的应用技术研究工作。

新材料的应用对汽车内饰的设计和汽车结构设计具有较大的意义，未来汽车内室的材质本身将成为直接可交互的人机界面；汽车结构设计也会运用新材料，以降低汽车的整备质量，从而提高汽车的动力，减少燃料消耗，降低排气污染。新材料的使用将使得汽车内的人机交互有更大的可能性，完全改变过去汽车内饰的静态环境，而变成动态的环境，使其成为人机交互的一个空间。汽车凭借智能材料，可以“记住”自身原来的形状，甚至可以在汽车发生事故后实现“自我修复”功能，或改变汽车的颜色和外观。随着智能材料技术的突破，汽车企业推出具有可变化性的汽车将成为可能。

概念案例：基于可变色材料的汽车交互界面设计。

色彩是一种生活，是一种情感，是我们感知世界最重要的一种手段。当前汽车的内饰颜色不可变，当车的内饰是冷色调时，在冬季会给人更加寒冷的感觉，当车的内饰是暖色调时，在夏季会给人带来更加炎热的感觉。因此，可以把车内饰局部材料换为可感温材料，在冬季车内配色转换为暖色调，而在夏季车内配色转换为冷色调，从而给人带来舒适的感觉。

七、新能源

新能源汽车已经成为全球汽车业发展的新方向。从理论上看，多种能源均可成为汽车能源的来源，包括核能。由于新能源汽车在车身结构与动力总成上的巨大变化，人机界面和内室设计等方面较传统汽车有较大突破，可以有效打破目前汽车内室的布局结构，同时保留操作的继承性。这就给设计带来了重大的机遇。有大量的新能源汽车的人机交互界面在设计上完全颠覆了传统的汽车形态。例如，特斯拉电动汽车的电控、电池管理、电机管理、底盘调校、车载电子与机械设备的融合同其他汽车相比有很大的不同，特别是特斯拉电动汽车的中控台是 17 英寸的显示屏，对汽车人机交互产生了巨大的影响。湖南大学自主开发了其第一款概念电动汽车，突出了轻量化、新材料和新交互三个主要概念。

概念案例：湖南大学第一款电动汽车仪表板的概念设计。

本概念设计是该电动汽车开发过程中设计的仪表板。根据全新电动汽车的设计，其仪表板是一个异形显示屏幕，因此整个仪表板背景模仿星空做出较为虚幻的氛围，而前端显示则以电子数字为主，强调数字的识别性和理解性，使用户能在车辆行驶中迅速寻找和识别出自己所需要的信息。同时，考虑到电动汽车的电池电量等显示方式的差异，专门进行了特别的处理。这些方案以大批现有仪表板的形式，突出了新能源汽车的某些特点，而不是只更换动力系统，人机交互不变化。

八、移动设备在车中

人类具有随身携带个人物品的习惯，而移动设备是最重要的个人信息终端，因此，将手机携带进入车内对于用户来说具有特殊的意义。移动设备作为主流互联网载体以其方便、灵活的适应性成为汽车行业提升车内体验和吸引消费者的重要选择之一。汽车不能替代手机的功能，而最有效的整合方式是两者的同步与相互适配。

当手机信息与汽车同步后，手机作为一个控制器的功能可能更加突出，甚至可能成为主要属性，而不再是个简单的显示器了，同时其信息的显示任务可以很容易地迁移到汽车中控台显示屏上。而手机与汽车的互联同步方式到底是通过USB、蓝牙、红外连接，还是通过语音控制或其他更多的方式，这些都是设计中应当予以考虑的问题。

如今的汽车使用内置功能来提供娱乐与信息系统，而下一代汽车信息娱乐系统的功能将源于驾车者的移动设备。汽车屏幕已成为信息输出的重要介质，车载终端屏幕将形成新的潮流。通过手机互联技术可在车载终端屏幕上充分发挥移动设备的优势。

未来移动设备与汽车连接将呈现以下主要趋势。

第一，移动设备作为网络连接设备。移动设备与汽车的结合是一个重要的趋势，而且是一个低成本的方案。以手机为例，在本质上它是一个网络连接设备，将手机带入车中则可能替代车内的网络从而将车企的利益瓜分。车企在其中得到的利益过少，对于汽车行业来说不是最佳的方案。届时，车企需要思考更多的盈利方案。

第二，在车内，移动设备作为显示控制器，与汽车的人工显示同步。目前，已经有许多车企做到了手机导航与车载系统中的导航无缝连接，这无疑是汽车与手机信息同步的序幕，也预示着汽车与移动设备之间彼此交融的一个趋势。

第三，在车外，使用移动设备进行远程控制。在未来，汽车内更丰富的内容依旧要依靠移动设备来实现，因为汽车始终无法像手机一样频繁地进行硬件甚至软件的迭代，而功能补充和系统完善却要依赖于底层的硬件。汽车的升级短板将限制软件和系统的更多可能，通过增加整车的可拓展性来解决这个问题，如利用iPhone等外部设备来帮助汽车实现更多功能是一个经济且高性价比的方案。

例如，苹果公司2014年在欧洲专利局提交了一份申请，描述的是一个iOS设备和车载配件一起配合使用的系统，能够在一定的范围内激活汽车的各种功能。当移动设备靠近汽车时，移动设备也会向车载配件发送信号，从而实现利用移动设备启动汽车的某些功能，如开车锁、打开车内暖气、打开后车厢等。这说明，利用这些移动智能终端，将汽车的功能外延是一个重要的设计方向。

概念案例：手机与汽车整合概念设计。

利用移动终端的便捷，远程操控汽车将成为可能，移动终端可以成为驾驶的辅助。通过整合汽车和移动设备原有的功能而产生新的功能，使得汽车在将来可能成为一个能奔跑的“移动终端”。

九、增强现实

增强现实（AR）技术与汽车的结合，使得汽车显示可以同时承载自然显示和人工显示两种方式，有利于弥补当前汽车显示中自然显示与人工显示分离的现状。增强现实将在不同的驾驶情境下，有更多的可能性，如应急性、辅助性和娱乐性等。这些都将使驾驶体验与乘坐体验更加具有实用性与趣味性。从整体而言，如果二者结合得恰当、合适，将提升汽车企业给受众的品牌体验感与科技感，赢得口碑效应，最终得到更好的市场反馈。

从增强现实的影响来看，增强现实技术将对未来辅助驾驶、车载娱乐、导航的发展起到强有力的驱动作用。然而，其发展取决于场景叠加等技术层面的问题。它将计算机生成的虚拟信息（如路况、地图等）或关于真实物体的非几何信息（如横穿马路的人、动物等）叠加到真实的驾驶场景之上。由于与真实的驾驶场景联系并未被切断，并且在其虚实结合与实时交互（不同于简单的人对屏幕的交流）的特点下，在汽车上结合 HUD 与车窗的增强现实技术必将会产生新的交互方式。

目前，汽车行业已有多家企业研发出装载增强现实技术的汽车。奔驰汽车公司研发运用 AR 的新型车载导航系统，其图像信息将实时地显示于屏幕上，驾驶人可从屏幕上了解行驶方向、街道名称等多种信息。它运用了分屏显示技术，可以使用一个仪表板显示器分别向驾驶人与乘客显示不同的画面信息。同时运用增强现实技术，在玻璃上显示交通状况以及安全信息，该 HUD 的显示还会根据你的心情改变颜色。丰田汽车公司早在 2011 年就已经发布了其交互式车窗玻璃的概念构想。它通过增强现实技术，可使后排乘客缓解疲劳，并与车外世界互动。奥迪汽车公司在 2013 年 8 月也已发布了一款 iOS 应用，它利用摄像头以及增强现实技术来帮助用户发现并了解汽车的各项功能。从增强现实的应用领域上来说，其已从移动设备跨越到汽车这个载体，从娱乐、游戏跨越到辅助驾驶、导航和汽车维修等领域。

综合分析市场数据调研结果，增强现实技术在未来将对汽车的以下几方面产生重要影响：第一，辅助驾驶，如导航；第二，汽车展示与出售；第三，汽车维修，利用增强现实技术新手也能轻易“读懂”汽车，帮助用户检查汽车，指导维修；第四，车载娱乐系统，增强现实技术具有虚实结合、实时交互、三维注册等特点，而其未来的发展取决于场景叠加、实时视屏显示及控制、多传感器融合、实时跟踪注册等技术层面的问题。

概念案例：夜间增强现实系统概念设计。

目前，很多高档汽车都有夜间增强现实系统，主要用于安全方面。本概念设计基于这种思想，包含夜视系统和白天模式，通过 HUD 展现有障碍物探测、行人探测、胎压检测、弯道警示、行车数据等功能。由于夜晚近光灯可照范围小于驾驶人的视线范围，因此本方案通过车内雷达探测，可以探测到大于近光灯的可照范围，提示黑暗中的驾驶人可能没注意到的行人，或者处于视线盲区的路面障碍坑洼。高速路行驶或盘山路行驶可能有些急弯道没有注意，所以有弯道描绘功能。另外，高速行驶中速度过快可能会造成爆胎，所以可以在 HUD 左上角显示汽车的胎压等一系列行驶数据。

十、自动（无人）驾驶

汽车作为一种交通工具，主要功能是将人从一个地方送到另一个地方的通勤。而驾驶汽车本身对于只需满足通勤功能的人来说是一种负担（也不排除有大量用户还会追求驾驶本身带来的乐趣）。因此，单就通勤这个目标和舒适性来说自动驾驶是未来的一个重大趋势。早在 1950 年，自动驾驶就已经成为汽车领域里的一个重要研究方向和趋势，但一直未取得重大突破。进入 21 世纪以来，随着互联网技术的快速发展，传统的依赖传感器侦测前方路况的技术逐渐被以情境计算和网络计算为基础的新技术所取代。在这种情况下，汽车智能驾驶成为可能。以谷歌公司的无人驾驶汽车为例，其传感器技术本身不是重点，最为重要的是以谷歌地图为基础的数据。它通过 GPS 定位确定车辆所处的路况，再使用传感器，且不同路况传感器参数不同。在此情况下，自动驾驶有了网络和情境计算的优势，才可能成为现实。种种案例表明无人驾驶汽车可能成为未来的趋势。

然而自动驾驶要成为落地的现实，还存在几方面的挑战。

在成本方面，以谷歌公司为例，其驾驶技术由环球自动导航系统、温度敏感测试反应系统在内的多种自动操作系统组成，车内设有照相机，车顶设有旋转激光扫描器，单是这些设备的成本便已超过了 25 万美元，是普通汽车生产成本的 10 倍。

在法律方面，两辆无人驾驶汽车相撞之后，究竟如何判定是谁的过失？是驾驶（操作）者还是制造商？如何对无人驾驶车进行评估和安全检查？无人驾驶汽车的拥有者是否还需要进行驾驶（操作）资格的测试？无人驾驶汽车和普通车辆是否拥有相同的驾驶限制？

在社会伦理方面，无人驾驶汽车首先颠覆的行业是交通运输业，如美国有大约350万卡车司机，如果汽车都自动行驶，大部分卡车司机都将失业；还有出租车司机行业，据报道，2020年中国大约有139万辆出租车（估计出租车司机人数在250万以上），如果无人驾驶成为现实，司机职业可能会消失。

从设计的角度看，无人驾驶带来的用户体验的问题是非常突出的。失去对汽车的控制感是无人驾驶汽车的一个用户体验难题。即使自动驾驶和人工驾驶可切换，如何切换、什么时候切换都是十分重要的问题。因此，研究无人驾驶汽车的用户体验问题，将成为未来汽车人机交互界面设计的重要问题之一。

设计的本质属性就是对未来的计划，而趋势的预测从某种意义上而言，相对设计的严肃性，具有更大的自由度。在信息时代，技术对于人们生活的影响是巨大的。因此，从人机交互以及相关技术发展的角度去探寻汽车人机交互界面设计的趋势，是一个可以考虑的出发点。

第二节　汽车产品造型设计中的人车关系

一、汽车产品消费群的交互审美设计关系

（一）市场发展驱动的宜人造型设计

汽车作为一种产品，其造型设计的根本目的是满足消费者的需求，因此，汽车造型设计的重要性、发展方向、设计内容、审美等因素都受到市场发展的影响。当前，中国各大车企越来越重视汽车产品的造型设计，在进行汽车造型设计时也越来越重视审美因素，这与中国汽车市场发展现状与趋势密切相关。

1. 中国汽车产业与市场发展

中华人民共和国成立后，汽车工业是从零开始发展起来的。1953年中国建设起自己的第一座汽车厂——第一汽车制造厂，中国的汽车工业开始起步。1956年7月13日，中国自己制造的第一辆国产解放牌汽车下线。伴随着中国改革开放以后经济的飞速发展，越来越多的家庭和个人开始希望购买自己的私家车，而当时落后的轿车工业无法满足这种需求。另外，许多跨国企业为了谋求利润的最大化，在当时经济全球化的发展趋势下也在世界范围内寻找新的投资区域。当时中国的自主车企为了尽快提高本土汽车的技术水平与生产能力，开始与国外的汽车企业合作，进行合资和引进外国先进技术。1984年成立的由北京汽车制造厂与美国汽车公司合资的北京吉普汽车有限公司，是中国第一家

中外整车合资企业。此后还有与德方合资的一汽大众和上海大众、与美方合资的上海通用、与日方合资的东风日产和广州本田等企业陆续出现。合资企业产品所占比重随着国内市场的发展也在逐渐增加。到了 2009 年，中国汽车全年的产销量首次超过了美国，成为世界第一，产量达到 1379.1 万辆，销量则为 1364.5 万辆。到 2013 年，中国全年汽车产量达到了 2211.7 万辆，销量则达到 2198.4 万辆。从此中国汽车产销量终于突破了 2000 万辆，中国汽车工业处在了快速发展之中。

但是进入 2014 年后，中国汽车市场在一片欣欣向荣的发展态势中却存在着令人喜忧参半的现象。根据中国汽车工业协会（简称“中汽协”）所公布的数据，2014 年我国汽车产量达到了 2372.29 万辆，销量则达到了 2349.19 万辆，再次突破 2000 万辆。一方面合资品牌的汽车市场份额不断扩大，另一方面中国自主品牌的汽车市场份额却在不断下降，从 2009 年到 2014 年的 5 年时间里，中国自主品牌汽车市场份额降幅接近 7%，而且这种趋势还在继续。

2. 博弈驱动下的汽车造型审美与设计

（1）汽车市场产品策略的博弈

首先看最简单的情况，把市场上的企业概括为 A、B 两方，A 方代表合资企业，B 方代表自主品牌。从最简单的异质产品博弈模式开始分析，假设在一个细分市场上 A 与 B 各有一款车型 PA 与 PB。根据目前现实的情况，PB 对消费者的吸引力是小于 PA 的，在可以选择的情况下，消费者必然会优先购买 PA，只有当有限的 PA 被大幅度加价或根本没有现车时（这种情况在产能不足时经常发生），那些不愿意等或不愿意加价购买 PA 的消费者才会被迫选择有现车的 PB。A 和 B 在面对企业未来发展决策时有两种策略：一种是扩大产能策略，即企业把主要资源（包括人力、财力、物力）都用在扩大产能上，而提高新产品研发能力的投入则较少；另一种是提高产品竞争力的策略，即企业把主要资源都用来提高研发能力而基本不对扩大产能进行投入。

在卖方市场的情况下，汽车产品的需求大于供给。因此 A 企业若采用扩大产能策略，必然会增加销量，策略带来正收益，假定收益量为 a（$a>0$）；A 企业若采用提高产品竞争力的策略，销量不会增加，现期的策略收益为 0。对 B 企业同样采用扩大产能策略，会增加销量，带来正收益，假定收益量为 b（$b>0$）；采用提高产品竞争力的策略，销量不会增加，现期的策略收益为 0。

因此在卖方市场的情况下，所有企业都会优先把资源用在扩大产能上。那么对于为什么各大企业会如此执着于扩大产能就有了合理的解释，这正是卖方市场条件下企业为了获得最大利益的选择。

但是无限制地扩大产能，必然会使市场进入买方市场。

此时无论B如何选择都影响不到A选择扩大产能所带来的利益，因此A选择扩大产能是一个占优策略。所以这就是为什么即使在进入买方市场的情况下，具有产品优势的合资汽车企业仍然会继续扩大产能的原因。

在短期内B无论选择哪个策略都是没有增加收益的，但是如果选择提高产品竞争力，一旦当PB的竞争力能够超过PA时，情况就会发生逆转。而在市场上的表现就是PB的市场份额开始上升，一旦当A察觉到自己的产品优势已经不存在时，就会意识到扩大产能已经不是最优策略了。此时A会改变策略，转为提高产品竞争力。当PA的竞争力超越PB时，博弈情况又再次逆转。这就形成了循环往复的产品竞争模式。当然，对于比较有远见的企业，在自己的产品还处于竞争优势地位时，也不会放松产品设计，试图保持该产品始终不会被对手超越。而这种以产品竞争力提高为核心的竞争模式正是在买方市场情况下必然的存在形式。

根据前面的分析我们可以发现：在卖方市场的情况下，汽车企业间的竞争主要是产能的竞争，对于产品落后的企业B来说，只要其产品差异没有差到消费者宁可不买PB也要等着买PA，那么发展的重心还是放在产能上收益会更优。这也是为什么长期以来，我们的自主汽车品牌，虽然一直在说要增强研发水平赶超国外品牌，但在实际行动上仍然没有真正足够重视和足够的投入。这也是造成今天自主汽车品牌竞争力与合资品牌相比依然有很大差距的重要原因之一。而一旦进入买方市场时期，汽车企业间的竞争核心因素将发生变化。以前谁的产能大谁就吃得饱的局面，则转变成谁的产品比竞争对手的产品对消费者更具吸引力，谁才能赢得市场。

（2）市场竞争博弈下的汽车产品造型设计

在前一部分的分析中，我们预期未来中国汽车市场将进入竞争更加激烈的买方市场。而在买方市场上，产品的竞争力才是决定企业生存与发展的决定性因素。一款车型产品的竞争力实际上就是这款车型与竞争车型相比，能够更加吸引消费者购买的能力，可以用消费者获得的价值量来衡量。

可见汽车造型设计对产品功能有着重要的影响。当前各大汽车企业的发展趋势是在技术与工艺水平上逐渐接近，这就使得不同汽车造型对产品功能影响的差异程度越来越大，尤其是当同价位竞争车型的使用功能非常接近的时候，不同造型设计所带来的审美体验与艺术功能就成为吸引消费者选择的重要因素。因此，汽车造型的艺术设计对汽车市场中产品竞争与博弈结果的影响也越来越大，应当成为各大汽车企业增强其产品竞争力的重要手段。

3. 汽车产品造型价值与宜人设计

（1）竞争博弈中的汽车造型设计与审美

显然一个购车者在面临多款车型可以选择购买的时候，会在自己的预算范围内，优先选择购买相同货币成本下给自己带来功能值最高的（也就是产品价值最高的）那款车型。对于消费者来说，艺术功能显然是一个通过主观心理来判断的值。而使用功能的判断，包含了很多客观的汽车性能数据指标，消费者是通过综合这些客观数据与自己试驾和了解产品过程中的感受来进行判断的，技术熟悉程度不同的消费者对客观数据的依赖程度不同，但最终也都会把这些数据转换为心理衡量的价值。有的各种产品功能综合作用于消费者的感觉、认知，然后在思维过程中触动消费者记忆而产生相应情感与意识的复杂生理心理过程，这个过程直接（对艺术功能的感受）或间接（对使用功能的感受）地属于造型审美的范畴。所以，研究汽车造型设计与审美过程及其中人与产品艺术因素的交互关系，对学会如何提高汽车造型给消费者带来的产品价值是非常必要的。

（2）以人为本的汽车造型设计

汽车产品造型设计对消费者选择购买产品的决定起到重要作用，也是汽车企业在进行产品设计过程中需要重点考虑的工作之一。汽车产品造型不仅对产品艺术功能有直接作用，也影响到产品的使用功能，这使得其审美过程直接或间接影响着消费者对产品价值的判断。因此，在造型设计工作中，必须从以人为本的角度出发，充分考虑各造型元素的选择、组合与运用是否符合消费者的审美需求和感受、会给消费者带来什么样的价值，要在人性高度上把握设计的方向，以此来协调产品造型设计各方面工作，这就是汽车造型的宜人设计。

①宜人设计理念。以人为本的设计是提高设计体系互动，提高实际可用性的一种设计手段，是多学科共同作用的设计体系。日本的产品设计师在20世纪90年代，曾经提出过“人的感觉计划”，这已经将宜人设计放到了很高的层面。我国政府也把“人的全面发展”作为未来社会发展的一个重要方向。在过去的历史中，人类曾经一度以加大自然资源开发量和积累更多物质财富为目的，他们曾夸大地看待物质财富的积聚对幸福生活所起的作用。但仅重视物质的价值而忽略人的价值是不符合人们追求和谐生活的主旨的。我们需要深刻理解人与社会的发展，寻找真正带来社会文明、进步与人们生活幸福的方式，宜人设

计的理念正是在这种需要下应运而生的，并随着人类认识水平的不断提高而深化。

②宜人设计的目的和意义。宜人设计首先是关心人的设计，其目的是使人们的感情能够更加丰富和完美，真正达到人与物和谐相处的境界。宜人设计同时也是关爱自然的设计，它在为人们提供生活所需的产品的同时，又注重保护自然环境的可持续发展，避免对自然造成难以恢复的伤害，为我们的子孙后代造福。宜人设计还是一种体现人文关怀精神的设计，以人为本的人文关怀应该是我们这个时代的精神。产品设计应该是最能够具体体现"以人为本"时代精神的实践手段，这应该是在现代艺术和工业领域中都包含着的一种时代精神。

③在汽车造型宜人设计中融入以人为本的理念。首先，要深刻认识和理解人与汽车产品造型之间存在的交互审美关系、这些关系的发生过程与原理；其次，还需要在汽车造型设计思想上进行探索，找到真正符合"宜人造物"宗旨的交互造型设计指导理念；最后，在此基础上还要研究和寻找在设计实践中适合应用的方法与程序，把以人为本的理念真正融入汽车造型艺术设计工作中来。

（3）以人为本汽车造型设计对市场的影响举例

美国福特汽车曾设计推出的金牛座（Taurus）系列汽车及其市场反应的变化过程就是以人为本设计的范例。福特公司设计部门在大量研究消费者喜好的基础上，于 1986 年推出了吸取 20 世纪 80 年代连续失误教训的、造型设计更符合当时美国人审美观与消费心理的 Taurus 车型，它因迎合市场而热卖。现在流行的汽车流线型设计风格也正是由当年 Taurus 车型开始普及起来的。到 1993 年其年销售量超过 30 万辆，成为美国市场上的销售量冠军。但是 1996 款的 Taurus 却是结果惨淡，这次改款后的球状圆块造型偏离了当时人们的审美喜好，于是迅速扼杀了整个 Taurus 的市场生机。此后福特认识到符合人的审美需求的造型设计非常重要，继续改款的车型设计尽量争取符合消费者的审美需求，到 2008 款 Taurus 又有了造型上的重大变化，又开始逐渐被市场重新认可。

分析福特 Taurus 车型造型设计对市场变化的影响，其最根本的原因在于设计是否符合人们的需求。当一个好的造型设计出现时，就能够挽救如福特这样的大型企业，而造型设计没有做到以人为本时就会遭到市场的抛弃，因此，造型设计的重要性得到了更加深刻的证明。在福特设计师们的调查报告中这样写道："满足客户们的要求成为工作的一个最重要组成部分。"这也揭示了以人为本是设计成功的要素。

（二）汽车造型审美层次理论与审美特征

对汽车产品造型审美问题进行研究，首先需要吸取和学习相关理论中的有关内容，并对其进行创新性的发展，将其精华部分引入专门针对汽车造型的领域中。

1. 汽车造型审美的需求层次与划分

有不同类型的消费群体，就有不同的审美需求，本部分关于审美层次问题的研究思路源于对马斯洛需求层次理论的思考。在心理学中，马斯洛的需求层次理论可以说是最为众人所熟知的一个理论了，而在实践中这一理论也被广泛运用于解释很多现象与问题。那么把马斯洛需求层次理论与审美问题相联系的话会引发我们怎样的思考呢？在汽车产品造型的审美上，我们的需求是不是也存在着由低级到高级的层次呢？我们分析汽车造型的审美需求层次对产品设计实践有什么价值呢？

以上这些是笔者一直在思考的问题。通过与马斯洛的需求层次理论进行比较分析，笔者认为人的审美过程中也存在着一种由低级到高级的层次关系，即审美需求层次。下面就结合汽车造型问题，对其审美需求层次的划分及运用加以探讨。

（1）由马斯洛需求层次的划分到审美需求层次的划分

在马斯洛需求层次理论中，按照从生理到安全，再到社交、尊重和自我实现可以由较低到较高划分为五个层次。人对审美的需求也属于人的需求的一部分，因此其层次也应该符合马斯洛需求层次理论的划分。事实上也正是如此，人的审美并不是一开始就达到高高在上的自我实现的，而是由最基础的生理层面开始的。马斯洛需求层次理论中的生理与安全需要所对应的审美需求正是人们在基本生理与日常生活中感受到的美，如人见到色香味俱全的美食时、见到美貌的异性时会不由自主地产生美的感受，这就是源于最基本的生理层面的审美，人们在日常生活中对各种物质的实用性的满足本身就包含了朴素的自然和生态美感；当生理与基本物质层面的美上升到情感和心理层面时，就对应到马斯洛需求层次理论中情感、归属与尊重的需要层次，如穿着情侣装的审美在于追求爱情，一个人在装扮、发型等方面与一个群体中其他成员保持一致风格在于追求归属感和友情，人们穿着名牌时装、提着名牌包时其审美的价值主要在于可以得到他人的尊重、产生自信、体现自己的成就；当审美达到马斯洛需求层次理论中的最高层次时，就达到了艺术创造、对美的道德与评判等层面，这些正是审美层次上的自我实现。

（2）由审美需求层次到汽车造型审美的需求层次

对普遍事物的审美对应到具体汽车产品造型的审美上来，同样也存在着相应的层次。

根据马斯洛需求层次理论，五个需求层次依次升高。一般来说下一级的需求达到相对满足时就会向上一级发展。一个人可能同时有几种不同层次的需求，但总有一种占据主导地位，会对其行为起到决定性的作用。任何一种需求都不会因为其他需求的产生而消失，因此，各层次的需求会相互依赖和重叠，但是当人发展到对更高层次的需求后，低层次需求对其行为的影响程度会大大降低，但仍然存在。

人对汽车造型的审美需求也存在这样的关系，比如人们购买低价位、经济实用的车时主要关注功能是否够用，对造型审美的需求层次就不高，达到基本的美观大方即可，即满足生理和实用的造型美就可以。而有一定实力购买中高档车时，就会提高对造型的要求，不只是要满足基本生理和物质层面的审美要求，还要考虑造型设计是否适合自己的身份地位，是否显得有档次。而在购买豪车的人群中，对造型的审美需求就达到了更高的层次，往往不仅要求造型美观，而且会追求个性，很多豪车消费者会要求改造或量身定制自己专属的车身与内外饰造型。

（3）各需求层次范畴的对应关系

从马斯洛需求层次到审美需求层次再到消费者对汽车造型审美的需求层次，是一个由大到小的包含关系。审美需求是人类各种需求中的一类，而消费者对汽车造型的审美需求又是各种审美需求中的一种。

2. 汽车造型审美差异与消费群划分

企业进行汽车造型设计之初，首先要做的一项重要工作就是进行市场消费群的细分与研究，这是因为不同类型的消费者具有不同特点，这些特点正是影响汽车造型的重要因素。因此，可以把消费群的划分及其影响到汽车造型的特点作为一个研究切入点。划分消费群的方式和标准有很多。汽车造型审美的不同层次及其间的递进关系，是笔者提出的一种创新性的消费群划分与研究视角。在此视角的基础上，再结合如消费者身份、经济情况、文化因素、地域因素、时间因素等，进一步区分相同审美层次中不同审美趣味的群体，就可以为汽车产品的造型艺术风格定位提供更准确的消费群信息。

（1）审美层次的汽车造型消费群划分

①满足基本生理美感

基本生理美感是指颜色搭配适宜、形态比例协调、富有节奏韵律感等符合基本审美法则的造型给人所带来的和谐、舒适、愉悦的美感。这类美感的特点是符合人的生理感觉与知觉特点，没有过分突出或夸张的造型。基本生理层面的美感往往不会给人留下强烈的印象，甚至经常会被人忽略，但它却是其他所有更高层次审美感受的基础。根据前面讨论的各层次间的关系，较低层次的审美需求不会在产生更高层次审美需求之后消失，但是其重要性会有所降低。因此，在汽车造型设计中，遵循最基本的审美感知规律是设计工作的基础，但是当更高层次审美需求产生后又需要对审美关系有一定的突破，其比例的掌握就源于目标消费群总体审美需求中基本生理美感需求所占的比例高低。所以设计师在理解汽车造型审美的层次之后，还要能够了解和掌握各层次需求的比例。一般来说，汽车造型审美层次的升高和其价格提高是同步的。作为交通工具，汽车属于价格较高的消费品，因此，在汽车产品消费中单纯追求基本生理美感满足的消费者是非常少的，这与笔者进行的市场考察结果是相吻合的。

②追求安全与实用的美感

在满足基本生理美感需求基础上，接下来的审美需求就是安全与实用感。到达这个层次就已经满足其审美需求的消费者，往往把所购买的汽车当作最基本的工具（如小业主为了送货而购买的汽车），因此主要的审美需求并不高，往往不在意汽车造型是否新颖、有个性或显得有档次。有时恰恰相反，消费者反而会要求产品造型尽量考虑经济耐用、不要过分夸张、看起来顺眼（符合基本生理美感）即可。对于属于这个审美需求层次的汽车产品，造型设计师重点关注的应该是造型尽量遵循最基本的审美规律与法则，而不是如何表达自己的创意与个性，这一点对没有理解汽车造型审美层次理论的设计师来说往往很容易被忽略。

③追求情感与归属的心理美感

这一层次的需求是对中低端家用乘用车的主要造型审美需求。当消费者对汽车造型所表达的审美趣味、风格和其所代表的形象有所要求时，就进入了这一审美层次。在这一层次产品的造型设计中，设计师要充分了解和掌握目标消费群的审美趣味以及他们所期待的形象。产品的造型所体现出的美感应该尽量符合该目标用户群的期待。例如：年轻时尚一族可能需要的是外观时尚、个性明显、科技感现代感强烈的造型风格；性格爽朗、喜欢运动的人也许更期待他们的座驾能展现出硬朗、粗犷、肌肉感强和运动风格的造型；而低调、沉稳、成熟的中年人士，也许更倾向于选择购买造型稳重、大方，能够低调地体现出奢华感的汽车造型等。总之，这一层次中的情感追求体现在汽车造型生命感形象的对应上，这一层次的归属感追求也体现在令驾驶人更符合其期待身份定位的形象特征上。

④追求尊重需要的身份与地位感

这类消费者对汽车造型审美的要求更高，他们不仅要求自己的汽车体现出符合自己期待形象的造型风格（前一层次的需求不会因为进入下一层次而消失），同时还会更加追求汽车造型所能够体现出的精细的做工、高昂的价格、精美的品质（主要需求达到新一层次后，前一层次需求的比重会降低，而现一层次需求的比重会增加）。因此，这一层次的车型往往是中高价位的，甚至包括豪车。很显然，其价位就决定了其造型设计要达到很高的水准，不仅造型风格要符合用户审美趣味，各部分造型细节的精心搭配、高档材质的使用与选择、精致完美的做工等都是提高产品造型所体现的身份与地位感的重要组成部分。

⑤追求自我实现的个性化美感

在追求自我实现阶段，车主已经不仅仅满足于拥有的车型是否有足够档次，更多地是追求其独特的价值。例如，具有某种意义的车型（历史意义、限量版、曾是某名人的座驾等）或个性化的属于自己独一无二的造型（定制车型、改装车型、手工打造等）。在这个审美层次上，造型设计往往不仅要考虑艺术因素，还要考虑历史、文化、个人爱好等，因为其数量相对较小，因此造型设计师的工作也往往带有了一些艺术品的性质。需要注意的是，个性化的追求并不是只在极高价位的车型中存在，各种价位车型中的改装与装饰也都体现一定程度的个性化追求。这也说明各层次需求有同时存在的可能，只是达到不同阶段以后，不同审美需求所占的比重会有所不同，不同个人达到满足各层次审美需求的标准也不同。因此，在设计实践中，对汽车造型审美需求层次理论，一定要灵活运用，要针对不同消费群的不同特点加以分析和理解。

（2）消费群划分与定位还要参考的其他因素

①消费者身份

消费者从身份上进行划分的依据主要包括性别、年龄、个性等自然信息的因素。例如：不同年龄和个性的人群对汽车造型的喜好明显不同，如活泼的青年人大多更喜欢年轻、时尚、运动风格的造型，而沉稳的中年人则往往喜欢稳重大方的风格；在性别差异上，男性一般更喜欢粗狂、阳刚、硬朗的风格，女性则大多喜欢柔和、雅致的风格。

②经济情况

对消费者从经济情况上进行划分的依据主要包括职业和收入等因素。经济情况影响到消费者购买车型的档次和价格预算，而不同价格和档次车型的造型设计涉及不同审美层次的消费者需求。

③文化因素

汽车造型设计是一门艺术，这就离不开文化因素，不同国家、区域、民族、理念（消费观、价值观、信仰等）的汽车造型设计都会具有不同的文化特征。例如：德国车的稳重大方、结构严谨、技术精良、舒适安全；瑞典车的守时诚信、庄重内敛、憨态却不失高雅、条理与秩序美感；英国车的华贵高雅、经典保守、含蓄传统；意大利车的激情奔放、绚丽多彩、标新立异、前卫奇特；俄罗斯车的沉稳厚重、粗犷豪放、强劲洒脱；美国车的夸张想象、大平正方、洒脱奔放、先进而个性；日本车的简约实用、朴实精华、灵活多变、精巧玲珑、细致入微；韩国车的轻巧耐用、视感亲和、至美浑厚、简洁圆润；中国车的中庸平和、庄重大方、深沉内涵、圆韵浑厚。

④地域因素

与前面的以文化因素划分角度相区分，本处的地域因素主要是指受不同自然地理环境影响所形成的不同消费群的特点。例如，我国北方的地理环境主要是平原多而山少、地域较开阔，气候上比较寒冷干燥、季节分明，北方人性格大多爽朗豁达、纯朴热情、外向大方。相比而言，南方的地理特点是少平原、多山、多河，这样的地形地貌是条块分割鲜明的，气候上南方更温暖湿润，植物花卉繁茂，南方人柔和沉稳、细腻精致、精打细算、谨慎内向。在国家层面也存在不同地域风格。例如：美国因为其国土广阔、高速公路十分发达、路面条件也比较好，所以长途出行开车很常见，美国车就因此形成了造型刚劲粗犷、钢板厚实、功率大、加速性能好的特点，美国人购车时大多看重车辆是否够宽敞舒适；欧洲大陆多是丘陵地而平原较少，因此欧洲车在设计上就特别注重底盘是否扎实、工艺是否精良、悬挂系统好不好，欧洲人在购车时注重实用，同时又喜欢造型超凡、典雅含蓄、华贵而不奢侈的风格；在日本，因为处在人口密集而国土面积狭窄的环境中，人们更加精打细算、讲究效率，所以日本车的造型更注重新颖和人性化，而且更新换代的周期短，日本人选车倾向于经济实用、轻巧美观、装饰细腻的车型。

⑤时间因素

汽车造型设计的风格是随着时代的发展而不断进步与演变的。不同时代的汽车必然会呈现不同时代的特色、打上各自时代的烙印、展现不同时代的风貌，具有各自的时代性。

（3）汽车造型审美的消费群划分与目标消费群定位

在汽车造型设计中目标消费群的定位工作可以按照将审美需求层次与定价结合，然后在每个层次中再按照其他参考因素的区别来进一步细分。

笔者提出的汽车造型目标消费群划分与定位方法，与传统方法相比主要创新之处在于在前期价格定位时引入了对应的审美需求层次定位，这样在对其他各因素划分的过程中，都有具体的需求层次内容作为参考，使得后面的划分与定位工作具有更科学的依据和更高的准确性。

3. 汽车造型审美特征及其心理机制

通过对不同类型和审美层次消费群体特点的分析，我们知道各类消费人群对汽车造型有着不同的审美需求、不同的审美倾向。但这些区分是建立在人类作为整体对汽车造型审美有着最基本的共同点基础之上的，这就是汽车造型的审美特征。下面对消费群体在汽车造型审美过程中体现出的共性特征及其心理作用机制进行探讨，主要讨论汽车造型的内在美与外在美、理性美与感性美、动态美与静态美、刚性美与柔性美、生态美与设计美。

（1）汽车造型的内在美与外在美

汽车造型的美中，包含着内在美与外在美。汽车的内在美包括工艺美、结构美、材料美与功能美等，如车身造型带来空气动力性能的提高、结构与形态上人性化的结合、工艺简单合理、使用材料性能的发挥以及各种新技术的采用，都使汽车具有更多内在的美。汽车的外在美则包括了色彩、形体与质感之美。汽车的色彩和质感适宜、形体协调正是构成其外在美的基本因素。如果能在造型设计中将两者结合得当，就能设计出更具美感的汽车。在心理层面上，人的美感中包含了对舒适、方便与合理的期待与感觉，当一件产品具有良好功能和结构时，那其设计即使不刻意考虑造型的艺术问题，人们在接触到这款设计时，内心也会感受到一种最基本层次上的美感。因此，汽车造型的工程设计也并不是全然和艺术与审美问题无关的，相反，汽车造型的艺术价值与审美体验，是以优异的基本工程设计为基础的。所以，汽车造型的内在美与外在美是相辅相成的关系，这一点值得汽车造型的工程设计人员与艺术设计师共同注意。

（2）汽车造型的理性美与感性美

汽车造型的理性美是设计师理智完美的体现，是指有理可依，可以依靠科学推理、计算和统计来实现的美。汽车造型的感性美是人对汽车的审美作用加以情感上的评价。其设计要以人性化为核心，在造型的艺术设计中应该注入人文情感与关怀，并增强对其科学技术的美学的展现。例如，依据空气动力学进行的造型设计，要通过空气动力实验、分析和计算来完成，考虑如何降低风阻与改善高速对汽车驾驶稳定性的影响。从心理机制的角度讲，感性经验的积累与归纳就会形成理性的思想观念，而理性思想与方法运用所最终的创造物还是会被人以感性方式首先接受和体验到，汽车造型审美中正存在着同样的原理。因此，汽车造型审美与设计活动中，理性和感性是并存的，在产品造型与人之间的交互信息传递过程中，感性美被归纳和总结成理性美，同时理性美也会通过感性的方式来展现，这正是汽车造型设计与审美活动中的交互内容之一。

（3）汽车造型的动态美与静态美

汽车的动态美是一种不断变化运动的美感特征。在产品形态的造型中，具有韵律与动态的视觉美感可视元素被以流动的形式进行塑造，就形成了其动态美。车身形态上流动的美感主要通过曲线曲面及其和谐色彩表现出来。汽车的静态美则是各设计元素达到和谐与平衡的一种心理关系。静态美使人在宁静的氛围里感受到安逸、舒适、平静与祥和的感觉。例如，劳斯莱斯品牌的汽车家族造型特征中就始终充分体现了静态美，具有强烈的平衡感与凝固感。

（4）汽车造型的刚性美与柔性美

汽车造型的刚性美和柔性美是典型的产品形态在人的心理审美认知过程中出现的差异性感觉的反映。刚性美主要体现在汽车造型给人以粗狂、洒脱、挺拔的美感，柔性美则体现出飘逸、韵律、细腻的美感。正像不同的人有不同的性格一样，不同的汽车造型形态也会体现出有不同程度的刚柔感觉特点。在进行一款车型的造型风格定位时，对于其刚柔感觉的把握，是需要根据汽车产品的品牌形象、消费群审美特点、艺术与使用功能定位等因素综合来决定的。例如：喜欢越野的男士驾驶的汽车，往往底盘较高、轮胎较宽大、前后保险杠比较粗大，如果配合高大、硬朗、粗犷的车身形态设计，必然会体现出明显的刚性美；而以都市女性为主要消费群的汽车造型，大多设计得小巧、秀丽，体现了更多的柔性之美。

（5）汽车造型的生态美与设计美

汽车作为与人们生活息息相关的产品之一，其设计趋势越来越强调人、产品与自然环境的和谐统一，其中生态美与设计美便是很重要的一对审美特征。生态美不仅体现了自然和谐的设计，同时也要求汽车造型从生理、心理上更符合人和自然环境的需求。设计美则强调通过各种设计要素与手法给人带来各种审美的感受，这与生态美是相辅相成的。汽车造型的生态美不是单纯简单地模仿各种生态的设计，而是要求设计师通过精心构思来达到最自然和谐的设计感，蕴设计之美于自然感受之中。

（三）审美因素推动的汽车造型设计演变

汽车产品造型随着时间变化的趋势是一个非常重要的市场层面因素。在汽车的发展历史中，汽车车身造型设计的发展变化经历了一个漫长的演变过程。认识和掌握这些促使汽车造型不断演变发展的原因，就能够更清晰、更深刻地理解汽车造型设计的时代性，也就能够更准确地把握甚至预测未来汽车造型设计的发展方向，设计出更符合时代发展趋势、更适合人们随着时间而改变的审美需求的汽车造型。

1. 影响汽车造型演变的因素系统

（1）汽车造型演变进化影响因素

引发汽车造型不断发展与创新的因素是多种多样的，从产品设计的角度出发，可以将其分为艺术功能、使用功能、物质技术条件和环境四大类因素，每一大类里又包含若干类子因素。

①艺术功能

艺术功能方面的因素，其共同特点是它们对新产品产生的影响都是在产品的艺术观感方面的，如产品色彩、造型风格等。艺术功能因素可细分为流行趋势、区域特色和相关事件三类因素。流行趋势是从时间变化的角度出发的。消费者对于产品外观的喜好会随着时间而发生变化，那么这种随着时间的推移而产生新的对产品外观的需求，就是一种引发产品创新的因素。区域特色是从空间变化的角度出发的，这个“区域”既包括了不同地区之间的差异，又包括了不同消费群体的差异。例如，汽车内饰的色彩原本是面向气候比较寒冷的地区的，多为暖色调，当把产品推向气候温暖地区的新消费市场时，其色彩设计就需要考虑增加冷色调的比例。相关事件指的是世界上一些影响重大的事件的发生，本身也许与产品之间没有直接联系，但是也同样可能成为促使新的设计产生的因素。例如，保护自然野生动物运动的热潮，会影响到产品设计时对野生动物皮毛原料的选择。

②使用功能

使用功能方面的因素，其共同特点是它们会对新产品设计在用途上的目标产生影响。使用功能因素可细分为新功能需求、功能空白和功能变化三类因素。新功能需求是指企业接收到的信息表明，市场对产品的某些新功能提出了要求，从而引发产品的创新，如汽车安全带的发明就是人们对汽车安全功能的需求。

新功能需求引发产品创新的例子非常多，同时由此引发的创新中也经常伴随着新技术的产生。由此可见，各个引发产品创新的因素之间也是相互影响的。功能空白是指企业在市场的需求没有产生之前就设计研发出新功能的产品，并主动开发市场对其潜在的需求。因此，这种产品创新的引发因素是一种对潜在需求的挖掘，这对于识别信息时的洞察力要求比较高。功能变化是指对某产品原有功能的改变，这种改变可以是原有功能的增加、减少、组合、变异等。这类使用功能因素的特点就在于新产品与原产品之间的继承与变化。例如：最初被发明用于军事目的的风筝，后来其功能变为娱乐，这种功能上的变化就会引起其外观造型设计上的变化；汽车上也有很多技术是军用转民用的功能变化，这也必然引起其造型设计的相应变化。

③物质技术条件

物质技术条件方面的因素是最容易理解的。新技术、新工艺、新材料、新结构的产生都会为新产品的创造带来新的可能性。物质技术条件方面的因素引起产品设计与造型创新的例子非常多，如语音识别技术在汽车导航中的应用、触摸屏技术在汽车中控台上的应用、平视显示技术在汽车仪表界面中的应用等。

④环境

环境因素包括了企业生存的政治、经济和社会环境，因此这一部分细分为以政策与法律、价格与成本和消费心理与习惯为主的三类因素。有的时候一些政策上的变化也会促使产品设计发生变化，如国家对小排量汽车的支持政策就会促使很多汽车企业推出造型小巧的新款小排量汽车。同样经济方面因素的变动也可能会影响企业推出新的产品造型，如某种原材料的价格上涨会使企业倾向于采用成本更低的替代材料所设计的产品。消费心理与习惯这一类社会因素对新产品推出的影响也非常重要，如当一个企业把自己的产品推销给新的消费群体的时候，往往就要根据这一消费群体的心理与习惯特点来调整产品的造型。

（2）汽车造型演变进化影响因素的系统性

从系统论的角度出发，可以把各种引发汽车造型设计进化演变的因素看作一个汽车造型进化因素系统。在从各个因素的单独作用角度进行分析的同时，也应当更加注重整个系统各因素间的相互关系，从而可以从更深层次掌握和理解汽车造型进化演变的动因。汽车造型演变进化的影响因素间存在着相互作用的关系，从而构成了一个有机的整体。

汽车造型进化因素系统中各个因素是相互关联、相互作用的。可以把它们之间的影响关系概括性地分为促进和制约两种。

促进，是指某个因素的变化会促使另一个或几个因素发生相应变化。例如，在新车型的造型设计中，目标是实现某些新的使用功能，那么使用功能这个因素发生变化，就会要求产品具有符合其新功能的材料、工艺和结构的设计。这就形成使用功能因素促进物质技术条件中多个因素发生变化的关系。

制约，是指系统中的某个因素的实现会受到其他因素的限制。要实现这个因素就必须有其他若干因素的支持。例如，某些新车型造型设计的实现，会受到所使用材料和加工工艺水平等条件的制约。

从系统论视角入手要求我们把研究对象看作一个有机的整体，它不是其各个组成部分的简单组合或相加，它的各要素不是孤立存在的，而是在系统中特定的位置上起着相应作用的。影响汽车造型设计的因素之间也是相互关联的，并构成了一个不可分割的整体。因此，在汽车造型设计工作中，要充分考虑到汽车造型进化因素系统中各因素和它们之间的相互影响关系。

2. 汽车造型演变中人的审美动因

动因，是指行为产生的原因，这里之所以将促进汽车造型演变进化的原因进一步称为动因，就是因为各种影响汽车造型时代性的因素，归根结底，其背后都是人类的各种心理、需求和行为带来的结果，而这其中审美活动占据了很大一部分。

（1）汽车造型演变中的艺术功能与人的关系

从艺术的角度讲，人的审美倾向会随着时间的推移而不断变化，这既有与环境变化发展有关的间接原因，又有与人的身心生理特点有关的直接原因。

从人的生理感觉出发分析，感觉器官对适宜刺激的感觉能力叫感受性，能引起感觉的最小刺激量叫感觉阈限，刚刚能够引起差别感觉的刺激的最小变化量叫作差别阈限。首先，人的感受性存在着适应现象，即某种刺激刚出现时人会明显感觉到并产生相应的神经冲动，但是当这种感觉持续一段时间之后，神经冲动消失，人会对此慢慢适应。

基于以上分析，我们发现人的审美倾向的变化是有着基本的生理原因的，由人的审美倾向的变化而带来的造型设计随时间的变化也是必然的，这对汽车造型风格演变有着直接的影响作用。随着原有造型引起的美感逐渐被人们所适应，设计师需要不断改变造型特征，通过新的造型特征再次促使人们产生审美满足感，当这种审美感受再次逐渐被适应之后，就又需要新的造型变化，如此，周而复始、持续不断。

（2）汽车造型演变中的使用功能与人的关系

人类对产品的使用功能不断存在着新追求，在实现的过程中，也需要合理地选择与运用造型艺术元素来配合，造型元素的改变必然会影响到造型审美的变化。所以，使用功能的变化与艺术功能的变化是相互影响的，当考虑汽车造型使用功能设计时也离不开对审美问题的分析。追求使用功能间接导致了产品造型为了适应而不断改进的例子有很多，如在汽车发展的很长一段历史中，人们始终对汽车速度的提高孜孜以求，这种速度性能上的追求必然促使车身形态造型上不断探索符合空气动力学的特征，一旦当技术达到适应的条件，更符合空气动力特征的造型就会出现，而在人们对提高车速的追求最强烈的时代里，更符合空气动力学的造型风格也风靡一时。但是这种对功能的追求也不是一成不变的，如目前汽车能达到的速度对于很多使用场合来讲已经足够，因此也出现了为了满足空间需求而牺牲一部分空气动力性能的造型设计，这也是现代汽车造型风格逐渐呈现出复合型与多样化发展趋势的原因之一。

（3）汽车造型演变中的物质技术条件与人的关系

从物质技术条件来讲，人类的发明创造活动不断为汽车的造型设计提供了各种新工艺、新材料和新的结构设计的可能。比如，随着材料和制造工艺的提高，汽车天窗的面积可以在保证车身强度的需要下设计得越来越大，汽车 A 柱遮挡视线的面积也可以设计得越来越小。再比如，随着灯光技术的发展，现在的汽车上越来越多地出现了如迎宾灯、氛围灯等更多美化造型、提高审美体验的设计。人们从事各种新的设计实践活动的过程，又能够进一步激发其创造力和想象力，从而帮助人们创造出更多的科技成果。所以人类对物质技术条件的发明创造活动影响了造型艺术的发展，同时，人类从事造型设计的活动又间接促进了物质技术条件的进步，两者是互相影响和促进的。

（4）汽车造型演变中的环境因素与人的关系

从环境因素角度来讲，各种环境的变化主要是人类各种活动不断改变和创造的结果，这种环境上的变化又会影响到汽车造型风格的变化。例如，美国的法律制度是十分完善的，对于大灯这种对行车安全至关重要的部分，在法律上对其造型设计也有严格的规定。例如，美国国家公路交通安全管理局在 1940 年的规定：所有汽车必须使用通用汽车公司发明的形状是两个 7 英寸圆状的封闭式光束大灯，这就强行造成这种大灯造型当时流行于全世界的趋势。但随着时代的发展，其反空气动力学的设计严重阻碍了汽车大灯技术的进步。最终在 1957 年通过了一项新法律，允许了四圆灯设计这种大灯组合，于是有很多品牌马上就采用了这种新通过的大灯设计。此时已经在欧洲流行起来的矩形车灯在美国仍然是非法的，所以销售到美国的欧洲车不得不入乡随俗，将大灯设计改变成双圆灯或四圆灯。这种法律环境逆向地改变了全球汽车产品大灯乃至整车外观的造型设计，在美国尤其明显。后来美国对汽车大灯的法规又几经更改，始终制约着汽车大灯的造型设计，这正是人为的环境因素影响到汽车造型演变的典型例子。

3. 汽车造型发展史及其人因分析

从整体上看，汽车轮廓造型演变的历史大致可以划分为以下几个阶段：马车型车身、箱型车身、流线型车身、船型车身、鱼型车身、楔型车身及复合型车身造型。下面根据汽车造型演变进化影响因素，结合汽车造型演变的几大历史阶段，对影响汽车造型发展变化的各因素尤其是人的动因加以分析。

（1）马车型的汽车车身造型

第一代汽车车身是马车型的，如福特 1908 年制造的 T 型车。第一代汽车的造型设计是在马车造型基础上产生的。从物质技术条件来看，当时汽车技术刚刚起步，设计的重心主要考虑如何安装发动机和操控装置，所以其设计不会凭空跨越，而是必然会从最相互接近的已经成熟的马车造型中加以改进而来。从人们的审美以及社会文化的影响因素来看，当时人们已经十分熟悉和接受马车的造型，而刚刚诞生的汽车是一个十分陌生和新鲜的事物，人们必然对其带有各种怀疑、猜测，甚至惧怕，因此，其造型接近马车设计会让人们更加容易接受汽车这个新生事物。

（2）箱型的汽车车身造型

第二代汽车车身是箱型的，如福特 1915 年制造的 T 型车。此时的福特 T 型车造型就由马车型演变为箱型。箱型汽车的出现主要是为了改善驾乘条件，这是使用功能因素的作用。但是，同时在竞争的驱使下，包括通用、雪铁龙等后进的汽车公司在内的各汽车企业争相采取差异化的竞争策略，力图打破箱型车的单调与呆板，于是车身上的色彩与图案等装饰就成了造型的焦点。美国通用公司于 1927 年成立了由哈利 · 厄尔任主管的“色彩与艺术部”，这是汽车行业出现职业造型设计师的标志。1928 年雪铁龙汽车公司也制造出在轮罩、散热气罩与发动机通风口上增加豪华装饰件的汽车。可见，在基本技术已经发展起来之后，人们对汽车造型所体现美的装饰作用的需求马上就开始凸显，此时艺术因素和环境因素的作用开始变得越来越明显。

（3）流线型的汽车车身造型

第三代汽车车身是流线型的，如德国大众汽车公司的甲壳虫汽车。箱型汽车在密闭性上比马车型汽车取得了更大的进步，但是箱型造型使车体很笨重、行驶起来风阻过大、汽车尾部产生空气涡流，这些都极大地限制了汽车的速度。

所以为了减少风阻和进一步提高车速等，汽车造型设计在20世纪30年代以后开始出现光滑、封闭和流线型的趋势。人们的审美趋势也因此逐渐向喜欢流线造型发展，这又是以使用功能为主导因素，以物质技术条件为基础，伴随着艺术和社会因素的作用下，诞生的新一代汽车造型。

（4）船型的汽车车身造型

第四代汽车车身是船型的。船型车身的造型首先避免了像甲壳虫那样横风稳定性差和后排舒适性差的缺点，同时借鉴了箱型车身布局所具有的优点。船型车造型的性能很稳定，布局也很合理，所以从20世纪50年代开始流行，至今仍然是很多汽车造型设计的蓝本，船型车也因此成为至今为止数量最多的车型，如当年引入中国的桑塔纳和捷达汽车，都是典型的船型车。这时的汽车造型已经开始将物质技术条件、艺术因素与使用功能很好地结合起来了。

（5）鱼型的汽车车身造型

第五代汽车车身是鱼型的，主要是别克汽车公司在1948年到1952年间推出的小型车，它开创了鱼型车身时代。因为船型汽车具有尾部过分向后伸出呈阶梯状的缺陷，造成在高速行驶的时候产生较大的空气涡流。于是有人想到改进办法：把船型车后窗的玻璃做成倾斜状（倾斜到极限就是斜背式）以减小涡流。因为斜背式汽车的背部看起来很像鱼的背，所以被称为“鱼型车”，这种车型正是两厢车的雏形和当前滑背、斜背、掀背等车型的原型，此后各种车身造型中蕴含的生命感特征开始变得明显。但是鱼型汽车结构上还有缺陷：后窗玻璃倾斜太大使车身强度下降，当汽车高速行驶时汽车的升力较大。人们想了许多方法来克服这一缺点，如在鱼型车尾安装尾翼来克服部分升力。可见为了实现某些功能因素，汽车造型发生了改变，但造型的变化又引发一系列功能和结构因素的改变，为了适应这种情况，再次要求进行新的造型设计。这正是汽车造型进化因素系统中各个因素相互作用的结果。

（6）楔型的汽车车身造型

第六代汽车车身是楔型的。楔型车身的产生主要源于对汽车速度的追求。因为楔型的车身造型能够有效地克服升力，所以从根本上解决了鱼型汽车的升力问题。1963年司蒂倍克·阿本提第一次设计出了楔型车身造型，但此时正处于船型车身盛行的时代，其与当时常见的汽车外形格格不入，所以在很长一段时间内都未能引起车身外形的变化发展，一直到1966年，奥兹莫比尔·托罗纳多才又采用了这种设计。可见，楔型车身首次诞生时其功能虽然更先进，但因受艺术审美和社会因素的制约没能马上被人们所接受。这说明新车造型的诞生需要整个系统中的各因素共同发挥作用，这正体现了系统论的整体性观点。

尽管楔型车身在舒适性上有所欠缺，但因为适合高速安全行驶，在 20 世纪 60 年代后被广泛用于赛车领域，如意大利的法拉利跑车等。

（7）复合型车身造型

当前，新一代汽车的造型开始向复合型方向发展，综合各种车型特点的设计开始出现。这个时期是影响汽车造型历史演变的进化因素更加综合和复杂的时期，每一种因素的进步都有可能引发新一轮的造型动因变化，从而引发新汽车造型特征的诞生。

二、车身造型中的交互审美设计关系

（一）车身造型的大小循环交互设计过程

一辆汽车的车身形态造型包括其所有可以被人感知到的部分。构成车身外型的各部位具有不同特点，不同设计要素在设计过程中与人之间的交互关系也各有特点。

1. 车身形态各部分及其划分

针对车身形态造型各部分与人的交互关系的特点，我们将车身造型划分为汽车前脸、汽车尾部、车身轮廓线、车身曲面与曲线、车身外饰与零部件、各造型部分的整体组合。这种划分是从研究车身形态造型与人的因素的交互关系的角度出发的，因此与其他研究中的划分方式可能略有不同。

（1）汽车前脸

汽车前脸部分主要由汽车头部的车灯、前保险杠以及进气格栅构成，在人们的感觉中它像是汽车的一张面孔，从正面观看的话，汽车前脸周边影响到人的审美感受的部分还包括了前发动机机盖的前挡风玻璃造型、后视镜的形状和前轮露出轮眉等部分。

（2）汽车尾部

汽车尾部与前脸相对应，主要包括尾灯、后门、后保险杠、尾排气孔以及周边的后车窗、后轮露出部分及其轮眉等。

汽车前脸与尾部在视觉上具有典型的构图关系，并且很容易让人联想到各种面孔，因此它们与人的审美关系比较适合通过格式塔（完形心理学）理论与构图分析来研究，同时这又是一种典型的造型生命感（意向仿生）现象。

（3）车身轮廓线

车身轮廓线是构成车身整个轮廓和各主要部位分割的线条，其中最容易引起视觉注意与运动的部分包括侧视的发动机盖、前挡风玻璃、车顶棚与尾部线条走向及弧度，以及车窗下沿轮廓、裙线等。

（4）车身曲面与曲线

车身曲面构成了车身表面最大部分面积，包括前发动机盖、整个顶棚、后备箱盖（三厢车）、翼子板与车门构成的车身侧面。为了审美与装饰的作用，这些部位常常会设计有各种凹凸的线条。车身曲面与曲线是构成车身形体和轮廓的主要部分，如果说汽车前脸与尾部相当于是“面孔”，那么车身曲面与曲线就是“身材”了。

（5）车身外饰与零部件

车身外饰与零部件包括各种镀铬装饰线条、运动包围、迎宾踏板、装饰性进排气口、商标标志等。与前面提到的“面孔”和“身材”相对应，可以认为这一部分相当于“首饰”。车身外饰与零部件是汽车改装与用户体现个性化审美需求的主要装饰部分，如果设计和搭配得当，将会使整个车身造型更具个性和特色。

（6）各造型部分的整体组合

将车身形态的各部分组合在一起，就形成了车身造型的整体。这种设计上的组合不是一种简单的堆砌，而是需要进行综合考虑，依据各种美学规律，注意各部分间的相互影响和相互配合，以便使它们组合起来能够构成一个和谐完美的整体。

2. 车身造型的艺术设计要素

色彩、形体和质感效果是造型艺术设计的三大基本要素。任何车身造型艺术设计都离不开这三大要素的运用与配合。

（1）色彩

色彩是物体表面发射或反射出的光线使人视觉神经产生的感受，也是人看到一样产品时最先感知到的设计要素。在当前很多汽车产品的价格、质量、性能和服务等因素逐渐趋同的情况下，汽车色彩对消费者购车选择的影响变得越来越重要。有调查显示，有约 40% 的消费者会在购车时因为自己喜欢的车型恰好没有想要的颜色而选择其他品牌，其中女性消费者表现得最为明显。

汽车车身色彩的设计要考虑到不同车型的用途和级别、气候和地理条件，还要与形体和质感配合。例如，高级轿车多用于商务，大多需要采用比较稳重或淡雅的颜色，如黑色、银色、浅灰色、深灰、白色、香槟色等；普通轿车用途较为广泛，不同的人有不同的喜好，因此备选车身颜色应当适当涵盖各种不同风格和色系；小型轿车由于其体积小，使用者更多为年轻化的群体，因此适合采用鲜艳、活泼的颜色以增强体积感，避免乏味与沉闷感。对于一个价格区间，如果其目标消费群体数量比较庞大，需求也相对多样的话，那么企业在设计产品时就应当提供尽可能丰富的颜色供选择。

此外，有些汽车更多的是根据用途选择用色而不是根据人的喜好。例如：载货汽车因其用途广、使用场合复杂而多采用较简单或单一的颜色；客车因其形体大，表面面积平整而简单，因此车身色彩常常采用双色或带有图案以避免显得过于单调；其他特种车量如军用汽车采用迷彩色作为保护色，而需要引起警觉的工程车辆则多采用鲜艳的对比色。这就要求在进行汽车车身色彩设计时，不仅要考虑人的感性因素，同时也要考虑使用功能的理性因素。

（2）形体

形体是指车身造型各部分由点、线、面构成的形状、结构，以及它们之间的空间位置、比例和搭配关系。这是车身造型设计工作中占最大比例的部分，因此各种相关研究非常多，所涉及的文献、理论、方法也多种多样。

（3）质感效果。

质感效果是指在车身设计中，各个部位运用不同材质的表面肌理，因为其不同性质而形成不同感觉上的效果，包括人通过视觉与触觉所感觉到的材质的反光度、软硬、冷暖、弹性、光滑与粗糙程度等。各种不同的材质表面肌理会让人产生不同的感觉，同时不同材质的合理搭配与运用又会营造出各种不同的质感效果。随着材料科学的不断发展，各种可用材料日新月异，在车身造型设计中选用材料时，既要考虑到材料本身的特性，又要考虑到消费者的感受和喜好。例如，很多汽车企业发现，近年来中国消费者更偏爱金属镀铬的装饰效果，因此很多国际市场上的车型引入中国或者原有老款车型的改款版本上就会增加镀铬装饰件的设计。

3. 车身造型的循环交互设计关系

前面划分了 6 个车身造型部分和 3 大设计要素，在车身造型设计中，它们与人之间存在着不断循环的信息传递与交互影响关系。

当人们接触到一款车身造型设计时，这款造型中蕴含的设计特征通过人的视觉、触觉等感觉器官被人所感觉到，然后通过一系列身心过程使接收信息者产生相应的情感和意识，即形成了人对这款造型的感受和评价。而设计师在设计车身造型时，需要不断了解人们对其效果的感受和评价然后加以改进，因此人的感受与评价又影响了造型设计的改进方向。新改进的造型设计又会引起人的感受与评价的变化，从而再次影响到造型设计师对造型设计的改进。这种从造型设计到审美感受，再从审美感受影响到造型设计的过程不断循环，形成了车身造型设计与人之间的总体交互影响关系。

这种循环式的交互影响关系可以分为小循环过程与大循环过程两个层面。小循环过程是指一款汽车车身造型设计过程中的循环，设计师不断通过判断人对设计效果的感受与评价对设计加以改进，直到达到最符合设计目标的效果为止，这就完成了一款车身造型的设计，也就是一个交互设计关系的小循环。而大循环是指每款设计出来推向市场的车型，消费者都会对其造型产生相应的审美感受与评价，从而影响销售。对于具有相同功能、质量与价格的产品，消费者将会选择的是其中更能够触动其情感的那些。汽车企业会根据所收集到的市场反馈信息不断改进和推出新的车身造型，然后新的车身造型再次让消费者产生审美感受与评价，这样形成一个不断往复没有终止的大循环。在大循环过程中，随着时代、观念、技术、材料、工艺等因素的不断发展与变化，人们对汽车造型的选择与评价促进了汽车产品造型设计的不断发展与变化。

这种包含了一个个人车关系的小循环，同时又随着时代的发展而不断演变的大循环过程，就是从市场的宏观角度出发的人的感受评价与产品之间的交互影响关系。而汽车造型各部分设计要素与人之间的交互影响关系则是其中的一部分。

（二）汽车产品与品牌造型形象及其生命感，以及车身造型的意向认知投影原理和应用

1. 汽车产品与品牌造型形象及其生命感

（1）汽车产品与品牌造型形象的概念

笔者从研究汽车产品造型审美角度出发，提出了“汽车产品与品牌造型形象”的概念，它可以分为两个层面，即产品的造型形象与品牌的造型形象。

产品的造型形象，是指一款车型的所有造型设计特征综合在一起给人们留下的整体感觉和印象。首先，产品的造型形象是产品形象的重要组成部分，一款汽车产品给人的感觉和印象是多方面的，包括它的价格、造型、驾驶性能、安全与舒适性、经济性等，其中最直观、最感性的就是产品的造型形象。其次，产品的造型形象是一个综合的印象，它不是由某个汽车造型的元素所决定的，而是所有元素在一款车型上相互搭配，甚至包括非造型元素（如车型的价位）的影响综合在一起给人留下的感觉和印象。这就好像是一个人的外貌、身材、着装品位和气质一样，是人们刚接触他时首先注意到的部分。人们看到一款新

车型时，首先注意到的也是其外观与内饰造型的色彩、形态、材质和它们综合表现出来的风格、气质等给人的印象与感受。

品牌的造型形象，是指一个品牌或系列包含的所有车型的造型形象综合在一起给人们留下的整体感觉和印象。因为不同汽车企业对品牌的规划不同，有的品牌体系比较庞大，包含多个不同定位和风格的子系列，如德国大众品牌下的高尔夫系列、甲壳虫系列就具有明显不同的造型风格，因此在考查这样的品牌时，“品牌的造型形象”这个概念不能机械地理解为整个品牌，而应该灵活对待，把其品牌下的一个系列车型作为考察对象。首先，一个汽车品牌的造型形象是由其中各个车型的形象综合而来的，这就像是一个家族，每个成员都具有自己的形象，但是所有成员的形象综合起来塑造了一个家族的形象。其次，一个成熟的汽车品牌的造型形象往往会从产品个体总结出某些有代表性的特征，这些特征往往在一代代车型中继承和发扬并伴随着时代审美因素的变化而发展变化。在一些研究中引入生物学的概念，将其称为造型的“基因”，如汽车的“家族前脸”就是典型的品牌造型基因。

产品造型形象与品牌造型形象是个体与群体的关系，个体产品的造型形象因市场细分与产品定位的差异而有所不同，但是又需要统一在一定的家族形象风格之内，带有一定的共同造型基因。品牌造型形象是一个企业面对一定的消费群体所打造的一个风格体系，它便于企业在消费者心目中定位和宣传自己的系列产品，它统领其下属各款车型的造型设计方向，但又需要根据具体产品的差异而允许个体产品造型在一定程度上延伸与变化。

（2）产品造型形象与品牌造型形象的“生命感”

人们看待汽车产品与品牌形象时，往往愿意把它们带入有生命感的形象中。这是人认知心理过程的一种特征：形象是一种人经过感官而抽象出来的概念，不像冷、热、软、硬等物体的客观属性那样直接作用于感觉器官而引起人的生理反应，没有生命的产品形象并不能直接引起人的情感反应。人之所以对某种物体的造型产生相应的喜恶感，是因为当人接触到一种事物形象时，会把其形象与自己记忆中具有同型同构的带有感情经历的形象联系起来，此时过往记忆中的感情因素就会投射到现在见到的形象上。汽车产品的造型形象具有明显的与生物同型同构的特征。

我们看到汽车的四个轮子就会联想到动物的四只脚，看到汽车开起来像动物在奔跑，听到汽车加速时马达的声音像是在“咆哮”，车灯就好像是“眼睛”，鸣笛就像是在“鸣叫”……我们的称呼有：汽车前“脸”、车“身”“腰”线、“尾”部，汽车的车身造型中有“肌肉”车，人们将汽车称为“爱车”，汽车需要“保养、养护”……这些都体现了人们在接触到无生命的汽车时会自然而然地联想到有生命的生物。这里要强调的是，在人们心目中对汽车造型的认知带有着明显的生命感，因此在研究人们如何理解和对待产品与品牌的造型形象时，我们可以通过与有生命的动物或人物形象之间的相互对应和类比来进行描述、解释和对人的情感反应加以分析。这也增加了我们对产品与品牌形象概念的理解，提供了其感性认知研究与设计实践的思路。

2. 车身造型的意向认知投影原理

在汽车形态审美过程中会给人带来强烈的生命感，这属于对产品设计情感因素的研究。已经提出的相关各种理论和方法有很多，目前公认能够形成系统体系的可以分为两大类：一类主要是从认知心理学中的心理测量与实验方法出发，以感性工学理论为主要代表；另一类则主要是从美学与艺术学视角，以及心理描述等角度出发的研究，其主要代表是情感化设计理论。

目前，大多数针对人与汽车造型间的情感因素关系的研究都是以上述理论为基础的。

当今心理学和脑科学的发展还无法清晰地阐释大脑的运作机制，因此虽然其研究方法繁多，但是其基本的思路却都是相同的。都是把人对汽车造型进行认知、产生情感与评价的过程当作一个黑箱，将汽车造型设计的各种要素作为输入变量，然后将表示情感的语义词作为输出变量，通过各种实验测量或调查问卷等方法来获得这两类变量的经验数据。再通过包括因子分析、聚类分析、数据挖掘、灰色关联度分析、粗糙集、模糊逻辑、遗传算法等各种方法，把这些感性尺度上的数据转化成工学尺度上的数据，从而寻找出输入与输出数据之间的对应关系。这些相关的研究方法都跳过了人脑对汽车造型认知的具体中间过程，如在实验问卷中往往要求被测者直接对客观的物理特征与主观的语义词间的关系做出选择。这样的要求对多数被测者来说，是很难给出明确答案的。另外不同群体对不同语义词的感受差异也很大。这都会使实验结果的准确性降低，对设计工作的指导价值也就相应降低了很多。

为了解决上述研究方法中的缺陷，笔者总结和吸取了情感化设计理论与感性工学方法各自的优点，不再直接去建立造型特征与语义词之间的相互关联关系，而是考虑去建立一种简化的模型来模拟汽车造型特征引发人的情感的心理活动过程。这个模型描述的是汽车造型与投影形象这两种客观物理特征之间的对应关系，正因为是两组客观特征，所以它们的对应关系更容易理解和测定。然后在得到具体对应关系的基础之上，就可以进一步分析出其对应的主观语义感受。如果按照这个模型编制相应的计算机程序，还可以进一步实现人工智能化的分析判断，因此该模型和方法有很大的发展空间。另外本模型还可以与现有的经验验证模式相互辅助，从而提高其在车身造型设计实践工作中的实用价值。

为了建立一个模拟车身造型特征引发人情感的心理活动过程的模型，我们首先应当明白其心理认知过程的原理。

（1）人对车身造型的心理认知

根据认知心理学中有关信息加工的观点，人脑作为一个信息加工的系统，把外界输入的刺激信号经过一系列过程转化为输出信号。对于产品造型的认知，输入信号就是造型的特征元素，输出信号就是感性的描述。至于中间的信息加工过程，有如平行加工理论、序列加工观、认知神经心理学等各种不同的理论解释。但对于车身造型这种特定对象的认知，存在着明显的移情现象。按照格式塔的同形同构理论，外部事物的运动或形状如果同人的心理生理同形同构，那么外部事物就能引起人相应的感情活动；产品相关属性及其功能只是刺激情绪或情感产生的外部因素，只有与人自身的经历、状态、心情等内在因素相结合才能触发相应的情绪反应。例如，汽车车身造型与生物形态间具有十分典型的同形同构特点。因此，人们在观看汽车造型时，往往会因某些造型特征对应到其大脑中相应的生命形象，从而引发出进一步的心理情感反应，这也正是为什么各种车身造型设计中具有生物特征的造型非常普遍的原因。

人对车身造型认知的过程中，输入大脑的造型设计元素会引发人脑中所储存的与这些元素具有同形同构特点的其他形象间的联系，我们将其称为“关联形象要素”。这种关联形象要素包含了感受者曾经的经历、状态、心情等情感因素，所以人对这些关联形象曾经的情感体验会再次发生在他所见到的车身造型上，这个过程就是移情作用的过程。这个过程实际的发生并不是单一的、直线式的，其中的关联形象也并不是只有单独一个。这个过程中往往有众多关联形象要素交汇在一起，其中包含了大量在人的意识与潜意识不同位置储存的记忆片段。这个复杂的过程目前我们是无法分析清楚的，但当人观看到一辆汽车造型时，其脑海中会引发出多个同形同构的关联形象要素，它们经过大脑复杂的运作后，会从深层意识上升至浅层意识，关联形象要素将被综合与简化，最终形成一个具体而完整的形象，这个形象是可以去分析和掌握的。以上过程往往是人在无意识中完成的，因此其所形成的具体完整的关联形象并不总能够被意识到，而我们的目的就是把这些关联形象具体化、清晰化。

（2）意向认知投影及其过程

因为车身造型具有大量与人物和动物同形同构的特点，生命形象又是最容易引发人情感的因素，因此移情作用过程最终产生的完整形象往往是有生命感的人物和动物形象。这种有生命感的人物和动物形象就像车身造型在人的脑海中所形成的一个投影。

意向认知投影所产生的过程包括了造型特征的获取、意识中关联形象联系的建立和意向投影的生成三个阶段。

①造型特征的获取阶段。在此阶段中，人通过感觉（对车身造型来说主要就是视觉）器官感知到产品具有的造型特征。其感知的结果会受到光线、距离、背景等周围环境因素的影响，也与感知者自身的观察习惯与偏好有关系。感知的结果包括车身的色彩、车身轮廓形状、体积感、材质质感、车身主造型线与面、前脸与车尾构图、整体比例结构及局部细节等。

②意识中关联形象联系的建立阶段。这是意象产生的关键阶段，在这个阶段中，各个意识层面都会参与其中，大脑中以往积累的那些与前一阶段所获得的造型特征具有同形同构特点的关联形象将会被触动，这期间将是一个很复杂的大脑活动过程，尤其是潜意识层面之下的活动不会被人的表面意识所察觉到。因为当前脑科学与心理学的发展程度，还不能够清晰阐释出大脑的运作机制，所以完全清楚地分析出这个过程目前还是难以实现的。但我们可以建立一种简化了结构的模型，用来模拟这个过程的机制，这也是我们建立意向认知投影模型的初衷。

③意向投影的生成阶段。在此阶段中，潜在意识层面之下的关联形象和因为关联形象而产生的各种情感体验将汇总到表面意识层面，进而形成比较完整和概括性的形象，这个概括性的形象则是可以被人所意识到和描述的。

车身造型设计元素的特征经由人的大脑，最终在表面意识层面形成了某种概括性的生命形象，接下来将会引发人相应的情感与审美体验。而人对这个形象所产生的情感反应又会投射到车身造型上，从而决定了他对这款车身造型设计的感觉与评价，以及因此做出的行为，如决定他是否会购买该商品。这个过程如同车身造型在大脑的意识空间中投射出一个影像的过程，因此我们把它称为“意向认知投影过程”。

3. 设计实践中的应用案例

（1）车身曲面与曲线意向认知投影模型在定性层面的应用

定性层面的应用是指在进行车身曲面与曲线的设计和分析评估时，首先考虑造型特征与投影形象特征之间的定性关系，即各个特征之间关联的高低程度，然后带着这种思想去分析设计工作中的问题。这种定性而非定量的方式准确度不是很高，但是优点是相对简单，只要把握住意向认知投影原理的核心思想，就可以在汽车产品相关设计与研究工作中灵活运用。

例如，运用这种意向认知投影模型的思想，不仅可以为汽车产品造型设计提供一种紧密联系消费者心理感受与需求的分析方法，而且也可以实现对不同品牌车型以及相同品牌下不同产品间的造型特征进行细微区别与深入分析。从而成为汽车品牌风格策划、定位，新车造型开发，对消费者的心理感受进行预测，以及控制产品造型细节尺度等工作的有力工具。

下面就从第四代奥迪 A8 与奥迪 Q5 的造型特征中举几处分析案例来加以说明。选择奥迪 A8 与 Q5 是因为，这是两款成熟并获得市场认可的产品，它们的曲线与曲面造型特征都充分体现了奥迪的品牌定位与造型基因，同时因为它们的功能与产品定位不同，其曲线与曲面造型又具有相应的差异。人们对这两款车型所体现出的既具有共同家族特征，又具有各自个性的生命形象感的不同认知，正是曲线与曲面造型对应着的具有生命感的意向投影特征的表现。

奥迪家族车身曲线与曲面造型都具有曲线轮廓饱满、曲面凹凸中等略高、曲面结构转折过渡柔和饱满等特征，这使得人们对奥迪家族整车造型的感受是身材充满张力、有力量但同时具有柔和与深沉，其体内蕴含的力量蓄势待发。但作为商务车型的 A8 相比于 SUV 车型的 Q5，曲线曲率变化更加均匀，车身曲面凹凸感略低、曲面结构转折过渡略加尖锐。这样 A8 相对 Q5 来说张力更加均匀稳定，力量感略有减弱但稳重感增加，这正符合商务车型的要求。

A8 与 Q5 的轮廓转折圆润度都相对较高，曲面过渡变化差也略高，这种造型特征与体形肌肉发达度较高但体表覆盖物柔软温和的生命形态接近。但 A8 面过渡变化差更大一些，使其投影形象的体表覆盖物感觉相对 Q5 来说更硬挺一些。如果投影成人物形象的话，A8 与 Q5 都具有身材结实、体内蕴含着爆发的力量，但外表温和、穿着低调的人物形象。但从体表覆盖物感觉来说，A8 更像是穿着柔软但略笔挺的呢子大衣，而 Q5 则倾向于柔软些的运动绒衣。

因此，从以上几个特征的对比关系中，可以感觉出奥迪品牌的车型家族总体生命形象：一种有力量但同时具有柔和沉稳特点的人物或生物。两款具体车型运用车身曲面与曲线造型细节上的差异，又实现了把家族系列中不同定位的产品形象加以区分。

（2）车身曲面与曲线意向认知投影模型在定量层面的应用

定量层面的应用是指在进行车身曲线与曲面设计的时候，测量和计算出造型特征与投影形象特征间关联度的数值，并运用这些数值进行具体分析。

（三）车身造型设计美学法则的心理作用规律及分类

1. 美学法则的心理作用规律

在汽车车身造型设计中，各种美学形式与法则无处不在，而审美的主体必然是人。因此可以说要研究汽车车身造型设计中的交互审美与设计关系问题，那研究美学法则是如何在人与车身造型之间发生作用的心理机制问题是必不可少的。车身造型设计中所包含的各设计元素及其组合可以通过人的感觉器官被人感知到。受消费者欢迎、让人们喜爱的车身造型设计，其构成元素的内容与组合都应当是符合相应的美学法则的。因此，这些被感知到的车身造型设计特征进一步通过人的意识被认知，在认知过程中相应的美学心理规律就会发生作用，符合各种美学法则的设计会令人产生相应的审美感受，这就是车身造型设计中美学心理规律的作用过程。既然符合美学法则的设计会让人产生愉悦的审美体验，那么在为了增加对消费者吸引力的车身造型设计中，无论创意如何有特色、如何创新，对于基本的美学法则也都是要在一定程度上依照和参考的。设计特色和创新与对美学法则的遵守并不是矛盾的，而是相辅相成的。无论任何设计，只要呈现给正常心理状态的人，美学心理规律必然会发生作用，造型设计中的某种具有特色或新颖的设计要素也是通过符合心理规律的过程被人所感受到的。

当然，车身造型设计中对遵循美学法则的把握程度，也需依据具体情况而定。例如，在一些现代艺术品创作过程中，也不乏一些故意打破和超越某些法则的设计，这种设计本身未必会让人产生愉悦的审美感受，其目的是引起人们夸张、异样或矛盾的审美体验，以吸引人们的注意力，但故意打破美学法则的设计作用于人的时候，还是会按照相应的审美机制进行。对于汽车造型，如果是概念车，那么这种突破法则的设计可以适当运用，因为概念车的目的本身并不是作为产品日常实际使用，而是要吸引人们的注意，传达某种思想和观念，所以需要一些夸张甚至不符合目前的科学水平的表达方式。因此我们看到很多概念车拥有着夸张甚至是怪异的造型。

例如，奥迪汽车公司曾推出一款鲨鱼概念车，这是一款对奥迪汽车的设计理念进行了重新解释、拥有未来气息的双座运动概念车，它的流线型车身设计具有飞机及摩托车的一些特点，在追求速度与灵活的同时还拥有安全性。这种不同于一般汽车车身的类似飞机又类似摩托的外部形态造型会给人们带来很强的新鲜感，车尾鱼鳍状的扰流板设计在较低位置也打破了常规，使该车造型像是畅游于海洋中的鲨鱼。该车前后车灯都采用了与LED车灯相融合的透明管状造型。车厢内安放的是运动座椅。这样的设计突破了用轮胎行驶的汽车的基本特征，它至少在目前的科技水平下是无法实现的，因此采用了夸张和超现实的设计。

再比如一款斯柯达概念车——COMET（彗星）。在这个设计作品中，以交通工具设计伴随科技发展方向的畅想为思路，来体现未来设计的极致，将该车设计的未来发展分为三个等级：精巧结构空间设计；绿色能源科技未来；翱翔宇宙星际极致。在这三个递进的等级中，车身造型设计随功能的发展而逐步进化，造型上以斯柯达标志的线条形态为原型，同时结合昆虫翅膀仿生概念的三对飞翼设计。最后一款太空飞行形态的设计再度点题，造型轮廓仿佛一颗彗星，极似斯柯达的标志。三个等级分别体现了对美学法则的遵守、超越与极致突破。

在第一级“精巧结构空间设计”中，设计目的是通过车身在行驶与停放状态下结构的变化解决城市停车拥挤问题，因为要解决的是现实的实际问题，因此车身的造型设计虽然结构新颖但是仍然遵循着美学法则，尽量使其美观。

在第二级“绿色能源科技未来”中，展开对绿色新能源的畅想，为该车加装上太阳能电池板的能源之翼，这时候的设计已经是一种未来的概念，但是绿色能源虽然超前却是可期待的方向，因此电池板的能源之翼虽然略有夸张，目前技术还难以实现，但是基本符合美学规律。

在第三级“翱翔宇宙星际极致”中，构想随着科技发展，未来的车辆可以载着人们在空中翱翔、在星空中畅游，这是一种极致的梦想，因此设计超越美学规律的程度最高，但总体来说仍然是尽量使造型给人带来美感。

由上面的例子可以看出，越是接近实现量产化的车身造型，越需要尽量符合美学法则，而概念化的设计可以稍微突破美学法则，以带来更强烈的设计效果。但是无论是对美学法则的遵守还是超越，其作用于人的心理过程都会按照相应的规律进行。

2. 美学法则的分类

目前，在各相关学科与研究中总结出的美学法则有很多，经过聚类分析，笔者根据作用规律的不同将美学法则分为四大类：特征型、对比型、方法型与原理型。

（1）特征型美学法则及其应用

特征型美学法则主要包括：和谐与悦目、对称与平衡、均衡与稳定、纯化与齐一、洁净与通透、简洁与挺拔、轻巧与秀丽、奔放与空灵、疏朗与明快、洒脱与飘逸、鲜活与张力、新颖与奇特、情趣与幽默、格调与品味、民艺与民俗、浑厚与凝重、圆润与丰满、前瞻与前卫等。

特征型美学法则是相对比较容易理解的一类美学形式与法则，这类法则中的每一对都指出了某一类美感的特征。在产品的造型设计中，如果具有能够适度运用体现该种美感特征的造型设计元素，则会让人产生相对应类型与强度的美感。

在车身造型设计中运用特征型美学法则，首先需要根据设计定位选择产品应该具有哪些美感的特征。很显然，在不同的特征型美学法则中包含了不同的设计要素及其组合形式。因此这类美学法则在产品设计中的运用，要求造型设计师能够理解和掌握到底哪些设计要素及其组合形式能够实现这些美感特征，然后在设计中根据所选择的造型方向运用适当的设计元素。

例如，轻巧与秀丽这组特征型美学法则，要求构成产品造型的设计元素能给人活泼欢快、小而灵巧的感觉，有一种韵致的美感，丰田公司在第 82 届日内瓦车展上推出的车身轻量化的概念车——丰田 FT-Bh 就充分体现了这一法则的运用。它是一款五门的小型车。在其车身结构上采用一体化设计，其材料没有使用价格高昂的使车身轻量化的碳纤维板件，而是采用了一种高张力钢材。在这款车的车身造型设计中为了体现其车身轻量化的概念，运用了大量能够体现轻巧与秀丽感的设计元素，车身曲线极富韵致，形成一种秀美中带着一份灵巧与活泼的感觉，车身漆面采用最能体现轻盈的白色，包括轮毂也特别使用了白色，充分体现了轻盈、灵巧的感觉。

再例如，均衡与稳定这组美学法则，其特征要求构成产品造型的设计元素保持均匀或者对称，形成一种视觉和心理上的平衡感，这类特征往往体现出如稳重、固定、安详等感觉。很多偏向于商务与沉稳风格的车型造型中都包含有均衡与稳定的特征。

需要注意的是，在一款车身造型设计中往往同时包含多组特征型美学法则，如丰田 FT-Bh 除了轻巧与秀丽感外，还具有一定程度的通透与洁净、洒脱与飘逸感；而凯迪拉克的“野兽”总统专车，包含了均衡与稳定、对称与平衡、凝重与浑厚等特征。这是因为各个美学法则之间不是相互孤立的，而是相互影响、共同作用的，这也是交互审美关系的一种体现。有些基础型的特征，如悦目与和谐在大多数车身造型设计中都应该具有。而一些相近的特征往往互相包含，如简洁与挺拔中往往包含一定程度的纯化与齐一或通透与洁净，因此往往是好几组相近的特征在一款车身造型中共同出现。同样，四大类不同类型的美学法则中也往往会有多组法则同时作用在一款设计中，通过各种法则的相互影响和补充，共同发挥作用。

（2）对比型美学法则及其应用

对比型美学法则主要包括：运动与安静、密集与分散、细腻与粗犷、柔软与坚硬、凝固与流动、华贵与质朴、淡雅与浓重、古典与时尚、收敛与拓展、冲击与亲和、抽象与具体、真实与视幻、虚拟与现实等。

对比型美学法则也比较容易理解，其中的每一对都包含了某种感觉特征的两个相对的方向，这两个方向就好比数轴上的正和负，在该组美学法则所表达的感觉特征上，人对每款设计产生的相关感觉都存在于一个对应的位置上，这个位置有可能明显偏向于某一极，也有可能位于两极之间的某一点。例如，对古典与时尚，有的老爷车的造型会显得非常复古，而有的概念车则会尽可能设计得极具现代与时尚感；而量产车型前进气格栅网格的造型设计中，对于密集与分散特征的选择，往往是处于两极之间的某一个位置，太过于密集或者太过于分散都很难达到较好的效果。

对于对比型美学法则的运用，需要设计师能够在设计中把握住到底其造型的特征处于两极间的哪个位置才最为合适、最能够达到设计目标，才与其他造型元素最般配，也就是要确定设计元素运用的尺度。因为这类法则主要体现了某种感觉特征的两个相反方向。下面我们通过两两对比形式的例子对对比型美学法则的运用加以说明。首先是针对细腻与粗犷这组美学法则，选取两个比较接近极端的设计做对比。

马自达叶风（Hakaze）与 Jeep 自由侠（Renegade），都是充满了未来设计风格的小型 SUV 概念车，它们的造型设计却是前者充满了细腻感而后者尽显粗狂，形成了明显的区别。Hakaze 与 Renegade 的侧门部分设计都极具特色，Hakaze 侧门下部是从车头发动机盖延伸下来下弯的曲线排列出非常有韵律感的一组线条，与腰线裙线的交汇丝毫不显突兀，线条虽多却清浅精致，形成了极其细腻的美感；而 Renegade 侧门采用极粗壮的边框围成镂空的多边形，使一种强壮有力、狂野粗放的感觉油然而生。Hakaze 的前脸、各部分轮廓曲线精致细腻，具有韵律，连轮毂的线条也是细致而轻巧的感觉；而 Renegade 整个车身各部分都是充满力量感的线与面，包括轮毂也是超级宽大厚实，多个接近于方孔的造型与车身线条的粗壮感非常般配。因此，两款车身造型通过不同的设计要素的运用，使人在欣赏时分别产生细腻与粗犷两种不同而又强烈的感觉。

一组对比型美学法则中的两个极端相反的例子很容易理解，而那种处于两极之间的某一个位置、差异相对比较细微、略有不同偏向的造型特征区分起来就相对难一些。下面我们分析一对风格差异不是很大却又需要体现不同美学特征方向的设计案例。

一汽大众的迈腾和CC，这两款车型在平台与价格定位上基本是比较接近的，只是CC定位为一款轿跑车，其造型设计就体现出相对更强的运动感。下面就从迈腾和CC在车身侧面造型设计上的区别，来讨论它们的造型特征在运动与安静这组美学法则区间中的位置差异。在车身整体轮廓线方面，迈腾相对而言更平直、转角更大，而CC轮廓线明显更圆滑、转角更小；在侧窗的轮廓线尾部，迈腾有一个明显的转折，而CC则连续弯曲而下。CC这种轮廓线条在设计上与迈腾的差异，除了有一部分有助于提高空气动力性能的原因外，在艺术美感方面则是为了体现出更强的运动感。在腰线设计上，迈腾车窗下方的折线贯穿了整个车身侧面，前方与大灯连接、后方则连接到了尾端，整体上比较平直，相对而言也更接近于水平，越是平直而水平的线条，越具有相对稳定安静的特征；而CC上相对应位置的线条设计为了加强运动感，则分为更倾斜的两条，第一条从前大灯开始出发延续到车窗，与车窗玻璃下沿的镀铬装饰线连接成视觉上的一条线，第二条从前轮后方开始延伸至尾灯。很明显CC的腰线更向前倾斜，这样就减弱了视觉上的安静感而增加了运动感。另外在一些细节部分，如大灯、雾灯、尾灯的轮廓线方面，CC的设计更倾斜、转角更圆滑。可见CC的造型设计师为了体现CC轿跑车的特点，充分运用了各种线的特征，其对造型元素与美学法则特点的理解运用具有很高的水平。而结果就是，CC相对而言更为“运动”，迈腾相对而言则更“安静”。因此，这两款车的外观造型设计利用合理的造型元素加上对运动与安静这组法则的理解，很好地达到了迎合其针对细分市场消费者的审美喜好的目的。

（3）方法型美学法则及其应用

方法型美学法则主要包括：结构与骨骼、水平与垂直、分割与组合、转换与置换、变形与变异、发散与集成、微分与积分、视点与视线、错视与矛盾、连贯与延续、概括与提炼、螺旋与升华、联想与比拟、仿生与类比、渲染与夸张、引导与诱发、启发与触发、激活与创造等。

方法型美学法则就是为设计人员提供的某种符合人审美思维方式的设计方法。这一类美学法则是数量最多的，同时也是最值得学习和掌握的，因为如果能对其熟练地掌握和运用，就能直接提高设计水平。像结构与骨骼、水平与垂直都是造型中的基本因素；分割与组合、转换与置换、变形与变异、发散与集成、微分与积分则是基础的设计元素组合与转换方法；视点与视线、错视与矛盾是利用人的感觉特点而进行有意识引导的设计方法；连贯与延续、概括与提炼、螺旋与升华、联想与比拟、仿生与类比、渲染与夸张、引导与诱发、启发与触发、激活与创造则都是提高设计中的创造性思维、产生创意的有效方法。总之，方法型美学法则在车身造型设计工作中的运用无处不在，理解它们并学会如何在实践中灵活运用，对设计师来说是非常重要的。

在一款汽车的车身造型设计中往往会综合运用多种方法型美学法则，同时根据设计意图以及希望给欣赏者带来的心理感受的不同，又会有灵活的变化。例如，在凯迪拉克钍燃料核动力概念车 Cadillac WTF 的造型设计中运用了多种方法型美学法则。其前脸 5 条水平截面上的分割线条加上前轮上下方延伸出并合为一体连贯延续至车尾的线条，构成了明显的车身骨骼与结构，同时又起到了明显的引导视点与视线的作用，对整个前脸部分采用大线条的分割与组合方式使得其造型极具特色与冲击力，体现了未来新能源概念的特点。

再例如，马自达“流”系列概念车中的第四款车型 Taiki 概念车，与 Cadillac WTF 拥有着相似的车身布局。但是因为所体现的思想与概念的不同，其造型设计中对方法型美学法则的运用就有所不同。Taiki 的前脸也有明显贯穿的分割线条，但其组合方式与 Cadillac WTF 明显不同，由中部集中而发散出的变形的线条构成了好似美丽的海鸥翅膀形状，前后轮延伸出的中心对称式的曲线又引导出另一番视线的“流”动感，轮毂螺旋与发散的造型与前脸和侧门部分的细条分割与组合方式配合得相得益彰。

前面分析了两款设计相对比较夸张的概念车型，其中运用的美学法则比较明显，那么相对不那么夸张的量产车型的造型设计中是否也能运用明显的美学法则呢？下面我们分析一款捷豹 XJ 车型。在捷豹 XJ 的造型设计中首先整体上就能体现出一种明显的类比与仿生的美学法则，车身曲面与曲线的设计充满力量感，同时肌肉发达感适中，运用连贯与延续、概括与提炼的表达方式使得车身流线感非常明显，因此使整体造型显得既有力量又极具速度与灵活感，令人一看到就马上产生出如其品牌“捷豹”所表达的心理意向投影。这款汽车车身的设计无论是在骨骼与结构上还是在视点与视线上都运用得极其到位，充分体现了该品牌的概念与定位，是一款造型设计相当成功的量产车型。

因此可见，无论是在造型夸张的概念车还是在造型相对保守的量产车设计上，想要达到好的效果，都需要充分理解美学法则的心理作用机制、善于恰当选择和运用各种蕴含美学法则的设计方法。

（4）原理型美学法则及其应用

原理型美学法则主要包括：主从与重点、统一与变化、尺度与比例、调和与对比、整体与局部、秩序与条理、重复与渐变、内涵与外延、韵律与节奏、过渡与呼应等。

原理型美学法则最明显的特点就是其各对特征之间蕴含着相互辩证的关系。这是指每对法则的要素间是相互对立统一的，它们相互影响又往往相辅相成，它们是一组有机的整体关系，其间不仅包含差异性与联系性的关系，同时还包含着相互辅助与制约的关系。在优秀的造型设计作品中，往往都蕴含着这类美学法则。

对于原理型美学法则的掌握和运用相对而言是比较难一些的，因为它们往往是通过一些基本的造型设计元素与设计方法间接地体现出来的，它们发挥作用要通过心理上的感受与思想上的理解，需要我们去观察、分析、寻找和体悟。例如，在分析一款汽车车身造型设计时，需要从其设计要素的运用与组合，以及结构布局等特点入手进行观察，同时又要综合考虑到各方面的因素，不断体悟和感受其中蕴含的美学原理，才能进一步分析出它们对人产生的心理交互作用，以及所能达到的设计效果。

原理型美学法则往往是综合在一起，并与其他美学法则共同发生作用的。下面以英菲尼迪汽车公司在 2013 年法兰克福车展上发布的 Q30 车型为例进行综合分析。这款汽车车身的长度约为 4500 毫米，轴距约为 2700 毫米。作为一款入门级的掀背车型，它的设计定位主要瞄准了年轻化的购买人群，因此其外观设计非常年轻，而且富有运动感，之所以能够达到这样的效果，与其设计中蕴含的丰富的美学原理是分不开的。从整体上看，这款汽车车身的比例与尺度关系设计得非常好，使得并不是很大的车身显得匀称和谐；车身上大量富有统一流线感的线条各有变化但却不显得混乱，反而很有条理与秩序感，这得益于曲线造型设计中那种和谐的韵律感；车身曲面的圆润饱满感与折痕曲线的锐利感，既有视觉上的对比，又能够通过适当运用主从与重点的搭配得到非常好的调和；前进气格栅和大灯的轮廓线是视觉的重点，因此格栅上的网格就采用细密而不突出的设计作为从属；大灯那凌厉的轮廓线不仅仅与尾灯，而且与英菲尼迪品牌标志、腰线与裙线的夹角走势以及很多局部细节都能够相互呼应，可见其设计中的精心与细致。除了原理型美学法则外，其他几种类型的法则在设计中也有充分的运用。例如，面与线的配合使得凝固中又具有流动感；线条走向丰富既有拓展又有收敛，但合理的密集与分播的安排达到了视线在变化的线条中能够连贯与延续；D 柱富有创意的前冲扭折造型，好似起跑时肢体的骨骼形态结构，诱发和引导人们想到短跑运动员的速度与爆发力，增添了一种蓄势待发的动感。

总之，在成功的汽车造型设计中，一定是包含着很多组美学法则共同存在和发生着作用的。各组法则间相互影响和作用，通过相应的心理规律让欣赏者产生各种不同的审美感受，从而构成汽车造型设计与人的交互审美设计关系中非常重要的美学法则及其心理机制部分。

第三节　汽车导航交互设计中的任务分析与应用

一、汽车导航用户的领域任务与人机交互任务

“出行”是典型的人类有目的的移动行为。汽车导航系统的主要功能是辅助用户完成出行路线规划任务。在汽车导航人机交互过程中，驾车用户的路线规划作为一种“领域任务”决定了汽车导航系统的功能及交互需求。

认知心理学将问题求解的过程分为四个阶段：第一阶段是对问题的表征形成问题空间，描述问题起始状态和结束状态的特征；第二阶段是寻找和选择算子，一个算子就是转换问题状态的一种方式，每一个问题状态是问题解决过程中一种问题的中间状态；第三阶段是所选解决方式的执行，执行会导致问题状态之间的转换，这种转换的结果是更接近目标状态；第四阶段是对问题状态的评估，主要是比较目标状态，必要时退回第二个阶段，寻找新的解决方式。学者西蒙（Simon）认为，问题求解行为是对任务的一种适当反应，被激发出来以达到任务所要求的目标。如果将用户如何利用系统完成目标看成一个解决问题的过程，学者冈纳尔·约翰森（Gunnar Johannsen）认为，在人机交互过程中用户的任务类型主要分为两种，分别是控制和问题求解，而其他任务基本属于这两种任务的次级任务。控制由持续又相互独立的任务组成，交互过程通过这些任务的开始和结束形成一个活动环。而交互任务中的问题求解则指对这些任务进行管理和计划的高层认知任务。

从问题求解的一般过程看，形成确定的问题空间是达成目标的第一步，也是制定完成目标的行为计划（任务）的关键。在人机交互任务中，良好的心理模型是用户人机交互的基础，而问题空间模型则表示了用户心理模型在理性层次上的抽象。学者诺曼（Norman）认为，任务中需操作的知识并不只存在于头脑中，也存在于外部世界，而学者伊冯·沃恩（Yvonne Waern）也提出，用户

关于解决问题所需的任务知识分为两部分：一部分任务知识是除去系统本身，用户内部持有的有关如何达到任务目标的相关知识，包括任务的状态和程序等；另一部分是系统相关的任务知识。因此，用户界面设计需要保持与用户有关任务和世界知识的一致性。

任务目标：目标是决策者通过解决问题（任务）所要达到的状态，这种状态具有一定的主观价值或效用。学者西蒙认为，人的行为是以目标为导向的，这种目标导向的特点会导致行为模式的整合。目标是用户期望的某件事或某物所呈现的某种状态。实际上，目标并不总是明确的，它往往具有模糊性、抽象性和不完善性，不能指导解决问题的具体办法。为了更有效地解决问题，人们一般会将目标分解为子目标，从而明确要执行的方式。因此，目标具有层级特征。相对应的，为完成目标的任务也具有层级结构，每个低层级任务都是实现上一层级目标的途径，只要受到总目标的指引，行为就具有目的性。在人的日常生活及其行为中，为了实现目标，这种金字塔式的目标层级可以被完美地组织和协调。另外，对于不同的情境，活动总目标中的子目标对于解决最初的问题，往往包含了用户的尝试性探索，一些目标在任务的执行过程中会被其他目标取代。

任务意图：学者诺曼认为，意图是为了达成目标而做出的行为决策。完成目标可能存在多种可能性，并且需要完成不同的子目标，而意图实际就体现了子目标，可通过规划子任务或者行为序列来改变目标状态，因此意图与未来状态相关的信念密切联系，当我们相信意图中的状态可以被达到时，意图就会确立。对于一些简单的活动而言，目标和意图有时是相同或者类似的，但对于一些复杂的活动，意图不一定是目标，意图通常比目标更集中和具体。

任务对象：对象，指特定环境下与任务相关的每一件事情，可以是客观存在的事物，如按键，也可以是概念性（非物质）的事物，如消息、口令等。任务对象与任务目标相关，目标的层次特点往往决定了对象的特点，目标状态往往包含单个对象或多个对象的状态，如在高层目标中，任务对象往往是抽象的概念或意图。

（一）汽车导航用户的领域任务

在汽车导航中领域主要指计算机系统及交互的应用领域，领域任务指用户在其工作领域中需完成的任务。为了全面深入分析汽车导航用户的领域任务，以地理学相关理论为依据，笔者将汽车导航用户的领域任务划分为三个主要部分，即路线规划任务、驾驶任务和出行活动，从不同的层次和角度对导航用户的领域任务进行分析，为汽车导航用户的交互任务及其需求分析提供理论依据。汽车导航系统的主要功能是辅助驾驶用户进行路线规划。路线规划也可以称为寻路，对于汽车驾驶，路线规划其实是对驾车移动任务如何执行的一种计划。以汽车为交通工具，驾驶汽车从空间一地点到另一地点的移动过程即驾车出行。时间地理学和人文地理学相关理论认为出行是由活动所派生出的需求，活动与出行在时间、地点和参与者方面是相关联的，但又同时处于时空和资源制约下的环境中。以活动分析法为主的地理学相关研究则将重点集中在人的活动与移动的关系上，重视活动和移动行为时空上的连续性，并通过两者的关系研究用户的出行需求及决策等问题。学者科佩尔曼（Koppelman）等认为，个人出行所服务的活动目的对出行行为有着显著的影响，对出行需求等问题的研究需将出行行为视为活动的派生物，其分析应以活动为基础。结合上述地理学相关理论可知，出行活动、汽车驾驶及路线规划是一系列联系密切的行为。

1. 路线规划任务

人的任务执行是按照某种预定义的规划进行的。规划实际上是一种知识标示，它基于准则进行组织，通过思维指导任务的完成。学者科利奇（Golledge）提出，“寻路”发现是一个有目的、方向和动机的，从起点到较远的、不能直接观察到的目的地的运动行为，路线规划会产生一种高度抽象的概念，需要建立在对位置、距离、方向、重要性、时间、联系及次序等相关要素的理解之上。因此，路线规划是一个集聚地点记忆、想象和计划的认知过程。从这一角度看，路线规划任务可以包含两个主要部分：一是基于任务目标对路线的思考和规划，包括基于任务目标对知识的管理和应用，经过策略、选择、决策等一系列过程生成行为计划；二是在行路过程中保持路线 / 航线，是行为计划的执行，需要用户结合认知和行为输出，保持与规划中的路线一致。两种任务在一些情境下并不存在明确的界限和顺序，如途中更改路线可能需要重新进行规划。目前针对用户路线规划相关研究的重心也主要集中在两个部分：一是关于用户如何形成路线计划的心理过程及表征特点，包括信息获取和加工的过程，以及概念属性的表征等；二是路线计划如何执行的心理及行为特征，主要是规划执行过程中的认知与操作行为。汽车导航的主要功能是提供必要信息支持用户完成路线规划任务，因此路线规划行为特征关系着汽车导航交互过程中的信息范围及交互操作，只有符合用户路线规划任务中的认知和行为习惯才能有效辅助用户的空间移动行为。

由于受到任务目标和动机的驱使，同时也受到现实客观环境的各种约束，路线规划行为过程表现出一定的策略性特点。路线规划实际上是一种以知识为基础的空间策略行为。在空间移动过程中，空间相关知识是人进行路线规划的基础。学者林奇（Lynch）认为，空间知识是人们把各种空间信息片段进行有序整合从而形成的关于环境的认知和理解。因此，空间知识的获取和现实空间的认知有关。空间认知关系着人如何理解地理空间的问题，通过空间的分析与决策，逐渐理解活动所在的现实地理空间特征，具体则包括了对这些信息的知觉、编码、存储、记忆和解码等一系列心理过程。

（1）心象地图与空间知识

从空间的认知过程考虑，人们完成空间认知需要两个基本步骤：一是利用感官区别环境中存在的实体并形成分类的概念系统；二是识别实体类型，利用经验知识对这些空间信息进行解释使用户形成对于空间环境结构的心理表征，即心象地图。心象地图实际上是对现实空间特征的一种隐喻，并不是完全精确无误的。从心理过程看，构建心象地图的信息主要来源于人的知识和外部环境。表现为对不同区域的“熟知度”。而存储在外部环境的信息，需要通过人的感知和理解获得，通过信息加工等过程转化为短时记忆并作用到心象地图的构建过程中。外部信息的来源也可以分为两种，一种是对显示空间特征的感知，一种则是咨询信息，如询问路人、地图或使用智能设备等。另外，学者拉斯穆森（Rasmussen）也提出，空间认知包括物理的环境部分，也包含行为主体参与到情境中通过自身技巧和价值观念对环境产生的解读，与任务目标也有关系，会受到任务情境及任务目标的影响。对环境空间的感知会与记忆相结合参与空间认知中的信息加工，进而形成心象地图，受到任务目标的影响，基于心象地图会形成路线规划表征，包括了对心象地图中知识的组织和表达。因此，在空间认知过程中，心象地图的形成不仅是空间知识的提取，更是在其基础上进行的空间知识再构建。

空间认知的过程及心象地图的特征都与路线规划任务的任务目标相关。因此在路线规划任务中，心象地图会形成以路线为中心的知识结构。在这个过程中，空间知识的构建表现出以任务目标为导向的特点。对于面向任务的空间知识构建过程，学者巴尔科夫斯基（Barkowsky）提出了以下观点：空间结构的构建与任务具体执行特征相对应；无论空间知识有多少都能被高效地存储在记忆中且能被灵活地运用；当特定的任务所需要的空间知识缺失时，能够运用经验知识对其进行弥补；信息源及形态不同的知识可以融合成统一的表现方式；能够通过类似图像表达方式展现记忆中存储的各种隐式知识。

学者戈利奇（Golledge）将空间结构知识要素概括为四部分，分别是点、线、面和表层。点主要指地标，它是环境中突出且可以被识别的特征，地标能够为观察者提供确认自身与目的地位置的空间线索，包括固定的、清楚的、独特的对象或区域，有利于方向和位置的判断；线主要指路径、线路等；面主要指区域，它可以是固定的绝对地理位置，如行政区域划分、居住小区等，也可以是相对的，甚至是虚拟的。戈利奇针对空间知识结构特征，提出了一种锚点的空间知识认知理论，指出空间知识习得过程中以位置、特征、路段和熟悉区域为主要的形成关于“锚点”环境的表征，并影响着任务决策中的认知编码、存储和解码过程。

（2）路线规划与路线规划任务

借助戈利奇空间认知研究相关理论，可将路线规划任务的知识模型概括为三个部分：说明、关系和程序。“说明”部分指地点相关属性知识，标示了空间对象及属性的意义和重要性；“关系”部分则标示了“说明”部分之间的空间关系，如距离和方向等，两部分主要体现了用户的空间知识特征；“程序”部分是空间的行进过程知识。路线规划需要建立在“说明”部分和“关系”部分的任务知识基础上，才能形成“程序”部分的任务知识。因此，“说明”部分和“关系”部分的知识是表征空间属性的；而“程序”部分的知识则是在空间知识表征的基础上，结合路线表征行为次序的。

在城市空间认知及路线规划任务中，可将用户持有的城市空间知识分为具体空间知识和全局空间知识两种。具体空间知识是指某一地点的详细信息，而全局空间知识主要是对城市整体空间结构的认知，包括道路及区域等知识。在完全陌生的环境中，用户往往以咨询信息为任务计划和决策的主要依据，而对于通勤用户而言，路线规划更多依靠的是具体空间知识。

从路线规划任务知识持有的数量、质量和种类的角度，可以将路线规划任务分为三个类型：一是通勤，指用户在熟悉路径上的两个已知地点之间的路线规划；二是探索，指用户在不熟悉区域内对周围环境进行的以学习为目的的线路规划，如旅游；三是寻找，指从熟悉的地点出发以陌生地点为目的地的路线规划，或从不熟悉地点到熟悉地点的路线规划。

在不同类型的路线规划任务中，用户规划路线的方法不同。在通勤中，路线规划主要是一种基于任务情境的路线选择和决策行为；在探索和寻找类型的任务中，用户更倾向于寻找和发现路线；对于汽车导航，由于导航系统提供的信息可以有效弥补用户知识。因此，在使用路线规划时也面临着路线的选择和决策。路线由一些节点及节点间相连的线（路段）构成，在实际的城市路网环境下，起点和终点之间的路线往往不止一条，在两个固定的地点之间，可能存在多个备选路线，且每条路线的空间特征都不同。为有效匹配任务目标，路线规划往往需要一定的策略，以便在环境条件的制约下达到任务目标的要求，这个过程也反映出问题求解的特点。路线规划的任务过程受到任务总目标及情境的影响，首先会形成面向任务目标和情境的策略，策略会形成子任务和子目标，建立选路的标准，利用空间知识产生路线选择集；决策则是在选择集中选择一条路线，一旦路线形成，相应的行为计划就会得到明确；行为计划又会划分为更小的子任务目标及操作。

在选路的标准上，“最少时间”和“最短路线”是使用最多的选路策略。但实际上，用户对于驾车路线的选择依然受到其他因素的影响，如道路层级属性、拥堵状况及红绿灯路口数量等。另外一些研究也显示，用户的个性及文化水平也会对用户的路线选择产生影响。这些因素导致即使在熟悉地域且出行的起止两点非常接近时，路线选择也具有差异性。在现实的驾车出行中，影响路线规划行为的因素有很多，大体可以分为两类：一是与空间要素相关的，如方向、距离、空间熟知度等；二是与空间要素无关的因素，如个人偏好、年龄、性别等。

2. 驾驶任务

（1）驾驶任务层次与结构

拉斯穆森在其生态界面设计理论中提出，在人与操作系统的交互中，人的行为方式可以分为三个层次：第一层是基于技能的行为，是一种熟练的不需思考的反射性操作动作；第二层是一种基于规则的行为，即为实现特定的目标，利用现有规则构建的行为序列；第三层是基于策略的行为，即基于外部状况的认知和解释的决策行为，并通过规则层和技能层形成行为组合。在对汽车驾驶任务的研究中，学者米琼（Michon）结合这种行为层次特点，将驾驶任务分为三类：一是保持车辆正常行驶的操作，即控制型任务；二是为保持车辆安全行驶，根据交通规则和行车环境，与其他车辆或行人进行安全互动的任务，即技术型任务；三是路线规划等需要驾驶人推理和构思的策略型任务。这三种任务在驾驶过程中往往相互关联、交替出现、共同作用，使驾驶行为处在安全、稳定的状态。

控制型任务：控制型任务是一种技能操作类驾驶任务，任务的对象是车，主要目的是保持车辆的正常行驶。控制型任务主要转化和执行来自策略型任务和技术型任务的控制指令。任务时间往往以毫秒计算。控制型任务的行为包括刹车与制动控制、方向盘控制等。控制型任务的交互部件包括方向盘、刹车踏板、离合器踏板和加速器（油门），也包括转向灯或雨刮器等。

技术型任务：技术型任务是一种基于规则的驾驶任务，任务对象为整个驾驶环境，包括行车环境、交通信号等。技术型任务本质上是对环境中与驾驶相关的信息的监测，以视觉为主要的感知通道，任务时间以秒为单位，包括速度选择、车道变换、躲避障碍物、跟车、超车、过十字路口、观察交通指示牌等行为。技术型任务的主要目的是保证行车的安全性，依照规划路径行驶和在速度和舒适度间保持平衡并维持一个可接受的驾驶状态等。

策略型任务：策略型任务是一种基于知识的驾驶任务，任务对象综合了人、车和环境，需要复杂的信息加工和决策，并总体管控技术型和控制型任务，任务时间以分钟或小时来计算。策略型任务是驾驶中的高层任务，需要较多认知资源。策略型任务可以在驾驶前发生，也可能在驾驶的过程中发生。其内容包括决定目的地、启程时间、路线选择，以及如何到达目的地等。

（2）路线规划任务与驾驶任务

结合汽车路线规划任务和驾驶任务层级可知，在路线规划任务与驾驶任务之间存在认知资源的分配问题，驾驶任务占有的注意力和动作等任务资源，会影响用户的空间感知和路线规划。另外，驾驶任务中存在多种“副驾驶任务”，包括雨刮器切换、近远光灯切换、鸣喇叭等操作。也存在“非驾驶任务”类型，如空调调节、操作收音机等。副驾驶任务和非驾驶任务都会竞争人的认知资源。因此副驾驶任务和非驾驶任务对用户的路线规划任务也会造成一定的负面作用。

综上所述，驾驶是一项多任务共存且包含密集行为的任务。因此，驾驶任务对路线规划任务的影响首先表现在认知资源及注意力的分配问题上；其次表现在路线规划任务与驾驶任务的密切联系上；最后表现在驾驶任务造成的路线规划任务知识需求和表征的新内容上。从主驾驶任务的分析可知，基于规则的技术型驾驶任务主要目标是监视交通环境，明确路网系统规则及特征，提供驾驶路线规划的必要知识。路网系统相关信息不仅包含了空间属性等信息，也包括了交通状况等动态信息，导致驾驶任务和规划的不确定化和动态性。例如，一些城市道路限行卡车、货车或临时限行等。

对于路网系统的认知属于交通认知。交通认知是指驾驶过程中人对路网系统信息的认知，对驾车安全和效率起着关键作用。交通信息又可划为静态信息和动态信息：静态信息主要包括交通标识及交通指示等，认知对象主要是文字或符号，主要类型包括指路标志、指示标志、警告标志和禁令标志；动态信息指道路交通环境中的其他车辆、行人、路况及交通事件。交通认知是用户执行相应的避让、跟车、换道或超车等任务的基础。

与空间认知不同，交通认知的即时性是任务研究的关键问题。交通信息对用户行为的影响首先建立在注意的基础之上，即用户需要先发现并注意到交通信息才能引发相应的用户行为。用户需要结合实际的交通规则和情境执行导航中的路线行驶任务，如在通勤类出行中，用户对空间知识已经相当熟悉，但对行驶路线中繁多的交通标示如限速等规则却不可能完全记住，而动态的交通信息也不可能完全感知和预测，这些因素都会对用户的路线决策产生影响。另外，交通标识等也是用户明确路线的重要信息。

3. 出行活动

（1）驾车出行活动结构

路线规划是服务于用户驾车出行活动的，活动及出行决定了路线规划。从驾车单次出行任务过程看，用户从起点到终点的过程中，需要完成若干驾驶任务，如发动汽车、直行、换道和转弯等，到达目的后需要停车，并通过步行或其他方式到达活动地点，在办理完活动事项后，用户会回到停车处，找到汽车并开始返程。因此，驾车出行过程中的任务具有一定的程序性和连贯性，如到达终点的停车、取车及返程是一系列连贯任务，每个阶段的任务目标及完成的方式导致任务需求的不同。

一次驾车出行活动可能仅包含一次出行往返，在一次活动中也可能包含多个往返的移动任务；不同活动也可能连续进行，即一次出行完成多个不同活动。另外，从时间的持续性看，出行往往和用户的日活动计划有关，用户的活动计划常以“天”为单位，跨越较长的时间和空间。

驾车出行中的行为是一串以活动目标为导向的行为链，活动属性决定了用户的行为特征。因此在考虑用户出行或移动需求时，必须考虑用户活动目标在时间和空间上的连续性。

（2）驾车出行活动属性

在分析用户的驾车出行活动属性特征过程中，笔者借鉴了人类学的“6W”原理，构建了驾车出行活动的“6W”要素模型。

“Who”指用户驾车出行活动的主要参与人员。从人员数量看，参与人员可能是驾驶司机一人，也可能是多个人。参与人员的类型也具有多样性，从社会关系的角度，参与活动的人员可能是家庭成员，也可能是同事或朋友，有时甚至是陌生人。从车是一个空间角度看，参与活动的人员可能不仅仅存在于车内空间，也可能存在于车外，如其他车辆中的用户，或者在某地点的用户。Waze 是一款以众包为核心基于社区概念提供导航及位置服务的应用，充分体现了出行活动的主体特性。在 Waze 中，用户可以同朋友分享自己的位置、目的地、路线和抵达时间等信息，另外它还具有拼车功能，为拼车信息发送者与接受者的汇合提供导航服务。在Waze导航过程中，不仅是“人机交互”的，也体现出“人人交互”特点。出行活动的用户主体不再是单独的个人，而是体现出了一定的社会关系和群体性。

“Why”指用户驾车出行活动所要满足的需要。心理学相关研究中认为，获得或维持某种状态和感觉的愿望是活动的主要动机。因此，活动是具有某种意义需要指向的。社会心理学家马斯洛将人的需求进行了层次性划分，其理论揭示了人需要的多样性特征。从满足需要是活动发生的原因角度看，用户的活动也具有多样性特征。学者查宾（Chapin）根据活动与需求的关系对活动类型进行了分析，将需求划分为生存类需求，文化层次、社会层次和个人层次的需求，满足这些需求需要进行工作、就医或社交等不同的活动。另外，张文佳等人将活动类型划分为满足生存性的活动、不可任意支配的活动和自由活动或者休闲活动。依据出行活动分类，驾车出行活动的需要主要可以分为三种，分别是生存型需要、维持型需要和休闲型需要。

“What”则指驾车出行的活动动机。动机是在心理强化下给需要的方向定位，是需要的具体和精细化，每种类型的需要所产生的动机也具有多样性。例如，用户的需要是休闲，但休闲需要是模糊的和不确定性的，为达到休闲的目的，用户可以采取访友、非日常购物或看电影等方式，由此形成了休闲活动的具体动机，具体活动动机将形成活动计划及执行的基础。

“When”指活动的时间。在驾车出行中，从活动的过程看，时间的要素属性包括两个部分，即时间点和时长。时间点指出发时间和到达时间等，是用户描述活动计划和状态的重要属性。时长则指整个行程或某段行程持续的时间长度，是用户表征活动属性的要素，如行车到达终点大概需要50分钟、堵车大概延迟30分钟等。

“Where”指活动的主要空间位置。从空间认知理论看，活动位置主要由点（位置点）、线（路线）和面（区域）构成，如在家附近，就是以点为基础的区域描述，而沿途周边信息则是以路线形成的空间为位置特征。

“How”主要指完成出行活动的主要方式，如驾车、乘坐地铁或飞机等，用户的出行活动可能需要多种出行工具，如去外地，需要驾车、转飞机等。

从心理学角度，需要可以分为“目的需要”和“方式需要”。在驾车移动过程中，活动的“Why”和“What”决定了用户移动出行的目的需要，“Where”“When”和“How”决定了移动出行完成的方式需要，而“Who”则决定了待满足的活动主体及群体特征。另外，活动所发生的外部环境也会影响用户的需要，变化的环境特征会使其活动出行计划和路线规划产生变化。活动要素特征决定了活动的属性类型，不同类型的活动有不同的出行计划。学者马丁·劳巴尔（Martin Raubal）从时间地理学的角度出发，分析了活动的时间和空间特点，并将用户的活动分为灵活性活动和非灵活性活动。工作等活动属于非灵活性活动，出行的时间、起点和终点往往是固定的，路线变化不大；而灵活性活动，如购物和就餐等活动的时间和空间变化很大。

（3）驾车出行活动与路线规划任务

从出行和活动的关系可以看出，出行的需求源于活动的需求，而出行选择的决策也是基于活动的。心理学相关理论提出，心理现象不同于物理现象，心理现象具有意向性，即总是有所指向的。用户路线规划所需的信息不仅与移动任务本身相关，也取决于出行所在的活动需要、目标及特点。用户的活动属性实际为路线规划任务提供了上下文情境，是路线规划形成的重要依据。

通过对驾车出行活动要素的分析，笔者认为汽车驾车出行的活动特征对路线规划任务的影响主要体现在两个部分，即对所需任务知识特征和任务决策的影响。驾车出行的活动属性不同，决定了路线规划任务所需要的信息内容范围不同，且在同样的范围内，各个信息的次要程度不同，如在外出就餐活动中，餐馆信息是路线规划的重要信息基础，而银行等信息则不重要；在上班通勤活动中，时间是重要信息，而对于下班时则未必。因此，驾车出行活动属性直接关系到路线规划任务的表征内容。从决策的角度看，用户活动决定了路线规划任务的限制条件，如用最快的时间到达，或最近的距离到达等。活动属性决定了用户的目的地或路线选择集，并进一步导致最终路线的决策特征。

（二）汽车导航人机交互任务

1. 面向领域任务的汽车导航作用机制与信息需求

（1）面向领域任务的汽车导航作用机制

从领域任务分析看，要提高汽车导航信息的可用性就必须以领域任务需求为主导，导航信息内容和范围需要反映领域任务不同层次和阶段的需求才能保证导航功能的实现。

汽车导航系统可以反映现实的环境及车辆特征，包括动态和静态特征，为用户提供相关信息以辅导领域任务的完成，具体可以分为四个部分，分别是活动计划、行程规划、路线选择和路线执行。在活动计划中，导航信息可以帮助用户形成更好的活动序列，如在下班途中，先去购物还是先去加油，导航信息也可以帮助用户确定目的地，如在旅游中寻找周边兴趣点并前往。通过活动计划的决策辅助，用户可以形成行程规划，通过提供有效的路线选择集，帮助用户选择合适路线进行活动，在路线选择完成后，通过导航信息支持用户路线计划的执行，路线执行可以更好地支持驾驶任务，而驾驶任务的完成也会影响环境及车辆状态，进而形成导航信息的动态性和即时性，这种即时信息会在路线执行过程中帮助用户随时修正任务，如提供堵车信息，用户可以重新规划路线。概括地讲，汽车导航信息在用户的整个领域任务过程中，对规划、决策和执行提供支持优化，进而使整个驾车出行活动过程得到优化。

（2）面向领域任务的汽车导航信息需求

基于领域任务特征分析结论，笔者归纳了汽车导航用户路线规划任务信息需求模型，依照领域任务将导航信息分为三部分：寻路任务、驾驶任务和出行活动。寻路任务相关信息以空间信息为主，包括表征空间认知及行为的“说明”“关系”和“程序”三部分；与驾驶任务相关的信息主要由技术和控制型驾驶任务决定，主要分为车相关（如车速等信息）和交通相关（如路况等）两部分；与出行活动相关的信息体现了活动计划的需求，由活动特征决定，主要包括附属信息和时间信息（如到达时间等）。

2. 汽车导航人机交互中的路线规划任务

人机交互的路线规划任务，实际是用户使用导航系统的路线规划任务，是导航系统辅助用户完成领域任务的过程。因此，汽车导航的交互设计应建立在用户领域任务的基础上，才能使用户的心理模型和交互模型保持一致性。根据领域任务与人机交互任务的逻辑关系，可将汽车导航人机交互中的路线规划任务划分为两个关键部分：一是启程前的选路，即路线规划与设置；二是行程中的路线执行与引导。

（1）路线规划与设置

路线规划与设置的交互任务目标是路线选择。任务过程首先是设置目的地，然后根据自身活动动机及需求特点在导航系统提供的路线选择集中选择一条备选路线。例如，宇达电通导航仪为用户提供备选路线集，界面中不仅包含地图中的路线图，也包括每条路线的具体参数。这一部分实际是用户基于任务总目标确定的子目标，包括明确选路标准和路线集。

用户驾车出行活动的属性及目标特征在路线设置部分起到关键影响作用。用户的路线规划任务实际是出行活动的一个子任务，因此受到活动属性的影响。在路线设置的交互任务中，用户通过信息输入描述自身的任务意图，界面及系统是否真实反映用户的领域任务意图是关键，导航系统是否为用户提供了描述需求的操作对象和内容决定了用户能否达成人机交互任务目标，这也是汽车导航交互设计中的关键问题。

（2）路线执行与引导

路线引导通常指一系列引导用户行为的指示信息，以使用户从出发点沿着正确路线抵达目的地。路线引导的本质是航线保持，以路线规划的执行和操作为主。路线指引信息是一种为到达目的地以任务为中心的行为描述信息，实际上也是对用户完成移动任务过程的一种描述。其内容包含一系列方位和行为的描述，是用户决策和行为的概念化表达。从心理表征的角度讲，路线实际上是由决策点和行为成对组成的，这些决策点及决策产生的行为依次序组成了路线。一段路线指示包含着一个决策点及通往下一个决策点的方向。路线指引的最主要目的就是帮助用户在决策点确定如何前行，从而保持通往目的地的正确航线。

路径引导的方式主要分为两种：一是在启程前预先提供整条路线的指示信息，二是在行程中提供的逐步指示的形式。目前的汽车导航主要采用逐步指示的形式。逐步导航不必用户记住所有的路线及空间的结构信息，在逐步的引导中，指示信息只在临近决策点时提供。逐步引导的方式可以保持用户较低的认知负担并减少对汽车驾驶任务的影响。学者特沃斯基（Tversky）认为逐步导航的形式也存在一定的缺点，如无法为用户提供有关行程及路线的整体信息，用户只能依赖于汽车导航设备提供的短时信息来进行驾驶，造成驾驶用户一定的紧张感，当导航信息与实际任务目标出现偏差时也不易被用户察觉。为了降低这种缺陷，需为用户提供在行程前甚至是行程中的任何需要的时候的有关整条路线的详细信息。

目前的汽车导航路径引导主要采取以转向为主的逐步引导方式。以路程中的关键决策点为划分依据，整个移动任务可由以决策点为中心的若干子任务单元组成。这里的决策点主要指路程中航道发生变化的关键点，如转向、高速路出口、高架桥入口等。在关键决策点，用户的驾驶任务状态会发生明显变化，用户会面临是否转向和换道，何时转向和换道等问题。过程往往同时包含了横向驾驶和纵向驾驶行为，受到路面其他车辆状态及交通规则的限制，具有一定的复杂性。在每个单元任务中，导航系统通过界面输出路径关键指示信息，用户对信息进行感知、理解后，形成行为意图，并将意图转化为行为计划，即形成新的任务计划，随后通过技术型和控制型驾驶任务的执行完成任务，最后进行任务评估并进入下一个导航任务单元。在整个移动任务过程中，若干子任务单元以时间和空间的序列为依据，构成了导航移动任务中窄而深的任务结构特征。

二、面向任务认知与决策的汽车导航交互设计

路线规划任务是一种基于知识的策略型任务，任务相关信息的认知及任务的决策是路线规划任务完成的关键，而在汽车导航系统的使用过程中，路线规划任务的认知与决策取决于人机交互任务中对导航信息的认知，这个过程不仅与导航系统提供信息的内容和形式相关，也与用户个性化特征、驾驶任务和行车环境等因素相关，这些因素造成了导航任务情境的多样化。多任务及任务特征的多样化使用户在导航人机交互过程中面临着一定的时间压力和任务负荷等问题。汽车导航交互设计如何满足用户对导航信息的快速感知、理解和决策的需要，是用户任务认知及决策机制研究的关键问题。

（一）驾车路线规划任务情境

在城市路网系统中，起点到终点之间存在多种可能路线的路线选择集。在实际情境的选路过程中，路线选择集的可选路线数量与用户持有的任务知识含量及质量相关。知识含量高低意味着用户知道多少备选路线，而知识的质量则与路线的精准度相关。在人的路线规划行为相关研究中，学者博维（Bovy）提出路线选择集可分为以下几种：客观路线，指客观上从起点到终点所有可行的路线；已知路线，指用户知道的可选路线；可行路线，指用户已知路线中可较好满足出行目的需求的路线；可用路线，指在可行路线集中通过权衡和比较选出的路线；使用路线，指用户最终选用的路线。

博维认为在实际的路网环境中，从起点通往终点的路线数量巨大，但用户持有的已知路线数量却很少。以用户持有的空间知识熟知度为依据，路线规划任务除了通勤类外，还包括探索和寻找，后两种与通勤下的寻路行为相比较，其主要区别在于对路线的熟知度不同。在探索的情境中，用户对路线的熟知度低，用户可能由陌生的地区前往一个陌生的目的地，用户不知道从起点到终点的路线，也就不存在备选路线，而在探索情境中，用户对空间知识具有一定的了解，但不全面。在实际情境中，三种路线规划任务不具备明显的差别，有时会随着时间的推移和用户经验知识的积累，相同的任务情境下用户的任务过程也会体现出不同的特征，如用户来到一个陌生的城市，开始以寻找为主，经过一段时间后，积累一定的空间知识，出行就会表现出探索性。

相对于陌生区域的出行，最常见的路线规划任务情境是往返于学校和工作单位的通勤出行。在通勤中，用户一般会选择习惯路线，除非得知习惯路线有可能或已经存在不确定的行程延迟情况，如交通拥堵信息、事故信息、天气信

息、出行某路段发生的特殊事件信息等。为了避免延迟，用户可能需要通过更改驾车出行的时间、路线，交通工具或目的地来避免延迟的发生，有时甚至可能会改变整个活动计划。而在行程中，用户可能通过导航设备，或者其他信道，如道路可变信息指示牌、交通广播等获得导致延迟的信息，这时用户只能选择放弃活动或更改路线。

当在行程中面临更改路线的必要时，用户需要重新进行路线规划任务，因此在驾车移动过程中，路线规划任务的两个子任务（规划和执行）并非完全的先后次序关系，选路的决策点也不止一个。从选路的决策特征出发，存在着两种选路情境：一种是从起点到终点之间的备选路线不存在交汇点，各个备选路线间是平行的关系，用户选路的规划和决策在起点就完成，在之后行程中不存在决策，路线不会产生变更直到抵达终点；另一种是在行程中备选路线之间存在交汇点，路线间存在共享一个路口或路段的情境，用户不仅可以在起点进行选路，也可以在路线交汇处对路线规划进行重新决策，这些交叉口处成为路段节点，在一些情境中用户可能要在行程中的某个或多个节点进行选路决策，而在某个节点，用户也可能会面临多条路线的抉择。当加入驻停点和途经点时，选路的复杂性将更大。

（二）汽车导航交互任务决策

从对路线规划任务及情境的分析可知，无论是在传统寻路过程中还是在使用导航的情境下，用户都面临着路线选择及执行的决策问题。

决策的产生往往需要经过一系列内在的信息加工过程。在学者布塞梅尔（Busemeyer）和汤森（Townsend）趋避决策理论的基础上，以利沙·斯特恩（Eliahu Stern）和尤瓦尔·波图加利（Juval Portugali）整理了行为决策的过程模型。行为潜在的利益或损失会通过相应的趋避子系统产生，其结果会被输入价值系统，通过注意力权重和当前的行为联系，由于在思考过程中，用户对推理结论所付出的注意力不同，因此，在这个过程中权重也会随着时间不断变化，但在任何时刻，一个行为的价值都表现了当前行为的预期价值。这种价值结论由价值系统产生并进入决策系统。在决策系统中，价值会被比较，通过比较会产生对各行为的优先强度，最终，优先强度会驱动执行系统输出行为。基于趋避决策理论，在路线决策过程中，驾驶用户需要权衡各路线的利弊，每条路线都会经过关联信息检索、要素权重和生成价值的加工过程，最后通过对路线的价值比较形成对各路线的偏好强度，当其中某条路线的强度达到一定的阈值时，该路线就会被选择。在这个过程中存在多个影响路线价值计算和比较的因素，包括了内在和外部的客观因素。内在因素主要指驾驶用户自身的个性因素，包括心理控制、出行目标、个人偏好、风险承担和决断能力等；在外部因素中，路网状态的动态及不确定性决定了任务情境特征，在途中接收到的信息也对路线的比较和决策提供了支持。另外，时间压力也是影响路线规划任务决策的重要因素。时间压力是指驾驶用户做决策过程受到时间限制而所引发的压力感，当时间较少时，就会引起时间压力的增加，进而影响决策加工的质量。除了在完全陌生的区域寻路，用户对路线都具有一定的经验知识，在通勤出行中，习惯路线也会对路线决策产生很大的影响，习惯路线和经验知识往往会吸引更多的偏好度，影响决策的时间周期和结果。

学者洛坦（Lotan）和库特索普洛斯（Koutsopoulos）采用近似推理的框架建立了驾驶用户的路线选择及决策模型。该模型的核心由 if-then 的生成规则形式组成。生成规则是生成式系统认知行为理论中的概念，该规则假设人的认知行为都是面向目标且可以用条件关系进行表达的。一个 if-then 规则是由一个条件部分和一个行动部分组成。条件和行动两个部分都可以包括语言标签，如果线路 A 堵车，则可能延迟任务时间，如果任务时间延迟过长，则可能需要选择线路 B。通过这种产生式规则下的近似推理机制对路线的价值进行计算，并对每个方案的最终的吸引力进行比较，最后选择偏好最强的路线。洛坦和库特索普洛斯的理论实际表现了决策推理过程中路线价值计算、阈值等要素的因果联系特征。从上述选路决策的一系列分析中可见，路线规划任务中的选路决策特征受到多种因素的影响，用户需要依赖任务及行为相关的各种知识，使其决策过程具有一定的复杂性。

在人的行为过程中，决策驱动行为。在驾驶过程中，决策不仅关系着路线规划任务的效率，也关系着驾驶任务的有效性和安全性。因此，汽车导航信息能否有效辅助决策是汽车导航功能可用性的关键问题，尤其是在提供动态交通信息的情境下，用户在途中的选路决策问题尤为突出，用户需要在有限的时间、空间和不确定因素的条件下利用导航信息对路线进行决策，汽车导航是否为用户提供了辅助决策的必要信息决定了用户的决策效率和准确性。决策紧随认知，是认知过程的结果，提高用户的决策水平依赖于提高用户认知水平。

（三）汽车导航人机交互任务认知

在汽车导航人机交互的路线规划任务中，任务包括了认知、决策和控制三个过程。在完成路线设置任务时，用户需认知导航系统所提供的行车环境相关信息，这些信息被用户用于内在的信息加工程序中，结合记忆中相关信息生成心象地图，并为决策提供基础，促进决策产生路线选择。导航系统及界面根据用户的决策生成路线指引信息，用户通过认知指示信息及心象地图完成执行行为，这里的决策主要与车辆控制相关。用户对导航信息的认知即从系统中习得任务相关的知识，导航信息的认知和理解代替了用户对现实环境特征的观察、理解和记忆过程，因此，对导航系统信息的认知是重要的子目标，直接决定了用户路线规划任务的完成效度。

汽车导航提供的路线规划知识与记忆中的经验知识具有差别性：首先，导航信息属于具体知识，是关于路线的详细信息，这些信息的优势是不需要较高的认知水平，但缺点是这种信息并没有建立在良好的心象地图之上，使用户在导航中有一定的盲目性，当导航信息发生偏差时，如在陌生区域去往陌生地点时，目的地和路线都有可能发生设定错误的情况，而用户不易察觉这种偏差或错误；其次，从具体信息的内容上看，汽车导航指示信息的内容中利用数字距离代替了用户由认知及记忆等心理过程产生的关于路线的次序和属性特征内容，利用道路名称和数字编号等代替了用户知识中关于路线的地标和特征印象等内容，这种差别导致了用户在理解导航指令时有一定的负担，用户需要对这些信息进行有效认知才能进行决策。

（四）汽车导航人机交互任务中的情境意识及设计

1. 情境意识相关理论

意识是指人在觉醒的状态下的觉知，包括对外部的客观环境、自身以及自身与其他个体关系的觉知，也包括个人在任何一个特定环境下觉知过程中的各种经验，如知觉、记忆、情感、思维，以及对这些内容和自身行为的评价等。

情境意识（SA）是指人快速认知环境并做出反应的一种认知模式。情境意识相关理论研究将人对环境的认知和思维作为研究的中心，包括人在复杂动态环境下对信息及事件状况的认知和决策等内容。情境意识研究最早出现于航空领域，在逐步发展中已被广泛应用到船舶导航、应急服务和汽车驾驶等领域。目前对情境意识的定义并不统一，从情境意识的过程角度，学者恩德斯利（Endsley）认为：情境意识是存在一定的时间和空间内，感知环境中的各种要素，理解其意义，并预测这些要素随后的将来状态。学者史密斯（Smith）和汉考克（Hancock）从人与情境的交互角度将情境意识定义为：情境意识是人与环境中的不变量，该不变量产生瞬间的知识和行为特性以满足一个在环境中由决定者提出的具体要求。而学者贝尼（Bedny）和梅斯特（Meister）则认为：情境意识是人对环境有意识的动态反应。目前存在着多种情境意识理论，如恩德斯利从信息加工角度提出的三级模型理论、贝尼和梅斯特从心理模型的角度提出了子系统交互模型、史密斯和汉考克从人与情境的交互角度提出了知觉循环理论。

恩德斯利的三层模型理论是较为经典的情境意识理论，其理论最早应用在航空任务研究领域。恩德斯利将情境意识划分为“感知”“理解”和“预测”三层，从感知层到理解层再到预测层，每一层先于下一层，这种划分实际上是以一种信息处理链的角度进行的。

感知层，这一层用于感知任务情境中的信息，包括任务对象或环境中要素的状态、特征和趋势等，其感知途径主要通过感知器官完成。

理解层，这一层建立在情境感知基础上，主要是对感知到的情境信息进行整合，将信息与自身的任务目的相结合，评估信息的有用性和意义性，是对信息的深加工。

预测层，这一层预测任务情境将要出现的状态特征，以感知和理解阶段的成果为基础，是情境意识中的最高水平。

在三层情境意识模型的基础上，结合交互系统相关研究，恩德斯利构建了动态决策过程中的情境意识模型。

2. 汽车导航情境意识及交互设计

从情境意识的形成过程看，用户情境意识的构建是用户对汽车导航信息的内在处理过程。以恩德斯利的三级模型理论为依据，笔者认为面向用户认知的汽车导航交互设计可以依情境意识划分为三个设计层次，即信息感知设计、信息理解设计和信息预测设计。

（1）信息感知设计

信息感知设计是针对用户情境意识感知层的设计。感知层是情境意识形成的基础，情境信息感知是对环境中原始数据的信息搜集。在汽车导航人机交互任务中，视觉和听觉是用户获得信息的主要通道。从信息加工的角度讲，用户感知信息的方式可以划分为两种，分别是目标驱动和信息驱动。目标驱动表现为一种自上而下的感知模式，在这个过程中，任务目标是用户构建情境意识的中心，意图先于感知，为完成目标意图用户进行有意识的信息搜寻，如用户为确定到达时间，观察汽车导航行程的时间信息。信息驱动表现为一种自下而上的模式，意图或目标后于感知，信息刺激促使用户产生新的任务或目标，如在汽车导航人机交互任务中，系统提示前方 100 米左转，用户感知信息后，形成驾驶任务意图，并操控汽车完成转向。在实际的交互过程中，两种感知模式往往交替存在，而交替的合理性关系着用户情境意识水平，如在用户需要信息时没有提供必要的信息，而在不恰当的时机主动提供信息干扰用户的驾驶任务等。

自上而下的感知模式要求为用户提供与任务密切相关的信息，如用户任务目标是寻找加油站，则主要提供加油站地址和油耗等信息。而自下而上的感知模式首先要求汽车导航在必要时提供关键信息，如转向提示等。

（2）信息理解设计

信息理解的设计是针对情境意识理解层的设计。情境意识理解是用户对感知信息进行内在加工处理的过程，其主要目的是对信息意义的理解，包括对当期情境状态的认识和评估。从问题解决的角度看，对信息的理解是指在认知过程中对信息的整合，是形成问题空间的关键步骤，通过这一层，用户会对任务情境信息进行表征，理解情境中各种信息的含义，包括当前任务状态以及与目标状态之间的差异等。在这一层中，当前任务情境下的信息已经被联系到任务及任务目标包含的特定含义上。从驾驶角度讲，汽车导航界面为用户提供与驾驶密切相关的环境及其变化信息（如堵车信息），帮助用户认识和评估驾驶环境；从寻路的角度讲，用户在汽车导航指引下对地理空间知识的学习和认知过程，用户通过导航界面获得位置和路线等信息，进而构建驾驶任务所需的空间心理模型。情境意识中对信息的理解往往建立在记忆与经验知识的基础上，需要短时记忆和长时记忆的共同作用，对感知到的信息进行一定的加工处理，又需要利用长时记忆中的经验知识对这些信息进行匹配，从而达到对这些信息的补充和解释，通过与记忆中情境的匹配快速理解当前情境状态，因此，在汽车导航驾驶中情境意识也与用户的驾驶经验和地理空间知识相关。

汽车导航理解层交互设计的目的是减少用户对情境信息理解的难度，提高理解效率。理解层设计依赖于信息的组织及可视化设计，具体包括信息内容的筛选和组织，也包括导航信息形式及隐喻等。

（3）信息预测设计

对未来情境的预测是情境意识的最高层。情境预测通过预测环境信息的变化及未来状态帮助用户决策，情境预测精度以情境意识前两个层次的精度为基础，也与用户的经验和能力相关。在汽车导航驾驶任务中，情境预测包括用户的行程计划等，如选择哪条路线，也包括对驾驶环境和驾驶状态的预测，如转向驾驶和行程时间等。目前汽车导航功能提供的信息中对未来情境描述较少，导致所选路线往往与用户实际心理预测的驾驶情境相差较大，如用户选择最短路线，实际路线虽然最短却更加复杂，增加了驾驶负担。在汽车导航的界面设计中通过可视化手段对未来情境进行描述可以帮助用户正确预测未来驾驶情境，合理安排驾驶的行程规划。

情境预测同情境理解一样，是一个需要较多消耗认知资源的过程，需要大量的智力工作，尤其是当任务情境复杂、处理的信息量大时。情境预测与用户的经验知识也有很大的关系，需要长时记忆中陈述性知识和程序性知识的大量参与。一般而言，当经验知识足够丰富且正确性高的时候，用户形成的预测准确率也将越高。但是在多任务情境下，情境预测也受到多种因素的影响，如信息理解阶段的信息可靠性、任务时间的限制等。

预测层设计与导航信息的内容联系较强，以描述未来任务状态的信息设计为主，对用户衡量路线价值具有重要的作用。

3. 汽车导航用户心理模型及交互设计

（1）情境意识心理模型

结合心理模型要素进行汽车导航交互设计，首先需要明确心理模型在用户认知过程中的作用机制。结合心理模型相关研究及情境意识三层模型理论，可以构建情境意识心理模型。心理模型可以反映现实环境，通过提供相关经验知识帮助完成情境意识的三个层次。对情境信息感知，心理模型可以引导用户关注有用信息；通过匹配过去经验知识，可以为情境信息的理解和预测提供解释准备；而新信息通过情境意识三个层次的加工也可以补充心智模型以反映现实环境，进而参与新一层的情境意识过程。由此可见，用户的心理模型是形成高水平的情境意识的关键。

从认知心理学的角度看，情境意识的内容可以分为陈述性知识和程序性知识。陈述性知识，主要描述的是对象的属性等结构性知识，而程序性知识，描述的是行为的过程。陈述性知识和程序性知识的运用依赖于产生式规则。米琼认为不同驾驶行为由变化的行车情境引发，而这种情境触发依赖于存在于用户记忆中的情境模型，即关于过去情境的记忆，通过这种匹配从而识别情境并触发相应的行为。米琼的理论可以看出存在与用户长时记忆中关于过去情境的心理模型对用户的驾驶行为起着关键的作用。心理模型是用户对外部事件的心理构建，情境中的心理模型可以分为结构模型、时序模型和因果模型三种。结构模型包含内容属于陈述性知识，与路线规划任务知识模型中的关系和说明部分的内容相关。时序模型包含程序性知识，对应路线规划任务知识模型中的程序部分内容。关系与说明部分是路线规划的基础知识，而程序部分则是路线规划任务的结果，是对任务情境认知及决策产生的，使任务知识与结果匹配和连接的关系，即因果联系。

在汽车导航的人机交互过程中，用户任务心理模型中的结构模型是对认知对象的结构性认知，对于路线规划而言主要应用在空间关系及交通状态的认知上，是对空间关系的理解，如目的地在哪个位置或方向等，对交通状态的理解，如哪里堵车或行驶缓慢等；时序模型以时间先后顺序为基础，是用户完成任务的行驶计划，如依次要行驶过哪几段路等；因果模型是用户对行为和认知对象基于因果关系的思考。因果模型对用户理解和预测情境起着重要作用，通过模拟因果关系，用户可对问题的多个拟解决方案权衡并选出最佳方案，完成驾驶决策。在汽车导航驾驶情境意识的构建过程中，每种模式的心理模型并不单独存在，而是相互关联的。以选路为例，用户首先通过结构模型理解地图的空间特点，其次通过时序模型进行行程计划（如路线规划），最后通过因果模型权衡各路线利弊并挑选最优路线，在这过程中结构模型是基础，而因果模型中的要素来自结构模型和时序模型并对两个模型产生影响，如通过路线比较并更换新路线。

（2）应用分析

根据汽车导航人机交互过程中的情境意识与情境意识心理模型特征，对实际中的情境进行分析。用户移动任务目标为尽快到达目的地，任务子目标是通过导航系统认知与评估堵车问题，包括了识别堵车；了解堵车位置及程度；堵车结果。堵车位置和程度的认知对应着心理模型中的结构模型（基于空间位置信息），以情境意识中的感知层为主；堵车结果主要指造成的行程延迟，对应着心理模型中的因果模型（基于因果推理），以情境意识中的预测层为主，完成堵车问题的认知和评估后，用户会做出决策。如果堵车严重则避免堵车，并由此形成第二任务目标，即避免堵车，包括查看其他路线和评估备选路线，其中查看路线主要基于结构和时序模型，以情境意识感知层为主，评估路线较复杂，需要同时基于三种心理模型，以情境意识的理解和预测层为主。

三、车内空间造型中的交互审美设计关系

随着汽车工业的快速发展，汽车的功能不断增多，动力性大幅提升，并且随着汽车保有量的迅速增长，使得道路交通状况变得越来越复杂，因此对汽车的驾驶和操控也变得越来越复杂。这都使得设计工作中对驾驶人驾驶环境的改进与完善变得越来越重要。中国目前已经成为世界最大的汽车生产和消费国，各大厂商市场调研的结果都表明，对汽车内部环境的造型设计来说，驾驶、操控与乘坐的身心舒适感是消费者最为关注的。

与外部形态相比，汽车内部各种内饰件与驾乘者的直接接触更频繁，人对其认识的过程除了需要通过视觉外，还会通过触觉、体感等更多感知途径，两者间的交互审美与设计关系更加复杂。

人对车内空间环境的设计元素首先产生感觉和知觉，再通过思维和意识进行认知，进而产生情感，这就是审美体验的过程。车内空间造型设计工作需要把握人的审美体验规律并与以人为本的理念结合起来，才能达到更好的效果。这就形成了从造型的审美到审美影响造型的交互设计过程。

（一）汽车内饰造型与人的交互审美感知

汽车内饰设计是消费者选购车型时的一个重要考虑因素，它能体现车主的个性和社会地位，也经常会被作为交流的空间和场所，是汽车造型设计工作中的重要组成部分。从内饰构成角度来看，汽车内饰包括中控台、仪表板、座椅以及车身内部空间装饰等各部分。

从内饰造型设计元素划分来看，包括色彩、形体、材质、结构与工艺等，这与汽车外部形态造型设计要素的分类基本一致，但具体内容和与人的交互关系特点则略有不同。从人的感知角度来看，感觉器官接收到某种刺激信号因而对客观事物某一方面的属性产生感觉。然后大脑中对于认识对象的各种感觉会综合形成一个整体的反映，这就是人的知觉。因此知觉就是各种感觉的结合，它来自感觉并与感觉是不可分割的。感觉与知觉是人产生审美体验的起始阶段，统称为“感知”。感知属于人对事物认识的感性阶段，接下来感知获得的信息还会通过思维并与记忆发生关联，从而产生更进一步的认知、情感和意识，人对事物的认识过程逐步进入理性阶段。

1. 内饰造型感觉层面的审美特点

感觉是人脑对直接作用于相应感觉器官的客观事物所具有的某种属性的反应。对汽车内饰设计的图案、色彩、光线、声音、温度、材质等各种属性，人对其认识的第一步就是通过感觉器官产生相应的感觉。

（1）感觉种类及其与内饰设计元素的关系

感觉是指人对由感觉器官接收到的相应刺激信息所产生的基本反应，按照刺激来源分为外部感觉与内部感觉。外部感觉主要包括视觉、听觉、味觉、嗅觉、皮肤觉，其中皮肤觉又可以划分为触觉、痛觉、温度觉等。内部感觉主要包括机体觉、运动觉、平衡觉等，其中机体觉又包括渴饿、窒息、恶心等。汽车内饰造型设计的不同元素对不同种类感觉的影响关系各不相同。影响关系比较直接的包括：视觉与设计的色彩和形体关系非常密切；皮肤觉中的触觉则明显受到内饰材质肌理与弹性的影响，温度觉受材料导热性的影响；如果选用的材料有一定气味也会直接被嗅觉所感受到。其他影响关系较为间接的还有很多：内饰与车身结构设计及加工组装的工艺会影响到行车时的运动感与车内噪声等；人经由视觉看到内饰设计的色彩与形体之后也会在一定程度上对其运动与平衡感有所影响；整个内饰与车内驾乘空间的设计也会影响人体内部的感觉。

（2）汽车内饰造型艺术设计与感觉现象

人的感觉具有相应的特点与现象，设计师要对其充分把握和在造型设计中灵活运用，才能设计出更符合使用者审美感受的产品。尤其是对于汽车内饰的造型，与人的感觉的关系更加复杂和密切，因此更需要注意相应的感觉特点与现象。

①感觉的适应。在外界刺激信息的持续作用下人的感受会发生变化，人刚开始接触一个刺激信号时感觉最明显，随着相同的刺激信息一直持续，人的感觉就会慢慢减弱。在内饰设计中很多提示信息的设计就要考虑到避免感觉的适应，如对于光线或声音信号如果能够根据人的适应情况改变其强度，则会达到更好的效果。相反另一些设计则要尽量让感觉能够适应，如遮阳板等避免阳光直射的设计应当考虑到在各种角度阳光射入时都能够遮挡在驾驶人眼椭圆范围，以免因汽车转向使眼睛突然受光线直射产生视觉的不适应而导致交通事故发生。

②感觉的对比。感觉的对比也是由于外界刺激信息让人的感受产生了变化，但与感觉的适应不同，感觉对比是存在几种不同信息相互的影响，而感觉适应是只有一种信息在强度上发生变化。在汽车造型中利用感觉对比现象的设计很普遍，如有些重要的显示信息的色彩设计就要考虑色彩上的对比，其颜色与亮度应当与周围的底色对比强烈；再比如整车内饰色彩的不同搭配也会产生或温馨舒适，或沉稳尊贵，或年轻运动等不同的风格效果，从而适应不同类型消费者的审美需求。

③联觉。联觉是指一种刺激不仅引起一种感觉，同时还会引起其他感觉。例如，不同色调会让人产生冷暖、轻重、软硬、动静等不同感觉，如路虎揽胜车型为消费者提供的多种不同颜色搭配的内饰色彩方案，不同颜色会产生不同的联觉。一般而言，咖啡色调更容易让人感觉到温暖；白色调更容易让人感觉到凉爽和轻快；黑色调则让人感觉沉稳；而撞色的搭配又会让人产生活跃与运动感。

④感觉的后像。感觉的后像就是刺激信号消失后还会持续一段时间的感觉现象。内饰设计中也要充分考虑到何种设计元素会引起这种感觉现象，并加以合理运用。

2. 内饰造型知觉层面的审美特点

知觉是客观事物直接作用于感觉器官产生相应感觉后，在人脑中对这一事物形成的整体反映。人对汽车内部空间设计的感知往往就是各种感觉结合到一起形成的一个整体的印象，因此在设计工作中，我们需要理解和掌握知觉的相关特性。

（1）内饰设计相关的知觉特性

知觉的基本特性主要包括整体性、选择性、恒常性和理解性。

①知觉的整体性。知觉既然是人脑中对某一事物形成的整体反映，因此必然具有整体性。整体性这个特点从认知心理学的角度来看是知觉的一个特性，而从美学法则的角度来看则是变化与统一、整体与局部的辩证关系，是这些美学法则通过人的感知发生作用的美学心理机制中的一部分。因此我们发现，从这两个不同切入点所进行的研究，其中的内容却是有密切关联的，实际上，所有有关车身造型设计的理论、研究和方法都是相互联系、共同发生作用的，这也正是人的感知和认知的整体性的一种体现。

②知觉的选择性。这是指外界事物往往同时发出很多刺激信息，但是人在同一时刻知觉的范围有限，因此会根据需求选择其中一部分作为主要对象，而把另一部分当作背景只是比较模糊的去感知。例如，在日产 Intima 概念车内饰设计中，蓝色液晶和仪表显示的内容在色彩上明显与周围偏棕黄色调的设计形成对比，使得其内容很容易就成为人知觉选择的重心。这种设计充分把握了知觉的选择性，有利于驾驶人驾驶过程中把注意力集中在需要的信息上。

③知觉的恒常性。这是指在某些情况下被感知的事物的信息发生了变化，但是人对其知觉的映像却会保持稳定不变的特性。例如，开车时路边的树木在我们视网膜的投影是近大远小的，但是我们不会因为远处的树木投影小就认为远处的树更矮；再比如通过后视镜看到后方的车辆，在后视镜中的影像会比直接看到的要小很多，但是司机也不会认为后视镜里看到后方的一辆卡车比其他时候看到的车身体积更小。

③知觉的理解性。当我们在知觉某事物时总是想理解它是什么，总是想用一个标签把它标识出来。也就是说人总会通过过去的经验来对感知到的事物加以解释。

奔驰汽车公司在第 65 届法兰克福车展上发布的 S 级 Coupe 概念车的内饰设计，与日产 Intima 概念车同样采用了蓝色发光设计，但其中控台、两侧车门，以及座椅周边加入的蓝色的发光带更具装饰感，再搭配上黑底色的一体显示面板和白色内饰主色调，让人联想到科学电影中未来实验室的风格，因此在心中自然会给其贴上科幻、科技、未来、整洁这样的标签。

（2）知觉的种类及其与内饰设计的关系

知觉根据其内容可以被分为空间和时间知觉，以及运动知觉和错觉等。其中与汽车内饰造型设计关系比较密切的知觉主要是空间知觉，同时设计中也常常需要考虑和合理运用错觉等现象。

空间知觉是对汽车内饰造型感知最基础的部分，也很容易理解。可以说人在感知一辆汽车内部空间的每一个部分时，都必然存在着空间的知觉，而无论是驾乘空间的大小是否感觉舒适、各部分储物空间是否方便、各部分尺寸和比例是否和谐、显示和控制按键的尺寸是否合适，这些问题都需要通过进行合理的设计布置以达到良好的空间知觉来解决。

另一个在内饰造型设计中需要注意的问题就是错觉。错觉是在特定条件下产生的对客观事物知觉的歪曲。不同于幻觉这种受到主观意识影响的情况，错觉往往是由人的生理特点所决定的，带有固定的倾向性。只要具备产生条件，错觉是必然会产生的，通过主观意识是无法克服的。各种视错觉现象及其运用正是设计心理学中最基本的部分。

在汽车内饰造型设计中利用视错觉原理，如控制面板上安装同样尺寸的液晶屏，如果想要让其面积显得略大一些，那么边框的粗度、厚度以及附近按键的大小就应该设计的略小一点。除了视错觉外，其他感官错觉现象也可以在内饰造型设计中加以运用，如同样材质的按钮，采用不同色泽和表面的处理效果就会产生不同的软硬、轻重等知觉。错觉现象是造型设计中常遇到的重要现象，设计师应该学习和掌握各种错觉现象并在实践中不断尝试，从而将其灵活运用到设计中去。

3. 内饰设计的审美感知运用举例

人对内饰的感知过程中往往是各种感觉和知觉综合在一起的，因此下面举几个综合的例子加以说明。

例如，福特汽车公司在2014年米兰时装周上发布的S-MAX Vignale概念车，它使用独特的内饰设计风格，其设计元素从视觉上讲，颜色是全黑的，首先有种强烈的整体统一视觉感，同时也会令人产生稳重可靠的联觉。中控台设计的线条与图案采用有圆角的梯形，视觉风格统一，控制区域分布明确，并和座椅与扶手上的菱形格子搭配和谐。触觉上因其内饰大量采用材质柔软的真皮，舒适柔软感很强。座椅与扶手上格子的压线所形成的一个个菱形凸起，不仅形成视觉上的图案，同时也让人一看到就会产生一种柔软有弹性的联觉，这与触觉相互补充，进一步增强了该车内部空间设计的舒适感。在整体黑色背景下，只有液晶仪表板与显示屏有彩色的内容，这又形成强烈的感觉对比，让显示内容自然成为人知觉选择的主要部分。综合起来通过人的感知形成了沉稳、舒适、柔软的风格，很能迎合较年轻人群的喜好，同时又适合家用车的定位。

同样是整体黑色为主色调，但装饰图案、线条、布局和材质等设计元素的不同可以造就完全不同的内饰感觉，如捷豹 C-XF 未来版运动型轿车概念车，与其外表大胆的、富有进攻性的造型相呼应，其内饰设计同样也是充满运动与现代感。其设计元素从视觉上讲，颜色仍然采用全黑色，但不像 S-MAX 那样具有整体感，因为其中部平行环绕的发光线条将上下分为两个部分，同样中控台尤其是换挡控制板的造型也具有特色的分割线条，并与座椅头枕和方向盘辐的造型相呼应。其控制区域色彩与分布同样有对比设计，可以形成明确的知觉的选择。而触觉上的设计 C-XF 则与 S-MAX 相反，大量采用具有结实坚硬感的材质，视觉上大面积方正区域与大量直线条的使用也同样增强了硬派的联觉。令人明显在知觉的理解上与硬朗、刚毅、现代、速度等标签联想到一起。这正符合捷豹汽车以运动与速度为特色的高档性能轿车的定位。

再举一个浅色内饰的例子，如丰田汽车公司与法国建筑大师吉恩·马利·马索（Jean Marie Massaud）合作设计的 ME.WE 概念车，这款车以时下流行的环保概念“反过剩”为主题。这款车的内饰充分体现了家居与环保的设计。整体视觉上是柔和舒服贴近自然感的色彩，形体与布局也很具有家居生活的感觉，甚至车内座椅就像是一款家里的布艺沙发、地面就像是家中的地板。材质的视觉与触觉上也同样充满自然感。这样的设计充分利用了联觉的特点、知觉的整体性与理解性，处处体现出自然、素雅、舒适与家居的感觉。

（二）车内驾乘环境的用户审美体验与设计

1. 车内驾乘环境与审美体验

汽车产品与其他产品相比具有一个明显的特点，就是人在使用汽车的过程中基本处于这个产品自身所构成的完整空间之中。而在现代社会中，人们处在这个空间中的时间越来越长，因此研究人处于这个空间环境内的审美感受问题是非常有必要的。

（1）车内驾乘环境

汽车驾驶与乘坐的内部环境是指在人驾驶和乘坐汽车的过程中，一直所处于的车身内部这个空间环境。车内驾乘环境首先可以分为敞开式与封闭式两种。

敞开式的环境是指像敞篷汽车或高尔夫球场无车门式的电动汽车这一类，而封闭式环境显然就是整个车身可以完全封闭的。除此之外还有行车时敞开车窗或一些有很大的全景天窗等情况，为了研究方便我们把这类环境看作在封闭式环境为主的基础上增加外界信息的一种环境。人对于敞开式驾乘环境的感受相对而言受车外的环境与景物影响更大，而封闭式驾乘环境则基本为驾乘者提供了一个独立的空间。在各种车辆类型和使用情况中，车内空间属于封闭式驾乘环境类型的占比较大。

车内驾乘环境是可以被驾乘者感受到的整个空间环境，因此其构成不仅仅指整个车身内部的各组成零部件，同时还要考虑车内的光线、空间、空气、温度、声音与震动等各种影响人的感受部分。

（2）车内空间的驾乘体验

体验是指人在生理和心理上对其所经历的事物以及环境的一种综合感受与情感反应。从这个定义可以看出，如果这种体验是一种舒适、愉悦的感受，那就正符合美学中的美感，因此审美中的美感与体验中的感受在概念上具有很大的重叠，只是因为从不同视角出发，关注的重点有所不同。体验是人对某种刺激所产生的内在反应，它不是凭空产生的，而是跟人的感知相关的。在实际驾乘情境中，驾乘的审美体验往往是多种感知结果综合起来，这是对外界刺激所产生的直观感知的综合感官体验，这种即时性的反应首先产生了一种不能够长久持续的表层体验，然后如果这种表层体验能够进一步上升到心理和精神的层面，就会被转化为更深层次和更持久的情感体验。

对体验所进行的划分，从不同学科入手可以有各种不同的角度。例如，史密特（Schmit）从心理学的角度出发把消费体验划分为五种形态，包括：感官、情感、思考、行动和关联的体验。

目前在汽车内部环境造型设计领域中，尚没有系统化综合运用用户驾乘审美体验的具体思路与方法。

2. 用户体验设计及其应用与发展

（1）体验经济与用户体验设计

用户体验设计（UED）的概念最早出现在体验经济领域，体验经济最早则可追溯到19世纪70年代。在《未来的冲击》一书中写道：“服务业最终将超过制造业，而体验又会超越服务业成为经济的主要形式。”在1999年出版的《体验经济》一书中则指出：“体验经济是继农业经济、工业经济与服务经济阶段之后的又一突破性阶段，这几个不同的经济阶段都具有明显的时代特征。”21

世纪初 Window XP 的出现宣告了人机交互时代的到来。随着企业逐渐意识到体验经济模式能够给人带来更好的使用感受从而有助于产品的销售，越来越多的企业开始关注产品体验的研究，力图为顾客提供更好的产品体验。

（2）用户体验设计及其内容

用户体验设计的目的就是将使用者的参与融入设计之中，使消费者在使用产品的过程中感受到令其满足的身心感受。从总体角度来看，用户体验设计内容主要包括：人的生理、感知与情感，产品的使用功能、艺术功能与物质技术条件，物质、社会与文化环境的影响等。

在用户体验设计过程中，需要综合考虑产品的设计、人的活动、环境影响等多个方面，各方面的因素又都是基于个人的个体或群体的知识技能、性格特点、期待愿望等，在设计中需要对它们进行统筹规划。一般的体验设计工作要求做到：在设计前积累足够的用户体验数据、在设计中应充分考虑到用户的因素、在设计后进行用户体验测评、把经过分析与更正的产品再次投入市场以增加其生命力。在产品体验设计的调查中，要尽可能实现用户对实物和实际环境的亲身体验与测评，避免单纯依靠填写调查报告所得的数据。

（3）用户体验设计理念与行业协会的发展

国际可用性专业协会于 1999 年成立，第一届以“未来视野”为主题的年会在美国举行，自此每年年会都围绕着用户体验设计展开，讨论了“人性化设计”“无处不在的可用性”“模式：可用性的蓝图”“将可用性带进生活”“设计，拥抱变革”等主题。中国的可用性专业协会于 2004 年成立，开始致力于推动用户体验在中国的发展与提高，通过每年举办的“User Friendly”国际用户体验大会和自 2009 年起开始举办的“UXD Award”中国用户体验设计大赛，为中国的用户体验专业人员、产品经理以及关注用户体验行业发展的人们提供了一个专业的学习交流平台。

（4）用户体验设计方法的企业实践

在企业方面，目前已经出现了很多专门致力于用户体验设计的知名公司，如 1991 年成立的 IDEO 公司就是一家专业设计公司，始终秉持将用户体验深入设计中的理念。该公司已经拥有来自品牌战略与产品体验、工业设计、人机交互、人因与服务设计等不同领域的多位专业设计人员。还有很多大公司也逐渐加大对用户体验设计的重视，如 20 世纪 90 年代 IBM 公司就开始开发用于测试用户体验的方法，用户体验部门在其公司里也越来越重要。目前 IBM 公司正着眼于发展有“智慧”的公共安全、交通、能源、医疗、教育等产业，希望将人们的生活与产品联系起来，从而为用户提供更加舒适与联通的生活。

（5）用户体验设计在汽车行业的现状

在汽车设计领域，人机交互设计、汽车商品性与主观评价等都是汽车产品开发过程中考虑用户体验的重要工作，但是目前还没能够把用户体验作为贯穿于整个产品开发过程的设计理念。很多汽车企业也已经逐步意识到用户体验的重要性，意识到面对未来越来越激烈的汽车产品市场竞争，用户对产品每个细节的使用感受要求将越来越高。因此，研究和提供适合于汽车企业产品设计的用户体验设计理论与方法是当前的一个重要任务。

3. 车内空间驾乘体验设计思路与流程

（1）结合用户审美体验的造型设计总体流程

在传统汽车造型设计流程中，仅仅通过对市场进行观察研究来确定设计定位与决定设计方案是远远不够的。要想取得汽车造型设计的创新性成功，就需树立以用户为核心的设计思想，并将其融合进汽车造型设计流程中。因为无论是对于汽车外部形态、车内空间，还是对于操控界面的造型设计工作，把用户审美体验融入设计流程中的总体思路都是相同的，因此可以给出融入体验设计思路的造型设计工作总流程。在这个流程中，首先从用户期望的角度出发来研究目标消费者的文化与传统、价值观与期待、生活方式、审美观等，从而了解其对产品艺术价值的需求，以此进行产品造型设计艺术风格的定位。然后要了解用户对产品的使用动机、过程和结果，掌握用户的学习过程和与产品交互行为的规律，通过用户的评价反馈信息来确定产品设计原型及其设计特征。在产品设计方案的选择、改进与确定过程中，要把用户的感受和评价结合到设计流程中，掌握用户对每种造型方案的审美感受，并进行分析与评价。在产品量产上市后，仍需紧密关注用户体验，不仅要在品牌形象塑造、广告宣传等营销活动中体现目标用户的价值和期待，还要注意选车与购车用户的反馈信息，以便指导新产品造型设计与改进。

（2）结合用户驾乘体验的车内空间设计方法

①设计定位与原型工作。它主要包含在一般造型设计流程中的设计策划阶段中，主要包括产品规划、造型策划、概念提出以及对造型提案的选择与确定等。

对于大型汽车企业来说，产品规划首先是建立企业产品的系统框架，然后是具体规划出每一款新车型，车内空间造型设计则要给出其设计要求、造型的特征与方向。企业产品系统中往往有几个不同定位的品牌构成，每个品牌下又包含了一系列不同车型。在对这些产品的内部空间进行设计规划的过程中，传统工作方法，首先会依据企业产品发展规划结合市场调研数据来对市场进行细分，不同品牌可以区分出不同审美趣味的消费群体，在一个品牌下的各款车型又针对不同价位和审美层次的需求；然后针对细分市场中现有车型内部空间设计进行竞品分析，从现有车型设计的不足之处寻找突破点，提出新品应该达到的各项指标。上面这些分析内容的基础都是以往的市场情况，所规划出的车内空间造型方向依靠比现有车型增加的一些优势，因此往往适合于跟随型的企业。但是如果想要在产品规划阶段就能够在造型设计上有所创新与突破，就要在工作中增加用户审美体验设计的思路。在对不同细分消费群体的研究中，从用户特点出发寻找用户对新车型驾乘空间艺术功能的需求，即用户需要驾乘空间给他们带来什么样的审美感受，然后再反过来列举各种造型艺术特征会让用户获得什么样的体验，以此通过用户与产品两方面的对应，寻找出新车型驾乘空间的造型方向。

即使是一个消费群体，个体也存在着差异，为了设计工作中的实用性，需要根据这一群体占优势比例的特征来假想一个典型的代表形象。用户角色模型是针对某个细分市场人群的一个典型形象，其基础应该源于对该人群中的典型人物的细致观察与研究。设计人员在设计工作中要注意每个设计方案都能够进行换位思考，把自己带入用户角色的位置，体会其对各种造型所产生的审美体验。

当规划出一款新车型驾乘空间造型应该具有的各项特征之后，就要考虑如何实现这些特征，这些特征应该能够指出该细分市场用户对车内空间造型设计的艺术功能方面的期待，下一步造型设计工作就是针对这个期待给出具体的车内空间造型策划，进而发挥创造性思维，尽可能给出各种符合目标的概念设计提案。接下来要对各个提案进行分析评估，请企业中的管理、市场、技术和造型各方面专家进行评审，同时也要从典型消费者中选择一部分人来对各个方案给出意见。只有在评审中充分考虑消费者的体验，才能选择出最符合用户审美体验的车内空间设计艺术原型，为下一步具体造型设计实施工作选择出最好的方向。

②设计改进与定型工作。它主要包含在一般造型设计流程的设计实施过程中，主要包括各部分造型设计工作的进行、改进与最终设计方案的确定完成。

车内空间的具体设计实施阶段包括了车身工程布置工作，以及内饰造型的型面、空间、颜色、肌理、光线、材质等设计工作。这是一个系统性的工作，其设计结果是对多个工作部分的多层次、多方面的协调与汇总。在这个过程中融入用户审美体验设计的方式主要包括：第一，在设计工作中各位设计师都要遵循前面工作所确定的原型方向；第二，各位设计师的设计都要尽可能把自己带入典型用户角色模型来进行换位思考；第三，整体造型设计方案的评价与改进工作要让典型用户参与其中。

典型用户参与车内空间造型设计的评估，主要是通过请他们观看设计二维和三维效果图，以及亲身处于车内空间模型的环境中进行体验。因为设计条件与成本的限制，大多时候没有完整的模型，这时候就要求在选择典型用户的时候考虑其对设计效果图的感受特点。比如，尽可能选择具有一定看图基础、能够比较好地理解图像和真实情境差异的用户。同时也要尽可能让设计效果图呈现的内容接近真实感觉，避免过分夸张写意的绘画风格和不现实的空间变形，光影和表面材质肌理效果的渲染不能为了画面的好看而不顾现实中能否达到。在有条件的情况下，抽取典型用户亲身试乘试驾模型或样车，通过他们的亲身感受对车内驾乘环境设计给出意见。另外，在此过程中还要注意设计方案用户评价问卷或评价指标设计的合理性，以便得到最真实有效的结果。

通过典型用户参与车内空间设计评估，得到设计改进意见，就可以进一步改善设计方案。设计改进是一个多次循环的过程，通过一次次改进才能逐渐接近最符合用户感受的设计效果。当最终造型设计方案确认进行冻结之后，还有产品工艺设计、产品生产等内容，在这里就不再详述，接下来直接讨论所设计产品上市的阶段。

③产品上市与上市后的工作。这是指从产品设计与生产安排已经完成准备推向市场开始，包括产品与品牌推广、产品销售以及售后的信息反馈。

在产品与品牌形象的宣传推广工作中，也应当充分考虑用户审美体验的内容，这时候能给用户带来审美感受的是商品展览的安排布置、广告宣传的信息内容、品牌形象中赋予的含义等。不同品牌与定位产品的内部驾乘空间的造型风格各不相同，因此在其宣传广告中给消费者传达的产品艺术特色也就各不相同。

在产品销售过程中也同样应当充分考虑用户体验，各大汽车厂商经常举办试乘试驾活动就是为了这个目的。试乘试驾以及购买者使用中反馈的内容也包含了大量有价值的体验信息，如驾乘者也许会反映不喜欢车内空间某些内饰搭配风格、某个部位材质偏硬缺乏品质感、某块驾驶台位置表面反光影响视野等。对于这些用户体验信息，企业应当重视收集整理并进行研究分析，对于试乘试驾人员的反馈要区分其是否属于目标消费群，对于已经购买产品的使用者，也可以说是目标消费群体的一员，因此他们的用户体验反馈信息既是对之前产品设计方法与方向的检验，又是接下来产品升级换代、改款改型乃至针对该群体的新品推出时的重要参考信息。

总之，在车内空间设计流程中，结合运用用户审美体验设计的方法，就要做到尽可能让目标用户参与对驾乘空间的实物与实地体验。设计前期要对用户体验信息进行积累，建立用户模型，在设计中应充分让用户参与评价与改进，在设计后搜集整理用户对产品体验的反馈，在新一代车型中经过分析更正的产品再次投入市场，从而不断提高用户体验满意度、增加产品生命力。

（三）车身工程布置与设计审美的辩证关系

车内空间造型设计工作既包含了艺术设计部分又包含了工程设计部分，两者需要相互协调与配合才能最终达到最理想的造型设计效果。

1. 造型工程布置与艺术设计的差异

车身造型工程布置与造型艺术审美设计都是完成一款汽车产品的车身造型时所必需的工作，其中车身工程布置主要是指车内空间的人机工程布置，而造型艺术审美设计显然就是指车内空间交互审美体验设计有关内容。因为无论是针对整个车辆还是其内部空间范畴，其工程布置与艺术设计方面的差异基本都是相同的。车身造型工程布置与艺术设计的差异主要可以从其有关的工作、思维和科研内容角度加以探讨。

（1）车身造型人机工程布置与艺术设计在具体工作方面的差异

首先，从工作目标来看，车身人机工程布置主要目的是实现更好的产品使用功能，而车身造型艺术设计的首要目标是实现产品的艺术功能，两者因为目标的不同而造成工作方法与内容等方面都有差异，但是要注意的是产品的使用功能与艺术功能也是密切联系的，能够给驾乘者带来很高审美体验的造型也会对使用感受的提高起到重要作用。

其次，从完成工作的人员来看，车身人机工程布置主要由车身工程师与人机工程师来完成，而造型艺术设计主要由创意设计师与造型设计师来完成，这就产生了对设计人员能力要求的差异。

最后，从工作中主要使用的手段与工具来看，车身人机工程布置工作中有大量的数据测量与工程计算内容，需要使用专业的工程设计仿真软件等工具来完成，而造型艺术设计首先要求设计师有良好的绘画基础、能够手绘表达自己的构思和创意，然后还需要使用造型设计软件完成设计效果图与建模等内容。

（2）车身造型人机工程布置与造型艺术设计在运用思维方面的差异

车身造型人机工程布置关注精密的尺寸配合与严格的力学分析等密切关系车辆安全、舒适、动力、操控等功能的内容，因此要求设计人员必须严谨、细致、力求结果精准，所以必须具有良好的理性逻辑思维能力；而车身造型的艺术设计首要目的是对艺术风格的把握、创造，带给用户更高的审美体验，激发用户对该产品的喜爱之情，因此设计师必须能运用想象力、创造力，必须能对消费者的想法感同身受，因此其思维方式是以感性思维为主并辅以理性思维的，只有能做到把感性与理性思维相结合才能设计出具有更高审美价值的汽车造型。

（3）车身造型人机工程布置与造型艺术设计在科研方面存在的差异

首先，车身人机工程方面的学科研究基础以机械、工程为主，而造型艺术设计以美学、设计学为主，当然两者具体研究中也会涉及部分交叉学科的基础知识。

其次，在研究创新的方向与领域上，车身人机工程主要体现在是否能够发明及使用有助于改进车身功能的新工艺、技术、材料、结构或工程设计与仿真的新方法与工具，而造型艺术设计主要体现在对美学与设计学理论的突破、以理论突破为基础的新造型设计思路方法与工具等。

最后，从理论创新在实践应用中的表现来看，车身人机工程布置方面的创新往往比较直观和具体，如运用新工艺新技术改良产品或使用新材料新结构提高使用性能，这些成果都是看得见摸得着的，而造型艺术设计方面的科研创新有很大一部分是思想与理论的创新，起作用的方式是让设计师通过理论学习提高审美修养或者通过掌握更好的设计思路与方法从而提高汽车产品造型的艺术效果，因此，这方面创新成果的效果往往不是非常直观的，而是比较间接的，需要仔细领悟与体会。

2. 造型工程布置与艺术设计的联系

车身造型的工程布置与艺术设计的联系主要体现在两者在工作中需要注意相互配合，同时也要注意工作中两者间产生的相互影响。

（1）车身布置在工作流程上与造型艺术设计的相互配合

车内空间人机工程布置主要集中在整车开发流程的策划阶段与开发前期阶段。汽车产品的开发周期根据车型及开发类型的不同而不同。对于一个全新平台大概 48 个月的开发周期来说，首先进行的是项目策划。这一阶段是通过市场调研来确定目标用户特征，选择开发车型的竞品车型和对标车型，对竞品车型和对标车型进行分析、测量和静态性能评价、动态性能评价，初步定义待开发车型的商品性能。在这个阶段中艺术设计工作也是并行的，如对目标用户进行的市场调研工作中既要包含造型使用功能的部分也要包含艺术功能的部分，对竞品车型进行分析时既要分析其材料、结构、尺寸、技术等工程因素，也要分析研究其造型的艺术风格、形象定位、美感特征等艺术因素。

接下来是通过对产品定位对标的结果来初步掌握所开发车型的工程目标，从而制作出造型初版总布置图。在初版总布置图中的内容包含整车的长、宽、高尺寸，以及其轴距与轮距、前悬与后悬、接近角与离去角、发动机罩上的C点和后行李箱盖上的D点、门洞的轮廓线、眼点与眼椭圆、头廓的包络面与头部空间、前后的R点、前后视野、人体模型的轮廓线、肩肘臀等部位的空间以及转向盘中心点、换挡手柄各挡位和手制动手柄的位置，以及内后视镜位置等。然后需要使用人机工程软件进行初步的验证与分析等工作。造型总布置给出的尺寸数据正是艺术设计必须遵循的依据，车身艺术造型的各种变化需要在尺寸硬点的限度内进行。

接下来进入开发阶段前期，这时候要开始对汽车初步造型面进行人机可行性的分析。通过手伸及界面来分析手操纵件的布置合理性，通过头廓包络面来分析乘员的头部空间设计，通过眼椭圆和眼点来进行驾驶人的视野校核。需要搭建人机台架，通过人机台架来评价各不同人群所对应的人机状态，验证前面提出的初步总布置方案的可行性，并且对总布置进一步优化。在同步并行的造型艺术设计工作中，也要通过评测用户审美体验来评定其艺术效果，要充分考虑如何与工程方案的效果相结合，相互协调，直到造型冻结的时候，车内空间的人机工程布置与造型艺术设计方案也应该冻结。

（2）车身人机工程布置工作内容与造型审美设计的相互影响

车身布置工作中的人机工程设计会决定该车乘坐的舒适性、操纵和上下车的方便性，以及驾驶人视野等整车所具性能，同时这些性能也会在一定程度上受到造型艺术元素审美效果的影响。

不同车身布置顺序对造型艺术设计内容的影响。根据开发车型属于全新还是换代升级的不同，车身布置的方法与过程也各有不同，主要可概括成由内到外和由外到内的设计方法。面对全新车型开发会采用由内到外的布置方法。要先确定人体模型和定位人体模型的整车位置，然后在满足人体乘坐舒适性与操纵方便性的前提之下，进行车内的零部件布置工作，最后再确定整车的尺寸。在确定了车内车外尺寸的基础上，进行造型艺术设计就有了依据，艺术风格可以在一定范围内进行各种组合变化与尝试。对于换代升级车型一般采用由外到内的布置方法。一般是需要先确定整车外部的尺寸，然后再进行车身内部空间布置工作，并且要尽量去满足整车乘坐所需的舒适性，保证驾驶人操纵和上下车的方便性、视野等要求。其造型艺术设计也要受到更多的限制，往往采用局部改进与替换升级的方式来进行。

车身布置对象及其对造型审美的影响。车内空间造型布置工作中的人机工程对象，主要可分为车身尺寸与车内乘坐空间、驾驶人操控布局与位置、驾驶人视野这三个大方面。

车身整体尺寸主要包括长、宽、高尺寸，以及轴距与轮距、前悬和后悬、接近角和离去角、发动机罩C点和后行李箱盖D点等。这部分尺寸是车身外部形态造型设计的主要硬点。

在车内乘坐空间部分的人机工程设计中，要进行的是驾驶人的姿态及R点的设定，然后是H点和座椅行程设定。然后再对车内各部分尺寸进行设定，这是非常详细的内容，如其主要涉及：前后座乘员在30° 方向上的头部空间尺寸，还有前后座乘员的竖直向的头部空间，后视、水平向的头部空间，以及前后座乘员头部、肩部、肘部、躯干、腰臀部、大小腿等部位的有效空间，还有前排R点到踵点的水平距离尺寸、前后排的R点水平距离尺寸等。这部分尺寸决定了汽车内饰、座椅等大部分造型的基本尺寸，无论其造型艺术风格如何都需要首先满足基本生理层面的人机关系，在满足了人体尺寸与车内空间尺寸的配合基础上，再考虑的是人体形态与内饰造型的吻合，在此基础上进一步才是考虑如何提高造型的装饰效果。

驾驶人操控布局与位置是为了实现操纵的方便性，这是一种综合人机性能。主要包括了：方向盘、踏板、换挡手柄与驻车制动手柄、各种开关、拨杆、按键、旋钮、显示屏及空调控制面板、出风口、储物格等零部件的布置。这部分有关造型艺术设计的内容非常丰富，而且与汽车驾乘的工效与审美体验都密切相关。

3. 综合评价与造型设计目标的达成

车内空间人机工程布置工作初步完成后还需要对人车关系进行校核与评价，主要包括进一步改善和优化人机性能的各部分校核，以及从综合角度进行的主观评价。在造型艺术设计部分也同样需要对用户的审美体验进行评价。因此两者可以相互配合，以达到最终实现更好的造型设计效果的工作目标。

（1）改善和优化人机性能的校核工作

对于保证驾乘人员舒适、健康和高效地使用汽车产品，提高汽车造型在使用功能上的宜人性是非常重要的，主要包括：前方视野校核、仪表视野校核、后视野校核、操纵件伸及性校核、进出方便性校核、乘坐姿势舒适性分析、动态视野分析，其他如罩盖校核的分析等。设计中的校核工作目前借助于Ramsis、Jack等软件对驾乘人员进行计算机辅助仿真来完成已经非常普遍。借助软件的人体模型数据库，可以根据需要建立详细的CAD人体模型。然后就可以模拟驾驶人的行为，还可以编辑约束条件来调整人体姿态进行各种特定的人机操作任务。在满足汽车造型使用功能的宜人性基础上进一步需要满足的就是汽车造型艺术功能的宜人性，因此有关汽车造型综合体验评价的内容基本是在人机性能的校核完成之后进行的。

（2）车内空间布置与审美体验结合的综合主观评价

在对车内空间的人机工程布置进行主观评价时，对于已经有样车或成品车型的情况，可以直接安排评价人员进行测试。但在设计工作的前期往往没有成品，这就需要利用搭建如人机台架的物理模型来进行测试，搭建相应布置尺寸的模型之后，选择不同身高尺寸的人员亲身进行测试。反复制造物理模型或样车也需要很多的费用，为了节省费用，在一些企业和大学的研究室中会设计出可变参数的人机台架模型。这样对于每一次设计，都可以先将模型调节到相应参数上，然后通过人员测试得到结果后，就可以对模型参数直接进行修改和再一次的测试。

显然这个阶段是无法进行实物造型审美体验评价的，但是造型艺术效果审美评价也是需要的，主要是通过请典型用户观看效果图给出感受意见来完成的。当制造出样车之后就可以把人机工程与造型审美评价结合起来进行。

总之，正因为汽车造型既包含使用功能又包含艺术功能，所以汽车造型设计中综合考虑车身工程布置与艺术设计的内容是实现良好设计效果所必需的。这就要求工程师和设计师们既能够明确区分其工作目的、内容、方法上的不同，站在自己的角度完善设计工作，又能够理解两类工作间的密切关系从而在设计团队内进行充分交流与合作，这样才能达到最好的汽车造型设计效果。

第五章　视觉与显示设计：电动汽车仪表板设计

第一节　汽车人机交互界面视觉与显示设计

一、汽车信息显示设计的发展

仪表板是汽车信息显示的核心部件。经过百年的发展，汽车的信息显示经历了以下几个阶段。

最早的汽车交互界面视觉显示是基于机械形式的显示，通过带有刻度的仪表板、指针进行显示。随着电子技术的发展，逐步增加到以点阵和块阵为基础的电子显示，只是在汽车中运用得不多。自 20 世纪 90 年代以来，开始逐步使用真空荧光显示器（VFD）以及在中控台区域使用 LCD 显示器。在此基础上，薄膜晶体管（TFT）显示器自 2005 年第一次在车内使用以来，已逐步成为汽车显示设备的主流选择。特别是随着电动汽车的发展，数字显示取代机械和电子显示已经是当前汽车仪表板和中控台视觉显示设计的重要发展方向。

除了在传统的仪表板和中控台进行显示以外，当前，汽车交互界面显示器的一个主要的发展就是平视显示（HUD）。平视显示将显示的信息直接投影到前挡风玻璃上，进而产生虚拟图形。

平视显示在很大程度上解决了当前驾驶人查看汽车显示设备时需要视线扫视带来的安全隐患。

当前，平视显示技术主要应用在较小区域内，而较大视角和类似接触式显示的平视显示器正在研制中。平视显示不能取代主要的仪表组合，但是在安全信息和界面交互的视觉体验上具有优势，特别是平视显示和增强现实技术结合可以创造出良好的用户体验和艺术效果。

当前，有很多试验性的显示方式由交互设计师和电子工程师共同开发出来。

例如，丰田汽车公司的“Window to the World”和通用汽车公司的“Windows of Opportunity”两个概念设计项目，开发了在汽车侧窗进行显示的技术，乘客可以在侧窗进行人机与信息交互。

上述显示技术的发展，使得无处不在的显示已成为未来汽车人机交互界面显示设计的重要方向。

二、汽车信息显示的复杂性

从信息交互的角度看，汽车人机交互界面的信息显示的核心在于前方路况的自然显示和辅助驾驶的人工显示。但随着大量信息系统进入汽车，车内外信息交互与娱乐显示，以及移动设备与汽车的整合显示，都已经逐步成了汽车显示的主要内容。

显示方式在汽车人机交互界面信息内容、信息维度、显示位置、显示形式上均呈现较大的复杂性，特别是由于信息内容多、信息显示位置变化大，使得驾驶人会离开驾驶的主要视觉注意带，造成驾驶安全的隐患。

除了安全性以外，虽然适度的复杂性可以提高车内的用户体验和驾驶体验，但过于复杂的信息显示也可能会对用户体验产生不良的影响。

三、汽车人机交互界面视觉信息组织

信息架构与组织是视觉与显示设计的基础。一方面，汽车交互界面所面临的情境复杂，需要为驾驶人提供的信息量比较大；另一方面，为了确保驾驶安全，某一时刻提供的信息又不能干扰驾驶人的驾驶行为或使驾驶人分心。这就使得汽车交互界面的信息组织从总体上看，呈现出显示数量有限但层次较深的组织结构，即窄而深的结构。

（一）情境信息组织

从人的角度看，汽车交互界面视觉信息组织的首要原则是浏览信息时人的视线不会偏离前方道路，因此平视显示是一种能够提高安全性的重要显示方式。通常，与行车实时情境和当前操作密切相关的信息，会根据所出现情境在平视显示器中显示，即层次结构信息通过情境进行组织，在合适情境时出现，为驾驶人的交互行为提供驾驶辅助和提醒。例如，正在进行的音量调节、危险距离警示、车况异常警告等。在具体布局上，与驾驶辅助直接相关的信息（如导航路径指引）属于驾驶过程中的重要信息，可以置于平视显示器的主视野；而与驾驶不直接相关的实时交互信息（如音量调节等）属于驾驶过程中的次要信息，要求显示能对驾驶人提供足够大的视觉刺激并保证一定的视觉觉醒，一般宜置于平视显示器的次视野区。由于上述信息均为认知类信息，可能和路况信息相冲突，而且人在驾驶过程中的视觉中心还是在前方路况，因此信息的显示需要在固定位置呈现，便于驾驶人形成固定的视觉信息认知反馈。同时，在显示设计时可考虑面板布局带来的心理认知模式匹配，如音量调节等实时操作控制器通常位于显示器下方，相关操作信息适宜在显示器下方次视野区呈现。如果平视显示还没有广泛应用的情况，这些信息主要显示在仪表板区域内。而仪表板浏览需要驾驶人转头扫视才能完成，视点偏移大，因此，这些信息在呈现上必须采用更加简单的方式。

（二）状态信息组织

状态信息一般是指与行车直接相关的信息以及车外信息和娱乐信息等。这类信息数量相当多，涉及众多方面和维度。状态信息一般置于仪表板和中控台，而不出现在平视显示区域，以避免驾驶人分心。在信息组织上，首先，根据重要性原则进行信息组织，将与行车密切相关的信息（如速度、转速等）放置于主要显示区域；其次，根据使用频率原则，由用户自定义哪些信息应该呈现在哪些区域。这些信息呈现深度分类结构，通过自定义方式由用户选择显示的信息。例如，IDEO 为福特汽车设计的驾驶仪表板界面，其中速度、转速等重要信息置于仪表板主要位置，其他使用频率较高的信息可由用户通过方向盘操作设备进行自定义选择。

（三）复杂操作信息组织

在驾驶环境中，还有一类信息是与当前移动互联网信息和智能交通信息服务密切相关的复杂性操作，如撰写短信、查阅新闻等。这些信息虽然和驾驶没有直接关系，但已成为提升汽车驾驶愉悦和体验的重要因素，是未来汽车人机交互的发展趋势。通常情况下，这些信息的视觉组织和具体交互行为有密切关系，一般按照交互流程进行信息组织，即深度信息通过时间要素来进行组织。在这样的情况下，需要设计的信息不仅仅是显示信息，还包括控制信息的提示以及显示的时机。复杂操作信息的布局，当前还存在较大挑战。如果布局在主要视野区，由于任务的复杂性，会造成巨大的认知负荷。而如果布局在中控台，则会影响注意力资源分配，进而产生认知负荷。因此，当前很多基于复杂操作的显示设计，都发生在正常驾驶之外的其他情境，如堵车、驻车等状态下，或者采用非视觉的信息通道（如语音操作）完成任务，如读短信等。

四、汽车人机交互界面视觉信息显示设计的一般原则

汽车人机交互界面视觉信息显示设计除了要考虑交互设计的基本原则外，更重要的是要考虑在驾驶情境下导致的分心和认知负荷等方面的问题。在具体设计上，根据人机系统优化的心理层次，可以将视觉信息显示设计分为 4 个层面：内容、识别、理解和体验。

（一）视觉信息显示的内容

车辆人机工程研究表明，驾驶人在驾驶过程中 60% ～ 70% 的视觉注意力资源会用于控制车辆、保持行驶状态和应对突发事件等。因此，必须严格控制同一时间显示的信息内容和数量，与驾驶无关的信息内容必须控制在有限的范围之内。在显示维度上，宜采用易理解的图形标志，并减少大段文字显示等。例如，针对中央控制台的车载电话来电显示，一般不会像手机那样将来电姓名、号码、所在地三个维度的信息进行全面显示，只需显示姓名一个维度信息即可。

（二）视觉信息显示的可识别性

汽车交互界面的显示器一般不只 1 个，属于典型的多显示器信息呈现；同时，汽车交互界面的显示环境与桌面设备和移动设备相比更为复杂，特别是天气、路况、环境等因素都会对其信息识别产生重大影响。因此，在进行设计时，需要针对不同视野范围和不同使用环境的信息进行系统设计。例如，在平视显示中指引道路的识别性设计上，就要使用纯度较高的色彩，且边界要明确和清晰，以便将数字显示和路况自然显示背景区分开来。同时，在信息显示的尺寸和尺度设计上，也需要充分考虑驾驶人的具体浏览动作。例如，对于中控台区域的显示设计，要求尺寸必须较大而信息数量较少，以便在驾驶人进行快速扫视时也能很好识别。

（三）视觉信息显示的可理解性

视觉信息显示的可理解性主要针对汽车驾驶环境中图形用户界面的信息所传达的意义层面的相关问题。由于汽车交互信息内容的增加和驾驶情境的复杂性，视觉显示已经超越过去以图标、刻度、数字为基础的范畴，因此，更加容易产生理解上的歧义，引起视觉和概念上的混淆。目前汽车行业本身拥有一套车载信息系统视觉显示标准图标。然而，随着大量信息的涌入，如何解决新的显示信息和原有的标准信息之间的意义关系，是一个十分重要的问题。比较典型的案例就是电动汽车显示信息的理解性问题。由于充电、电池电量等相关信

息在原有的驾驶情境中没有出现，因此，如何显示电池电量就成为一个重要的设计问题。在具体设计时，需要对信息显示语义含义进行仔细分析，针对不同语义的确切含义进行设计。

（四）视觉信息显示的艺术体验

体验是人机交互界面设计的最高层次，是安全、识别、理解三个层次设计的艺术升华。视觉信息显示的艺术体验是信息所表现出来的风格、品牌等情境要素的综合。在汽车交互情境下，艺术体验的产生不仅仅依赖于内室造型，而是人车交互过程中的视觉、听觉，甚至味觉等多种感觉整合体验的结果。此时，视觉信息显示的艺术体验就成为设计中最重要的内容。强生公司为雪铁龙 DS5 设计的基于 3D 显示的速度表，通过色彩、渐进出现和消失的条纹、闪烁等视觉艺术表现方式，将驾驶燃油经济性等因素通过艺术方式呈现给用户，给用户以绿色驾驶的体验。

同时，不同品牌除了在内外的造型特征上实现品牌的识别性外，还在界面视觉显示和交互体验上体现品牌基因与价值。基于 iDrive 旋钮的层次菜单信息显示方式在宝马所有汽车交互界面中使用，已经形成宝马品牌特色的交互体验。

第二节　设计平台与设计空间

本节以汽车车身先进设计制造国家重点实验室（湖南大学）在 2011—2013 年间开发的轻量化电动汽车作为设计平台。在项目进行中，汽车车身先进设计制造国家重点实验室汽车造型、工程与电子团队相互合作，对其内室风格、材料、色彩、灯光以及仪表板界面进行设计。在设计过程中，重点考虑了在电动汽车条件下人机交互界面数字化和娱乐化特征，突出了数字设备和娱乐系统在内室造型和仪表板设计中的地位与作用。

内饰延续了外观的有机自由风格，强调了造型线条的自由性与延续性。一些渐变的突起线条意在使人联想起生物构造上的突起，较多成对交联的线组易于引导人的视觉走向，而线组的软硬、角度的变化产生了引导视觉的方向性。材质分块不多，整体视觉印象较为简洁。整体色系与外观同为蓝色，低纯度、高明度的蓝灰色具有稳妥而耐看的属性，而纯白的座椅边条则让人产生洁净的意识感受。

采用平板电脑直接作为汽车驾驶仪表板显示系统。在显示平台上，以本田 Micro Commuter 电动汽车仪表板为设计原型。将仪表板的终端显示平台定位在平板电脑上，既符合数字化屏幕的要求，又节省了开发的成本。平板电脑系统平台为安卓系统，尺寸为 10 英寸，屏幕分辨率为 1280 × 800px，长和宽分别为 21.75 厘米和 13.60 厘米。通过基于安卓系统的平板电脑取代传统的仪表界面显示。

第三节 竞争产品分析

一、典型产品分析

竞争产品分析包含多个汽车品牌的量产车和概念车。由于篇幅原因，下面主要针对 3 款典型电动汽车的仪表板进行详细说明。

（一）日产聆风电动汽车

日产电动汽车 LEAF 的中文名为“聆风”。日产聆风为五门五座掀背轿车，由层叠式紧凑型锂离子电池驱动，在完全充电情况下可实现 160 千米以上的巡航里程，采用 200 伏家用交流电，将电池充满大约需要 8 小时；而 10 分钟的快速充电，便可提供其行驶 50 千米的用电量。

仪表板是聆风内部最具未来感的装置之一，全部的车身数据以数字图形化的形式展示给驾驶者，类似于出现在电影、概念车上的设计。

聆风仪表板分为上下两部分，上仪表板是冷光的单色屏，主要显示车速、节能状态、时间温度等信息。下仪表板则采用彩色屏，构成了仪表板的主体，屏幕上方的“POWER”是电量表，白点偏于左侧代表车辆正在进行电能回收。下仪表板的左右两侧分别显示的是温度和剩余电量可行驶英里数，正中央是行车电脑的显示区域，主要显示信息包括车辆状态、已行驶时间、已行驶里程、小计里程、瞬时电耗、挡位等。

（二）特斯拉 S 型电动汽车

特斯拉 S 型（Tesla Model S）是一辆由特斯拉汽车公司开发的 4 门纯电动汽车，原型车首次出现在 2009 年的法兰克福车展，并于 2012 年 5 月开始在美国销售。

美国国家环境保护局（EPA）评定特斯拉 S 系列为高性能型号的纯电动汽车，最高档次型号内置 86 千瓦 · 时锂离子电池，充一次电可以行走 426 千米。其基础型特斯拉 S 型电动汽车可以巡航 240 千米，且由 0 加速到 97 千米 / 时仅需 5.6 秒。

特斯拉 S 型电动汽车采用了全触摸屏控制设计：从 GPS 导航到调整悬架高度均采用触屏控制。

特斯拉 S 型电动汽车的仪表板采用多边形的设计，充满未来感。数字化高分辨率的全液晶仪表板和方向盘的无缝连接，集成车辆行驶模式调节（舒适、正常、运动）媒体、导航、通信、控制和车辆数据等信息。

（三）雪佛兰 Spark EV 纯电动汽车

雪佛兰 Spark EV 纯电动汽车搭载的是具有 20 千瓦·时锂离子电池组的电动机，最大功率为 61 马力（1 马力 ≈735 瓦），巡航里程为 130 千米。该车使用 240 伏的外部充电器进行充电，充电可在 8 小时内完成。Spark EV 纯电动汽车虽然是纯电动版本，但动力方面表现不俗，百公里加速仅为 8 秒。

Spark EV 纯电动汽车内装饰条采用与车身同色的科幻蓝色作为搭配色。高清液晶屏更显科技感，仪表采用大面积的液晶显示屏，车辆信息显示更明显。

Spark EV 仪表板信息构架主要由左、中、右三部分组成。左侧显示电池电量以及里程表（ODO）里程记录；中间视觉中心位置主要为车速、行车电脑车辆信息、指南针等；右侧为挡位和能效状态，当能率表中小球呈绿色并位于中央时，表示高能效行驶里程最大化，当能率表中小球呈黄色并上下移动时，表示低能效，将影响行驶里程。

二、对比分析

在典型案例分析的基础上，本书选取若干辆已投产的电动汽车，主要从仪表板的信息构架（内容、布局、层级）、信息显示内容、视觉元素三个方面，分析电动汽车界面信息显示的设计。

（一）信息架构

信息架构是信息直观表达的载体，包含内容、布局和层级，它研究信息的表达和传递。

在调研分析中发现，不同汽车品牌车型的电动汽车，虽然信息内容大同小异，但信息架构各有不同，风格迥异，具有很明显的品牌特征。

（二）信息内容显示

在信息架构的基础上，通过对多款电动汽车仪表板界面的信息内容整理分析，得出各款车型仪表板界面的信息，可以看出，不同车型的信息内容显示基本上保持一致。

分析不同电动汽车车型的仪表板界面的基本信息后，将界面信息按不同的类别进行整理归类。主要将信息分成六大类：基本信息、能量信息、行车信息、车载应用信息、互联网络信息、环境信息。

（三）视觉元素

视觉元素包括图形的大小、形状、色彩等，主要是文字、图形、插图、照片、表格、饰边、色块等需要在媒体上展现的元素。在界面设计中，视觉元素的使用，影响着界面的风格指向。

在纵向分析中，不同电动汽车仪表板界面的风格各不相同，这与界面的视觉元素、色彩倾向、信息布局直接相关。不同车型的信息显示采用的元素主要有数字、刻度、图标、示意图等。

第四节 电动汽车仪表板内容与功能设计

电动汽车使用的是电能，而普通汽车使用的是燃油。当能量信息输出到仪表板界面时，电动汽车的能量信息主要是电池电量、电池组温度、电池电量可续航里程、能效状态、充电状态、能量回收系统、能量监控、太阳能充电、电压、功率等；而燃油汽车仪表板的能量信息主要是油量、水温、剩余油量可续航里程、加油状态、瞬时油耗、能量监控等。能量来源的不同，决定了两者仪表板界面能量信息显示的差异性。《电动汽车 操纵件、指示器及信号装置的标志》（GB/T 4094.2—2017）、《电动汽车仪表》（GB/T 19836—2019）等国家标准对电动汽车仪表板显示的信息内容进行了规定。

基于上述规定，确定纯电动汽车仪表板的功能信息主要为车速、电池电量、剩余电量可续航里程、电池组温度、CHARGE、ECO、充电状态、里程、能量、音乐、微信、空调、挡位、指示灯等。这些功能信息按照驾驶的情境以及功能指向主要分为四大类：基本行车信息、能量信息、环境信息、娱乐媒体信息。

一、车速

车速表示汽车行驶的速度。传统汽车的车速主要通过仪表的车速值信息显示，车速表是汽车必要功能组建之一。车速表一般通过速度传感器将汽车行驶速度传递给车速表，以使其指示车辆的行驶速度。

随着科技的发展，汽车行业发生了很大的变化，仪表板进入了数字化时代，车速的显示有多种方式，采用数字化显示设计，能凸显纯电动汽车的科技感、现代感。

二、电池电量

电池电量表示当前电动汽车可用的电池电量，与传统汽车相对应的是油量信息。电池电量必须可以显示剩余电量占满电量的百分比，让用户在宏观上对行驶里程与电池的最大续航里程之间的关系有一定的把握。

对于纯电动汽车，电池电量信息的准确显示直接关系到驾驶里程的长短，电池电量的多少决定里程焦虑问题的出现与否。对于电动汽车驾驶人来说，在前往目的地之前，应检查汽车的电池电量，以确保车在到达之前，有足够的电量。此外，还需要考虑其他意外情况可能带来的问题。目前，电动汽车的充电基础设施还不够完善，充电设备还有待发展。

三、剩余电量可续航里程

剩余电量可续航里程指剩余电量可以提供的续航里程数，即为用户提供确切的续航里程数，让其对剩余电池电量的续航能力有明确的了解，避免在驾驶过程中出现未到达目的地之前就已无电量可用的状态。

四、电池组温度

电池组温度指电池组在工作时电池温度信息的实时显示，让用户了解当前电池组的温度状态。当电池负荷过重，电池组温度过高时，会对电池本身以及车载形成一定的损耗，这时需要在相关界面呈现电池组温度的警示信息，提醒用户采取相应的解决措施。

五、ECO

ECO 由 Ecology（环保）、Conservation（节能）和 Optimization（最优化）的缩写。ECO 模式是一种智能的节能状态，以指导和提醒车主以合适的方式驾驶。当达到最佳能量供应量时，仪表板会同步显示绿色的“ECO”字样，如果大力踩下踏板加速，或者遇到爬坡路段，“ECO”字样就会消失。开启 ECO 模式，车辆会自动去匹配最佳的挡位、转速以减少能耗，同时需要车主在驾驶过程中，主动进行制动的配合，这样才能实现最为理想的能耗量。

对于纯电动汽车来说，由于受电池技术与可续航里程的限制，采用ECO模式驾驶，可以减少能量输出，提升可续航能力，实现绿色出行的目的。

六、累计里程

累计里程一般不会在驾驶过程中用到，它具有里程标记的功能。驾驶人在发车之前将当前位置做一个标记，到达目的地之后再做第二个标记，车载系统会计算出两次标记之间的数据之差，即两地之间的行驶里程数。以此类推，当要再次发车时，重复操作即可得到第二次行驶的里程数。

累计里程可以帮助用户记录日常生活中的行车驾驶里程，积累行驶信息及相关数据。

七、能量

能量主要用于记录车在一定时间内驾驶的能量信息，包括总能耗、瞬时电量、平均能耗等。在本设计中，主要针对在一段时间内消耗的平均能量。

八、音乐

音乐属于车载信息娱乐系统。通过在线音乐，可随时随地为用户提供海量动听的音乐，缓解汽车用户在驾驶过程中的身体疲劳与心理疲劳，同时活跃与改善驾驶时车内单调的氛围，增加用户驾驶的乐趣。

九、微信

微信是腾讯公司于2011年1月21日推出的一个为智能手机提供即时通信服务的免费应用程序，微信可跨通信运营商、跨操作系统平台，通过网络快速发送免费（需消耗少量网络流量）语音短信、视频、图片和文字。

将微信运用到车载信息系统中，选取微信的语音短信功能，可在车内通过微信语音技术来实现与他人的交流沟通。

十、空调

车载空调由压缩机、冷凝器、节流元件、蒸发器、风机及必要的控制部件构成，用于调节车内温度、湿度，给乘员提供舒适的环境。

第五节　流程与交互设计

在总体交互模式上，主要通过方向盘上的三个按键（左、右、确定）进行控制，其中左、右键设置在方向盘的左侧，确定键设置在方向盘的右侧。

在具体的交互方式上，每个按键均设置长按（按键时间大于等于 2 秒）和短按（按键时间小于 2 秒）模式。驾驶人通过操作方向盘上的三个功能按键的 6 种不同模式状态，实现仪表板功能信息的开启、读取、切换、退出等功能。

第六节　信息架构设计

信息架构设计是对界面中的相关信息进行组织，一般以线框图的形式来进行表达，是交互界面设计的核心环节。

首先根据内容进行信息架构探索，在此基础上绘制出初步的仪表板界面原型的草图，可以进行多样性的设计方案探索，并快速锁定合适的信息构架。在上述草图探索的基础上，可以针对具体的界面进行线框图设计。

一、仪表板界面首屏设计

仪表板界面的首屏承载了仪表板的基本功能与核心功能，是用户接触到的第一个信息展示界面，直接影响到用户对仪表板界面的初步认知，以及对仪表界面的整体了解。

仪表板界面首屏的设计主要由上、中、下 3 部分组成。上部分主要为指示灯、天气、室外温度、室内温度信息，为用户提供必要的行车指示信息，以及有用的环境信息。中间部分为仪表板界面视觉中心，占据了界面的大部分位置，主要有车速、电池电量、电池组温度、剩余电量可续航里程、CHARGE、ECO、挡位信息，根据信息的优先层级以及用户的行为习惯进行布局。下部分主要有仪表板功能集成列表、ODO、时间信息组成。其中以功能集成信息为主体，根据行业竞品分析和调研，以及对行业发展趋势的研究，最终确定功能集成列表主要设计有音乐、微信、空调、小计里程（TRIP）、能量 5 个功能信息，其展示方式采用旋转木马式设计，有效统一了不同功能的操作方式，节省了界面空间，突出了选中信息，减少了用户在驾驶过程中的学习过程和认知过程。

整个界面的设计遵循系统性、目的性原则，按照信息内容的主次关系，以及用户的行为习惯，进行不同层级的布局设计。

二、仪表板界面音乐功能设计

音乐属于车载娱乐系统中重要的一部分，通过在线音乐，可为用户提供大量动听的流行音乐，同时用户可以自主选择自己喜爱的音乐，来调节驾驶所带来的疲劳，调节与活跃驾驶过程中枯燥的氛围，让用户在驾驶的过程中拥有轻松愉快的心情。

根据音乐的基本功能要求——音量、选歌、播放、暂停进行相应的界面设计和流程设计。仪表板音乐功能流程界面主要有 4 个：音乐播放、音乐暂停、切换上下曲、调节音量大小。音乐界面信息的切换主要在仪表板的下方，通过方向盘上面的三个操作按钮来控制不同界面的使用流程。

界面不同曲目的呈现方式采用旋转木马式的设计，与首屏功能集成列表的方式保持一致。同一界面最多呈现的曲目数量为 3 首，减少了用户在驾驶过程中所接收的信息量。不同音乐功能的显示区域统一设定在当前播放曲目中，减少了用户注意力的转移，保持了界面的整体性。

三、仪表板界面微信功能设计

微信的设计主要针对车载端。驾驶是一个复杂的行为过程，开车打电话等会分散驾驶人的注意力，容易造成交通事故，目前在很多国家是明令禁止的。那么，如何设计一种在驾驶过程中，既不分散司机的注意力，又能与他人即时保持顺畅的交流沟通的工具，是一个亟待解决的问题。

手机端的微信，功能繁多，用户可以不考虑外部环境与当前行为，选择当前需要的功能。在车载环境中，为了最大限度地减少不同功能界面的操作所带来的对用户的干扰，微信功能的设计摈弃原来手机端复杂的功能程序流程，取微信中最核心的功能——语音短信功能，打造出一款适用于行车的即时车载通信工具。车载端既可以发送微信语音消息，也可以接收不同平台微信的语音消息。

车载微信的界面展示设计与音乐保持一致，采用旋转木马式设计。界面以用户为单位，主要的功能包括：切换微信用户、读取收听用户语音消息、语音录入、发送微信语音消息。

四、仪表板界面空调功能设计

车载空调主要用于调节车内温度、湿度，给乘员提供舒适的环境。车载空调主要分为制冷、制热和吹风三种模式。

仪表板界面的空调功能设计主要是温度的调节。根据不同季节以及室外温度来进行相应的制冷或制热。该设计以温度信息为单位，位置以及单元界面尺寸的大小与音乐、微信功能界面保持一致。温度采用数字显示，通过方向盘的右侧上下按钮进行调节。

五、仪表板界面 TRIP 功能设计

TRIP 界面主要用于记录汽车在单位时间内所行使的里程。其中里程 A 和里程 B 记录了不同时间段内所驾驶的里程及能量消耗。里程的记录也可以根据驾驶人的需要进行清零处理，以便下次驾驶时重新计算，如用户驾车从单位下班回家，想知道单位到与家之间的路程，这时先清零，到家以后记录数据，即可知道这个距离。

六、仪表板界面能量功能设计

能量主要记录车在一定时间内驾驶的平均能耗。不同时间段驾驶的平均速度各有不同，通过曲线图可直观地表现出平均电耗的走势。同时用户也可以了解到当前的能耗在整体平均值中的位置，是偏高还是偏低，以控制能量的使用。

第七节　视觉设计

视觉设计是界面设计的核心。视觉传达是视觉组织与感受的结合，其目标是以用户体验最佳形式表现产品的内容与功能。

考虑到汽车人机交互界面需要和汽车造型风格一致的独特要求，在进行视觉设计时首先要进行视觉探索，然后再进行界面设计。

一、视觉探索

纯电动汽车仪表板设计属于前瞻性领域，其界面所承载的内容也决定了界面的专业性和科技含量。在竞品分析的过程中可以发现，纯电动汽车仪表界面

的设计风格大多趋向于科技感、时尚感、炫酷感。因此，在纯电动汽车仪表板的界面设计中，需要具有科技感、时尚感、专业性的特征。同时信息的呈现要简洁明了，信息层级分明，摈弃复杂的功能程序设计，让用户在驾驶过程中既有使用的轻松感，又有心理上的成就感。

在着手界面设计时，可通过风格关键词未来、科技、炫酷、严谨、简洁、明朗、时尚等绘制情绪板，对界面风格进行探索。

结合对在市场上众多车型的分析发现，仪表板比较常用的背景用色主要有蓝色、红色、绿色、白色、黄色、橙色等。结合情绪板的定位，确定深蓝色和亮蓝色为本项目页面主体风格色彩。不同明度的蓝色所呈现出来的效果各有不同，明亮的蓝色给人以温柔的感觉，而深蓝色则会给人效率和权威的感觉。蓝色的积极意义是和谐、利落、深思熟虑、诚实、虔诚、贤明、慎重、智慧、记忆。此外，界面色彩倾向与电动汽车的外观造型色彩保持整体上的一致性，据此确定取用的颜色。

二、界面设计

由于仪表板的界面信息与驾驶环境、用户驾驶行为密切相关，在设计过程中，要综合考虑界面的视觉元素大小、显示方式、色彩倾向。

车速是行车时最基本的信息，对用户来说必不可少。在界面中车速占据视觉中心，采用数字的方式显示车速的变化，简洁直观，用户一目了然。

电池电量和电池组温度同属于电池能量信息，在视觉上采用近似的视觉元素，同时保持各自的特征区别。电池电量采用能量条加数字百分比的方式显示，而温度则采用刻度的方式，符合用户的使用习惯及认知习惯。

剩余电量可续航里程采用数字显示加进度条的视觉元素，数字显示具体剩余里程数，直观明了，进度条的设计与已行驶里程的概念在语义上接近，用户容易理解与记忆。

CHARGE 和 ECO 在设计中归为一类信息，在视觉上统一采用色块加刻度的显示方式，同时通过色块颜色的变化来区分不同状态下的信息变化。CAHRGE 越低，刻度条颜色越接近红色，反之，刻度条颜色越接近蓝色。ECO 代表汽车的节能状态，当汽车处于节能状态时，色块刻度越高，反之越低。

在仪表界面的上下方区域，用来显示仪表板的辅助信息以及环境信息。指示灯保持传统的设计，采用图标的方式在不同的情境下显示。ODO、时间、温度则采用数字显示，与日常生活中的不同终端的显示方式保持一致。

在本项目设计中，仪表板的信息组织结构主要分为两部分：主观不可控信息和主观可控信息。主观不可控信息主要有车速、能量信息、环境信息、挡位、指示灯、ODO 等，这些信息主要由车载系统内部复杂运算输出。主观可控信息主要有音乐、微信、空调、能量、TRIP，主要通过方向盘上的三个按钮来进行不同功能之间的交互流程操作控制。由于两种信息的组织结构不同，在界面信息显示设计时，需要在信息构架和视觉上对其进行区分与探索，在保持各自一致性特征的同时，又呈现出仪表板界面的整体性。

对于仪表界面信息设计创新部分，则需要对行业趋势具有敏锐的观察力和实践能力。在本项目的设计中，主要是对社会化汽车、汽车即时通信进行创新，具体表现为仪表板中的功能设计——微信。汽车驾驶是一个复杂的行为，在设计过程中除了要考虑用户人机工程原理，还需考虑各种环境因素的影响与限制，在不影响用户驾驶的情况下，遵从可用性、易用性、美观性的原则，输出界面信息。

目前制约电动汽车发展的因素有很多，如里程焦虑、充电 / 能量回收、自动驾驶等。最大的障碍是电池的续航里程有限，这一问题被业界称为“里程焦虑”，其含义为驾驶电动汽车时会因为担心电池突然没电，或者遇到意外情况无法充电引起的精神痛苦或忧虑。电动汽车行驶里程取决于很多因素，对天气、路面条件、驾驶习惯、乘坐人数的敏感度要比传统汽车大得多。因此，电动汽车一次充电后实际可行驶里程数有很大的不确定性。而驾驶人并不习惯在开始旅程前做好诸如路况等各方面的调研。

重新设计电动汽车信息系统十分重要，它需要设计包括一些帮助用户克服里程焦虑问题的工具或者界面信息。在仪表界面设计过程中，需要综合考虑可预见的环境因素、车载本身能量数据，通过对仪表界面相关能量和里程信息显示进行重新定位以及再设计，帮助用户在驾驶过程中，缓解里程焦虑所带来的问题。在研究的过程中，探讨通过何种设计的方法以及显示方式来改变这一问题现状。

最后需要特别说明是，汽车人机交互界面的显示设计在未来的重大发展方向是多个车内异形显示系统的整合设计，这也需要将显示与具体的造型、色彩、材料等要素结合起来，形成一致性的设计方案。

第六章　视觉与控制设计：控制方式与汽车方向盘设计

第一节　汽车人机交互界面的控制设计

和视觉与显示设计相似，控制设计也是汽车人机交互界面设计的关键问题之一。

一、经典汽车人机交互界面的控制设备

驾驶人在驾驶汽车时，最基本的控制设备是方向盘、离合器、油门和刹车脚踏板，这些设备能确保驾驶人驾驶车辆，保持车道，避让行人。上述4个控制设备（除了多功能方向盘上的控制设备外）属于基本驾驶行为，是由驾驶安全法规等方面的要求决定的，是最为基础的控制设备。

在上述基本控制设备的基础上，辅助驾驶系统、娱乐系统、空调与灯光系统等都需要进行控制，相关的汽车人机交互界面的控制设备有以下几种。

（一）按钮

汽车人机交互界面最多的控制设备就是按钮。目前，大部分汽车里的按钮都使用硅胶作为弹性介质的软按钮，软按钮不像机械按钮一样需要长期施力，软按钮只需要快速操作，并获得瞬时的触觉反馈。按钮瞬时触觉反馈并不能让用户完全了解操作的结果，通常需要和产品反馈一起进行。有些产品的反馈明显，如“打开照明灯”等；有些产品的反馈就比较少，特别是在屏幕显示反馈结果的控制设备。

和触屏控制相比，按钮的最大优势就是可以依赖位置和触感进行操作。而触屏上的按键一般情况下是需要视觉参与的，这对驾驶安全会带来影响。因此，汽车的控制设备多半会选取物理按钮。但是目前的一种情况是，由于汽车人机

交互界面的功能日益复杂，物理按钮不断增加，最后导致按钮数量过多，严重影响了操作效率。

（二）旋钮

旋钮在汽车人机交互界面设计中也是常用的控制设备。旋钮一般分为两类：一类是连续调节旋钮；另一类是非连续调节旋钮。

（三）控制柄

控制柄在汽车人机交互界面中也比较常用，主要用于控制灯光、雨刷、转向灯等设备。

二、控制设备的多样化

随着汽车人机交互界面设计复杂性的增加，控制设备也呈现多样化的趋势。例如，多功能方向盘就是在原来方向盘的基础上，增加了很多控制装置。方向盘除了原来的驾驶功能外，增加了很多全新的功能。再如操作杆多维操作技术。这种技术模仿鼠标的操作方式把鼠标移到中控台，通过四向操作摇杆与分布于凸起形态周边的按键实现类似于鼠标的操作体验。这种基于鼠标操作的操作杆多维操作技术虽然与触摸板的操作技术在功能上有所雷同，但鼠标的指向准确度比触摸板更高。

三、汽车人机交互界面控制设计的基本原则

和显示设计一样，汽车人机交互界面控制设计首先要了解驾驶人或者乘员需要执行的控制任务的情况、控制的要素等。在有条件的情况下，也需要进行一些用户测试，研究用户的任务以及用户可能出现的错误。在此基础上，选择合适的控制器。控制器的类型和任务的要求与情形有密切的关系。选择必须在对操作任务进行分析后才可以进行。在选择控制器时，主要考虑以下 4 个方面的因素：控制器的功能；驾驶任务需要；用户对信息的需求；汽车驾驶的情况。

选择合适的控制器后，需要对控制器进行设计。控制器的设计需要考虑控制器的可识别性、尺寸、控制反馈、阻力、停顿等方面的问题。

最后，还要对控制器进行布置。在适当时，应该减少手部控制的负担，可以考虑适当增加其他感觉通道，如语音的控制等。

第二节　多功能方向盘设计研究

一、发展历史

多功能方向盘是典型的汽车控制设备。从历史角度看，汽车方向盘的发展是伴随着汽车内室的发展而来的。汽车早期的转向操控装置是由类似于轮船舵的操纵装置来完成的，单手柄转向杆就是其中之一。卡尔·本茨于 1886 年发明了第一辆三轮内燃机车，它的前轮类似于自行车的前轮装置，它的转向器是齿轮齿条机构，这就是现代汽车转向器的鼻祖。这时车的行驶方向依靠单手柄转向操纵杆，在垂直杆上端安装一个操纵手柄，驾驶人可以单手握住手柄通过旋转对行驶方向进行控制。另一种早期的汽车转向装置是双手柄十字交叉转向操纵杆，它第一次被用在了由戴姆勒 1892 年发明的第一辆四轮汽油发动机汽车上。这种双手柄十字交叉转向操纵杆与轮船的方向舵更加相似，靠双手握住两个手柄来回旋转操纵。

从 1890 年至今，汽车方向盘作为汽车内室的重要组成部分不断发展。从功能的不断完善来看，方向盘的发展主要分为三个阶段。

第一个阶段，从 19 世纪 90 年代到 20 世纪 80 年代。汽车方向盘主要由外围的圆形盘和中间的辐条组成。除了转向以外，没有任何其他的功能。1891 年设计者引入了齿轮系统，使方向盘的操纵更加灵活，并且隔绝了振动，手柄操纵杆被淘汰。同时，方向盘连同转向轴也由中线位置移动到两侧。早期操纵杆的垂直安装方式变革为转向柱和方向盘的倾斜式安装方式。从 20 世纪开始，汽车方向盘的基本造型为圆形。最初出现的是四辐方向盘，圆形盘内由 4 个辐条支撑形成稳定的结构，这种 4 辐交叉成十字的结构符合对称的美学法则；圆盘处于十字外缘，这样使方向盘在机械结构上十分牢固，同时体现了均衡的视觉感受。在四辐方向盘之后出现的是三辐方向盘。由于汽车仪表板从中间位置移到了与方向盘相对应的位置，位于方向盘的前方。为了使驾驶人能更清楚地看到仪表板上的参数，设计师去掉了四辐方向盘上方的一个辐条，使方向盘的上部留出足够空间，让驾驶人可以从中方便地观察仪表板。三辐结构同样比较稳定，从美学的角度来看，三个辐条把圆盘分成三个扇形，这种分割简洁大方。两辐方向盘的造型，是四辐方向盘和三辐方向盘造型的延伸，在 20 世纪 80 年代的汽车上较为常见。有两个辐条支撑着圆盘，这就要求方向盘的结构一定要稳固，因此两个辐条和中心部位一般都较厚重，占据了圆盘较大的面积。

第二个阶段，从20世纪80年代到21世纪初。这时的方向盘除了最基本的转向功能外，还有安全辅助功能和鸣笛功能。20世纪80年代，汽车生产企业开始逐渐装有安全气囊，进入20世纪90年代，安全气囊的装有量急剧上升，而进入21世纪以后，汽车上普遍都装有安全气囊。安全气囊的出现让汽车方向盘的设计发生了较大的变革。安全气囊被安放于方向盘的中心位置，由于其体积较大，方向盘的造型发生了相应的改变：首先，方向盘的形态由单纯的固定在轴上的圆环变成了围绕一定体积旋转的完整整体；其次，本来连接盘面与转轴之间的盘辐被设计成了更多元化的形态。设计师越来越注重方向盘的整体形态设计。由于安全气囊的引进导致方向盘的设计越来越多元化，这是功能影响设计的典型。现在汽车普遍装有安全气囊，因此除了赛车等特殊情况，所有的汽车方向盘设计的重点一般都会集中在方向盘的中心区域。

第三阶段，从21世纪初至今。在这短短的时期内，方向盘的控制功能大大增加。汽车中的电子系统越来越复杂，很多车企开始将中控台上的一些设备的控制转移到方向盘上，形成了所谓“多功能方向盘”。多功能方向盘除了具有传统的方向盘形态外，还利用了方向盘的形态，在其手指经常捏握的范围内合理地安置多功能按键、远程遥控等各种车载系统，从而减少操作时的视线转移与精力分散，提高驾驶时的安全性。多功能方向盘的辐数并不确定，但是大多数仍然是传统的四辐、三辐与两辐方向盘。一般的理解是，四辐方向盘设计偏稳重大气；三辐方向盘设计偏重运动与操纵性；两辐方向盘设计则十分注重个性化与时尚感。

二、多功能方向盘及其功能键

目前乘用车的多功能方向盘分为两大类，即简单多功能方向盘和复杂多功能方向盘。简单多功能方向盘主要操控音响、巡航等特定的功能，而复杂多功能方向盘则可以利用菜单键和仪表板附近的显示屏对车内绝大部分功能进行菜单式操作与设置。

简单多功能方向盘可操作功能较少，一般分为单侧按键简单多功能方向盘和双侧按键简单多功能方向盘。单侧按键简单多功能方向盘，其可操控功能较简单，一般是对车内音响进行控制，如切换音源与调节音量的大小。由于对音响的调试是长时间驾驶过程中驾驶人操控最多的功能内容，因此多功能方向盘一般都选择多媒体系统作为其基础功能。在项目调研的所有类似车型的多功能方向盘中，无一例外地选择了音频操作作为其控制的对象。在操作过程中，驾驶人在行车时不但可以眼睛不离开前方路面，还可以方便地享受多媒体娱乐系统带来的乐趣。音频系统的主要操作内容有音量增加、音量降低、音源切换（如在CD、MP3、FM和AM之间进行选择）、上一首歌、下一首歌（上一个频率、下一个频率）。这些操作可以通过简单的“+/−”与上下按钮来实现。

双侧按键简单多功能方向盘，在其两侧均带有功能按键。由于可操作空间变大，其操作内容也有所增加。一般可操控对象为音频调节、自动巡航和音控电话等。不同的功能会有明确的区域划分以增加操作时的便利性与准确性。

带有复杂多功能方向盘的车型都配备了复杂的多菜单级别的行车电脑，可以通过方向盘上的方向键与确定键这类菜单按键安全便捷地查看行车电脑与设置汽车功能。例如，通过上、下、左、右4个键完成进入次级功能菜单、选择不同的功能以及回退等操作，用“确定”按键进行确认操作。这种复杂多功能方向盘通过一侧的按键，可以通过行车电脑对车辆机械性能、舒适性能与娱乐性能等多个功能进行设置。驾驶人可在此过程中对车辆进行更全面的了解，以及进行更加个性化的驾驶。由于空间的限制，定速巡航、蓝牙电话等不太常用的功能便可能会被安放在方向盘后侧等其他地方，或者通过与其他功能键合并的方式来节省空间。娱乐音响控制键通常会被保留。

多功能方向盘所能操控的功能更为全面，几乎将汽车内室中所有的功能操作都集成在方向盘上，并通过功能键与菜单键的组合来实现对不同功能操作的一一对应。与此方向盘相应的是功能完善的行车电脑及高度电子化集成的车内系统。例如，福特锐界（Edge）汽车在左右宽大的方向盘幅面上端设置了两组菜单式按键，分别控制仪表板中左右对应的菜单屏幕。分置于中央速度表两侧的两块彩色液晶屏幕分别显示不同的车辆信息：左侧的屏幕显示悬挂硬度调整、油耗查询、设置菜单等传统的行车电脑信息；右侧的屏幕则显示多媒体系统、蓝牙电话系统、音控操作系统等车载娱乐系统的所有信息，并可以通过方向盘来调节空调系统。与此同时，福特锐界汽车还为定速巡航等操作设置了单独的功能按键，事实上功能按键能更好地实现定速巡航的操作。

在多功能方向盘上，不同的按键设置所操控的功能对象各不相同，从简单多功能方向盘到复杂多功能方向盘，按键设置和操控功能按由少至多的方向发展。

综上所述，多功能方向盘按键被赋予的功能是划分简单方向盘与复杂方向盘的标准。简单多功能方向盘按键多为具有实际功能指向的按键，这些功能无须与汽车内室中其他部分联动，便可以直接操作以获得反馈。例如，音频调节中的音量增减、曲目选择，以及定速巡航系统中的启动、取消等功能。复杂多功能方向盘则是建立在汽车电子系统复杂化的基础上的操控模式，它通过整合置入4个方向键与确定键对行车电脑中多层级信息进行检索和操作，并在仪表板中显示相应的操控信息，高效便捷的操作方式能使驾驶人在此过程中产生愉悦感。

三、多功能方向盘造型设计

目前乘用车方向盘的形状大致可分为3类：圆形、方形和异形。圆形方向盘是目前使用最为普遍的方向盘。在转动方向盘时，正圆的形状会使人手的操作保持连续，自然方便的操作模式使人们对其有较高的接受度。但是由于某些运动型车型的座椅为了获得较好的腿部侧面支撑力而将座椅边缘高度做得较大，因此一些运动车型中的方向盘下缘为平直的形状，以便于驾驶人进出座椅。这种下缘平直形状的方向盘依然属于圆形的方向盘。

方形的方向盘多在F1赛车中出现，因为在比赛过程中，赛车手的双手无须离开方向盘，而只需转动很小的幅度就可以完成弯道的行驶。此外，由于一级方程式赛车中方向盘只需左右转动各半圈就可完成从左死点到右死点的完整转向，因此，方形方向盘形状不会影响操作的延续性，且可以在其方形的区域内设计较多功能按钮。其方向盘上不仅有各种操作按钮，还设计有小型的显示屏来显示赛车状态与车队指令等信息。方向盘上的按钮可以对显示屏的显示内容进行选择与操作。

除了普通的乘用车圆形方向盘与赛车上出现的方形方向盘外，很多概念车上还出现了异形方向盘，甚至采用模仿飞机操纵杆等其他方式来实现对行驶方向的控制。很多概念车的控制方式和体验感受与标准乘用车的方向盘都有很大的不同，而考虑到汽车业的相关法规与人们的驾驶操作习惯，在短时间内还很难见到其在量产车上有推广的可能性。然而，本设计研究也将尝试从概念方向盘中吸取一些值得借鉴的设计亮点，如新的交互方式、新的操作体验等。

本设计项目的目标是设计用于日常出行驾驶的乘用车方向盘，以通用别克汽车的方向盘作为设计原型，因此本项目乘用车方向盘的基本形态定义为圆形，可以在圆形的基础上做一些形式上的变化，以满足方向盘功能界面改进的需求，提升操作体验。

通过目标人群定位分析、用户三个层面的心理需求分析和方向盘上功能设定的客观条件分析，设计者可以对多功能方向盘的交互界面进行一系列的草图方案探索。

四、交互功能设计

根据设计项目需要，主要从以下几方面对方向盘的交互功能进行设计。

（一）行车电脑的交互体验设计

行车电脑的功能是在驾驶的过程中提供车辆的状态、道路信息等，并且允许用户对车辆的功能、属性进行设置，从而帮助用户了解车辆以及道路环境并且选择适合自己的驾驶状态。由此可见行车电脑的操作主要分为“查看信息”与“设置车辆属性”两种。因此，在设计驾驶者对于行车电脑的操作时，笔者着手从查看与设置两种操作需求入手设计交互流程。

首先是对车辆信息的查看行为。车辆信息是不受用户的操作而改变的，其显示内容由车辆直接提供。因此，在进行车辆信息查看时，用户进行的操作主要是翻页浏览。这种操作与手机的菜单操作极为类似，用户通过手机面板的“上、下”按键来实现对各个功能的查看，适合于信息的循环显示，无论多长的内容，都可以通过上下菜单来查找到。由于手机“上、下”翻页动作的语义明确，因此用户在使用过程中可以很好地理解如何翻看菜单，可使其作为方向盘上查看行车电脑菜单内容的操作原型。

其次是对车辆系统的设置操作。方向盘设置操作相对复杂，由于行车电脑可设置的内容较多，用户需要进行多次的按钮按压操作才可以寻找到需要进行设置的汽车属性的内容。虽然按键可以准确地寻找到需要查看与设置的内容，但是在手握方向盘的情况下，拇指的连续按压很容易产生疲劳感，因此可以尝试使用更为有效的操作方式。

因此，将本多功能方向盘上的行车电脑设计为利用光电轨迹球与实体按键相结合的操控方式。在查看行车电脑各项信息时，首先按下位于操作平面中间的光电轨迹球进入查看行车电脑的操作。在各种显示信息之间切换时，可以通过拇指在轨迹球上沿着从上到下的趋势来实现显示页面的翻滚。快速拂过轨迹球则是页面滚动的效果，而慢速拂过则是一条条信息的依次显示。在查看完行车电脑信息并且需要退出查询模式时，可点击轨迹球下方的一个实体按键“返回”来退出显示模式。当需要设置某些功能属性时，则按压轨迹球进入下一级设置菜单。设置完成后按压轨迹球下方的“返回”按键返回上一层菜单。多次按压返回键或长时间按压至完全退出行车电脑显示模式。这样，整个过程需要按压的按钮减少到了两个，需要按压施力的次数也大大减少，减少了拇指的疲劳感；行车电脑的查看与设置内容可以通过方向盘上方的显示屏及时展示出来，达到了显控一致的目的，与用户操作触摸屏智能手机的体验类似，能够让用户在操作时找到共鸣，从而提升用户使用时的愉悦感。

（二）定速巡航的操作

与行车电脑不同，定速巡航的操作不需要进行反复的菜单式查看，只需能准确地定义巡航的速度，并可以清晰地看到巡航速度的调整变化即可。用户在操控定速巡航时，设置速度大多是以 5 的倍数而增长的——这是因为国内的道路限速一般都为 5 的倍数。用户需要将调整数字的操作简化为两种调整方式：一种为粗略的调整，即每次调整指令增加或者减少速度 5 千米 / 时；另一种为细微的指令，每次调整指令增加或者减少速度 1 千米 / 时。调整数字的方式可以联想到音乐播放器中调整音量的方式。例如，在 iPod 上，通过手指在圆环上的转动来控制音量的大小。滑动速度可以控制音量增减的方式，快速滑动为大幅调整，慢速滑动为微调。基于定速巡航功能需要快速设定的功能特点，在多功能方向盘左侧交互界面上设定一键式快速启动的按压键，并运用长条形触摸感应器滑动对巡航速度进行调整，通过按压感应器来确认巡航速度。快速在触摸感应器滑动可大幅改变速度，而缓慢滑动时可以精确设置速度。设置速度的感应条靠近手握方向盘左边大拇指的位置，用户在驾驶时能轻松地对速度进行准确快速的设定，且交互方式简单易用。同时，滑动带来的高科感可以给用户意想不到的感觉，满足客户的兴奋型心理需求。同时，方向盘上端的显示屏可即时显示速度调整状况，当确定速度时，屏幕上速度颜色发生变化，信息反馈高效即时，显控一致性高。

（三）娱乐系统多媒体播放

用户在操作车内多媒体系统时，希望可以使用平日里熟悉的多媒体操作方式有效快速地操控车载多媒体系统以减少再学习过程。如今，多媒体播放器的发展日新月异，以消费电子产品的发展趋势来看，触摸屏多媒体操作方式正在越来越多地得以应用，因为触摸屏幕可以将人机交互区域扩大到屏幕的任何区域，从而提供更为多样化和更便捷的操作体验。多功能方向盘的操作可以借鉴使用触摸屏的操作方式，但是需要避免手指在方向盘上的滑动而引起的误操作，因此可通过一次具体的按压动作来激活多媒体播放的操作。触摸屏被激活后，便可通过屏幕上显示的图标提示来完成后续操作。与定速巡航调整速度的方式类似，以拇指在特定区域的滑动来调节音量。为了防止触摸屏的操作分散驾驶员的注意力，在触摸屏上设计若干触点，这样既可充分利用触摸屏操作的便捷、快速与多适应性的优点，又能利用传统键盘操作成熟的防错设计减少用户注视屏幕的时间。同时，用户可以找到与自己熟知的高科技产品的相同操作体验，大大提高用户的愉悦感。

（四）车载电话

目前大多数车型将车载电话与多媒体播放器的按键整合：一方面，因为电话与音乐播放可以共享音量调节的按钮，而两个操作不会同时进行，所以不会互相影响；另一方面，车载电话并不需要太多复杂的操作即可实现。

然而，在车内单靠声控拨打电话不能满足用户快速准确的拨号需求，所以当使用多功能方向盘操控电话本拨号时，需要有更为精确的操作方式来供选择。因此，多功能方向盘可在多媒体与语音电话区域增加使用触摸屏操作的方式，可以利用除语音控制之外的触摸屏的操作特性来进行输入。在触摸屏区域通过手势输入呼叫联系人的姓氏拼音首字母，由系统解读后直接在通讯录内寻找，再通过上下选择来最终确定需要呼叫的联系人。此时，翻页与上下选择可通过方向盘左侧的光电轨迹球完成，而备选的联系人列表则通过方向盘上方的屏幕显示出来。这样的综合操作可以十分快捷、准确地寻找到联系人，满足用户操控时方便快捷的心理需求。事实上，这种双手同时进行操作的方式在游戏机上有很多应用，非常容易调动用户的使用欲望，从而大大提高用户的操作愉悦感。因此提出两种查询模式供用户选择，既可以选择声控方式，也可以通过触摸板手写对联系人进行查找。

综上所述，右侧操作区域为同时设置了可操控娱乐系统和蓝牙电话系统的可按压式触摸屏。按压屏按压下去是为了确认操控命令以避免误操作。娱乐系统的交互界面沿用了数码音响设备播放功能的操作界面，开启音量调节使用可按压的长条形触摸感应器，在手握方向盘右侧大拇指位置滑动调节音量大小，再次按压便可以一键静音。当有电话呼入时，右侧触摸屏显示立即转成电话呼入的显示界面，按压触屏可接通蓝牙电话。当驾驶人需要使用蓝牙电话拨打电话时，可使用语言拨号的交互方式或者触屏选择联系人号码的方式。以上操作方式均可以大大降低眼睛离开前方路面的时间且快捷准确，满足用户的期望型心理需求。左侧操作区域操控行车电脑系统和定速巡航系统，通过光电轨迹球及单一功能的按压键组合完成复杂的菜单式查看与设置操作，通过可按压式长条形触摸感应器设置巡航速度。巡航速度的调节方式打破了传统多功能方向盘上按压键的操作方式，使用拇指在触屏上滑动的方式进行速度调节，满足了用户兴奋型的心理需求。

经过反复讨论，多功能方向盘最终交互方式和形态以别克汽车的方向盘为模版。多功能方向盘上集合了行车电脑、娱乐系统、定速巡航、蓝牙电话 4 项功能控制。其中，光电轨迹球控制行车电脑；可按压式长条形触摸器控制定速巡航速度设定和娱乐播放音量设定；左侧按键用于启动定速巡航和行车电脑菜单返回；可按压式触摸屏用于操控娱乐系统和蓝牙电话。

（五）交互方式设计

在多功能方向盘交互操作中，有 4 种典型的操作交互行为：选择、确认、调整和返回。针对不同的车内功能，其操作方式有所不同。而多功能方向盘的显示方式，主要是通过电子显示屏幕以 GUI 的方式将交互过程中的信息简洁高效地反馈给驾驶人。本设计中的信息显示屏有两处。一处位于方向盘上方盘内的位置，在用户调节行车电脑时会显示瞬时油耗、平均油耗、续航里程等信息。当设置定速巡航的速度时，会出现速度变化的信息。另一处位于方向盘右侧可按压触摸屏处，右侧的可按压式触摸屏同为娱乐系统和蓝牙电话的操作界面，操作不同的功能时，触摸屏上的显示界面是不同的。下面以各功能系统为例说明其中部分操作方式和显示方式。

1. 设置行车电脑中超速报警时的操作行为

选择——手指在光电轨迹球上滑行：设置超速报警菜单高亮被选中。

确认——手指按压光电轨迹球，然后释放：进入超速报警设置功能界面。

调整——手指在光电轨迹球上滑行：对报警速度进行设置。

确认——手指按压光电轨迹球，然后释放：速度设置成功。

返回——手指按压返回键，然后释放：返回上级菜单。

显示设定：用户用手指在方向盘上进行操作查看行车电脑的同时，前方仪表板液晶屏上会显示出瞬时油耗、平均油耗、续航里程等信息。用户在设置超速提醒时，前方仪表板也会显示相应的速度设定信息。

2. 设置定速巡航速度的操作行为

确认——手指按压开始键，然后释放：确认进入定速巡航设置模式。

调整——手指在左侧条形感应器上滑行：调整定速巡航速度。

确认——手指按压左侧条形感应器，然后释放：定速巡航速度设置成功。

显示设定：设置速度时，前方方向盘液晶显示屏上会显示相应速度信息。设置定速巡航速度时，方向盘上方显示屏显示即将设定的速度数字，显示为橙色，并随用户的调节而变化。当用户确定定速巡航的速度时，显示屏上速度颜色显示为蓝色。

3. 对娱乐系统 CD 播放功能的操作行为

确认——手指按压可按压式触摸屏，然后释放：进入娱乐 / 电话主菜单。

选择——手指在可按压式触摸屏滑动：进入娱乐系统界面。

选择确认——手指触摸并按压可按压式触摸屏，然后释放：选择并确认播放功能。

调整——手指右侧在条形感应器上滑行：调整播放音量大小。

选择确认——手指触摸并按压可按压式触摸屏，然后释放：选择播放下一首歌曲。

确认——手指按压右侧条形感应器，然后释放：播放静音。

显示设定：操控娱乐系统 CD 播放功能时，相应信息会显示在前方方向盘上方液晶显示屏或可按压式触摸屏上。按压右侧可按压式触摸屏进入系统选择界面，可以选择进入娱乐系统或蓝牙电话系统。选择娱乐系统后，进入播放媒体选择界面，可选择收音机或 CD 播放。选择 CD 播放后，触摸屏进入 CD 播放器界面，方向盘上方显示屏出现相应 CD 歌曲信息。

4. 对蓝牙电话功能的操作行为

确认——手指按压可按压式触摸屏，然后释放：进入娱乐 / 电话主菜单。

选择——手指在可按压式触摸屏滑动：进入电话系统界面。

选择确认——手指触摸并按压可按压式触摸屏，然后释放：开始语音拨号功能。

选择确认——手指触摸并按压可按压式触摸屏，然后释放：结束通话。

显示设定：对蓝牙拨打电话进行操作时，可按压触摸屏进入系统选择界面，选择进入娱乐系统或蓝牙电话系统。选择蓝牙电话系统后，触摸屏显示语音拨号界面。拨打电话时，方向盘上方显示屏显示正在通话的相应信息，同时触摸屏上显示可挂断界面。

多功能方向盘就交互姿势而言，它的整体交互界面操作范围较集中，均在手握方向盘大拇指可轻松触及的范围内，且操控各项功能时手指运动均符合手握方向盘的手势轨迹，如大拇指顺畅地在感应条上滑动以调节音量，降低了用户操作时的复杂度。

第三节 弦式车载交互系统

在相对传统的交互方式设计基础上，我们在交互方式上，开展了一些创新性交互方式设计，弦式车载交互系统就是其中的一个概念设计案例。

一、简介

弦式车载交互系统是一个概念方向盘设计方案，其灵感源于中国的传统乐器——琵琶。我们将琵琶优美的弹奏手势融入用户的操作中，提出了“操作在后，显示在前”的交互模式，给车主带来古老的东方神韵、震撼又不失优雅的用户体验。夸张的方向盘造型配以优雅的操作方式，使科技与文化的相遇碰撞出火花。

弦式车载交互系统的概念源于中国的传统乐器——琵琶，它以丰富的演奏技巧、技法，宽广的音域成为中国音乐文化的瑰宝，流传至今已经有近两千年的历史。中国传统音乐审美的根本思想之一——“和”是中国儒家思想的重要体现，琵琶演奏家秉承了儒家思想的精髓，主张琵琶演奏应追求“天、地、人”融为一体的最高境界。音乐演奏如果要感染别人，首先要感染自己。

琵琶的指法包括最基本的弹和挑，并以此衍生出了撇、扫、轮等技法，通过控制手指的力度和速度可以演奏出不同情绪的音乐，正因如此，琵琶这件古老的民族乐器能把这些不同风格、不同意境的美表现得淋漓尽致，所以它才会有如此旺盛的生命力。

我们从琵琶的演奏技法中得到了弦式交互的灵感，设计出了一套适合驾驶情境的交互方式。

二、基本手势

挑：手指自然向外拨弦，指关节伸展，对应操作为“选择”。

扫：手指快速向外拨奏相邻的弦，对应操作为“翻页”。

撇：手指并拢，自然弯曲，向手心抓弦，对应操作为“返回”。

对于汽车驾驶而言，控制是用户体验非常重要的内容：驾驶人通常用所谓的“操控感”来感受汽车的驾驶体验和乐趣。这样的控制感甚至已经成为企业的品牌所在。

当前，以互联网为代表的电子消费品领域最大的人机交互特征，就是以触屏为代表的“显示—控制”一体化的人机交互模式，这种模式最大的优点是可以实现显示和控制均在显示器上完成，在设计、开发、使用上面都具有优势。这种趋势也在影响并改变着汽车。最常见的一个简单做法是，把原来由多个旋钮和部分屏幕组成的中央控制台改为一个类似平板电脑的触摸屏。这种做法确实可以大幅减少按键过多带来的操作问题。然而，触摸屏的最大挑战在于其反馈较差，而且需要视觉通道的长期介入。在驾驶环境中，用户的主任务为驾驶，中控操作必须采用次级任务完成，反馈差就会带来安全方面的风险，因为驾驶人需要用视线去确认操作情况。从这样一个角度看，对于汽车的实际操作而言，物理按键比触屏按键具有更好的操作效率和正确率，只是物理按键的数量需要进行限制。因此，如何合理地分配物理控制、触屏控制及其他控制模式的资源，就不可避免地成为汽车人机交互界面设计中控制设计的关键性问题。

第七章　视觉与交互设计：手势交互设计与多通道用户界面

目前，从产品的属性上看，汽车和互联网产品的人机界面的最大差异在于汽车人机交互界面是一个典型的软件和硬件整合界面。在这样的情况下，多通道用户界面就成了汽车人机交互界面设计的主要方向和领域。因此，语音识别、手势输入、可穿戴设备、视线追踪等都可能成为汽车人机交互界面的重要交互方式。

第一节　多通道用户界面

在传统的人机交互模式下，用户主要利用手和眼睛与键盘、鼠标、触屏、显示器等设备进行精确方式下的二维交互，而多通道人机交互则充分利用人的多个感觉器官，以并行方式，采用精确或非精确的模式与计算机系统进行交互。多通道用户界面中人机交互的特点包括：多个感觉通道、交互双向性、交互隐含性、交互的非精确性等。

从汽车人机交互界面设计的角度来看，多通道用户界面包含了视觉、听觉、触觉显示界面，语音、触屏、体感位置交互和眼动控制。

一、多通道显示设计

（一）听觉显示

在汽车驾驶的情境下，听觉显示由于不会占用驾驶人的视觉资源，所以能接收全方位的声音信息，在通道信息传递方面具有较大的优势。听觉显示可分为音响显示和言语显示。音响显示呈现的是音调信号，它以某种特殊的声音如铃声作为某个事件的代码向操作人员传递信息。言语显示则用言语方式传递包含内容的信息。在具体的设计中，听觉显示内容主要包括不同声音所传达的内容、声音的本体属性（如声强、音高、音色等）和声音的表现形式（如时长、节奏、意象等）。当前使用较多的听觉显示是倒车雷达所呈现出来的连续音和间断音。事实上，语音导航是经典的听觉显示形式，已经在当前的车载导航系统中广泛使用。

在汽车人机交互界面的显示设计中，听觉显示首先应该满足显示的兼容性。驾驶过程中的环境相对复杂，特别是在听觉层面。言语消息容易被类似汽车噪声以及其他消息弄得模糊不清，特殊的音调信号容易被其他相似的音调信号掩蔽，多数言语信号都是互不兼容的。因此，汽车的听觉显示必须与其工作的声音环境相兼容。而且，由于听觉显示是具有时效性的，一般显示传递的信息不能太多。如果需要传递复杂信息，应该把显示分为两个阶段：第一阶段，唤起人的注意；第二阶段，传递信息内容。例如，荷兰埃因霍温大学的设计师针对驾驶过程中提醒用户加速和减速的语音显示在声频、抗掩蔽与干扰等方面进行了分析，并进行了相应的设计，取得了良好的效果。

从人机交互设计的角度看，听觉显示的内容设计是一个非常重要的话题。如何设计好语音本身，也是非常重要的内容。

（二）触觉显示

触觉显示一般运用在那些视觉和听觉负担过重的工作设计中。触觉接收并对刺激做出反应的速度和听觉几乎一样快，而且在多数情况下比视觉更加迅速。当前触觉显示在汽车人机交互界面中的应用相对较少，主要是因为触觉显示器在当前计算机硬件的层面上存在着技术局限。但是，当前已经有一些设计师和工程师在进行触觉显示的探索工作。例如，德国奥尔登堡大学的研究人员就设计了一个腰部振动显示器，该显示器可以在需要转弯时通过不同振动位置将信息传递给驾驶人。

二、多通道控制（交互方式）设计

除了显示设计以外，汽车人机交互界面设计的关键就是交互方式的设计，即控制设计。传统的人车交互方式主要基于方向盘、物理按钮及其他相关的设备（如转向控制杆）的交互形式。随着交互方式的增加，基于物理按钮的交互方式面临新的形势和巨大挑战。一种典型的情况是，由于新的功能不断涌入汽车，按键和旋钮等物理操作器的数量急剧上升。在这样的情况下，汽车人机交互界面交互方式必然向着控制甚至减少物理操作器数量的方向发展。除此之外，减少物理操作器的一种主要的交互方式就是自然交互。所谓自然交互，是指通过人作为传感器，直接操作设备而不必通过操作硬件控制器。与汽车内室相关的比较典型的自然交互包括语音交互、触屏交互和体感位置交互。

（一）语音交互

声音作为一种显示在前文中已有论述。然而，声音作为控制设备来进行交互首先需要解决的是在技术层面提升语音识别技术。由于语言具有较大的复杂性和机器学习的难度，因此，当前车载信息系统的声音控制主要集中在基于导航系统的声音指令上。导航的最大优势在于其地理位置信息的有限性，且语言信息格式相对简单。除了导航以外，对于层级菜单而言，声音交互也具有较大的优势，特别对于那些层次较为复杂的菜单树，声音控制具有较大的优势。

（二）触屏交互

触屏交互作为一种典型的自然交互形式在手持移动设备上取得了重大突破。然而，在汽车信息系统中，触屏交互受到一定的局限。首先，触屏交互在控制器的识别层面，没有物理控制器那么容易。其次，在汽车驾驶情境下，触屏交互在反馈上也不如物理按钮和移动设备的振动反馈那么明显。但是触屏显示的优势是可以解决物理按钮只能担任一个功能进而导致按钮数量增加的问题。同时，在现有的基于移动设备的设计范例下，触屏交互已经开发出了完整的设计范例，非常易于移植和使用。例如，克莱斯勒汽车公司在 2009 年发布的 200CEV 概念车是采用全触屏操作的产品，整个内室按照驾驶过程中的交互需求进行设计，没有一个物理按钮，实现了完全的触屏控制。

（三）体感位置交互

体感位置交互是未来人机交互设计的重要方向。由于汽车的特殊环境，在传统的汽车中开展体感位置交互主要包括头部运动的交互和手部运动的交互。然而这样的情况在发生着改变。目前，电动汽车的快速发展，促使汽车驾驶方式和交互行为上可能不再受到传统的机械操作的影响。这使得汽车内室的人机交互方式可能出现突破性的进展。例如，奔驰汽车公司在其电动概念汽车中设计了动态手势控制体验，将驾驶方向盘控制和手部感应控制结合起来，实现了体感交互和物理交互的整合。

三、眼动控制

随着车载信息娱乐系统中各种功能的不断扩展，驾驶人在驾驶行为中与各种信息交互操作增加，驾驶任务和信息交互占用了驾驶人的手、眼、脚、耳等通道。尽管各种新兴的自然交互方式力图有效降低驾驶的分心和认知负荷，但是多通道的占用不可避免地会干扰驾驶。例如，手势操作或多或少会占用视觉通道，使驾驶人视线离开路面；语音对话在一定程度上会影响视觉判断，引起潜在的危险。眼通道交互不仅在人的信息获取和输出上比较闲置，眨眼和扫视行为本身也是一种直觉性操作方式，因此眼动控制可以基于早先知识而不需要额外学习和适应。眼动交互在这个层面上来说是更贴近自然交互的操作方式。

作为眼动交互的载体——平视显示器，其平视显示技术已经较成熟地应用于飞机驾驶舱、海洋电子导航设备等。在汽车中信息显示也由传统的中控台显示转移到更加安全直观的平视显示器上。较之传统的低头显示器，在配备有平视显示器的汽车中，驾驶人保持恒定速度有显著提高，对于紧急事件的响应时间明显缩短。但目前平视显示器仅用于呈现信息，却无法使驾驶人与各种信息进行交互操作。因此我们在对各种交互方式的研究和比较的基础上，开发了基于车载平视显示器的眼动交互应用原型。在现阶段的原型设计中选取了常见的车载娱乐功能即音乐控制信息结合平视显示器，使驾驶人在驾驶过程中看信息并利用正常的眼睛运动如扫视、注视、眼移动发出命令来控制音乐的播放、暂停和音控。

第二节　手势操作研究

学术界对于手势操作的研究非常多。本节从应用层次出发，选取了若干案例进行分析。

一、触屏手势

当前，最为成功的手势还是2D触屏手势，为更好地了解3D手势，首先需要对2D手势进行分析。通过基于iOS、Windows及Android三种软件系统的触屏手势操作，进而分析总结这些系统功能的共通手势及特殊手势集，可以得到一个可供参考的手势动作数据源。通过分析归类，触屏手势动作大概分为以下几类。

（一）基本操作

①选择：单击，指用户使用指尖敲击界面。

②打开：双击，指用户使用指尖双击界面。

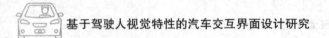

③改变模式：按，指用户长时间触碰界面。

④切换：滑动，指用户使用指尖在界面滑动。

⑤移动：拖动、多手指拖动、滑动等。

⑥视图调整：缩放、旋转。

（二）目标对象相关移动

①调整：按住并拖动，指用户使用两指触碰界面，一指按住界面，另一指拖动。

②移动：拖动，指用户使用指尖在界面上拖动。

③多手指拖动：指用户使用两到五个指尖拖动并始终保持手指与界面的联系。

④滑动：指用户使用指尖迅速滑动界面。

⑤旋转：指用户使用两个手指触碰界面并顺时针或逆时针移动。

⑥缩小：捏，指用户使用两个手指触碰界面并滑动至两指聚到一起。

⑦放大：展开，指用户使用两个手指触碰界面并滑动至两指分开。

（三）导航操作

①调整视图（旋转）：指用户使用两指触碰界面并顺时针或逆时针转动。

②调整视图（缩小）：捏，指用户使用两个手指触碰界面并滑动至两指聚到一起。

③调整视图（放大）：展开，指用户使用两指触碰界面并滑动至两指分开。

（四）绘图操作

①撤销：指用户使用指尖在界面上画连续折线号。

②请求帮助：指用户使用指尖在界面上画问号。

③拒绝：指用户使用指尖在界面上画“×”号。

④剪切：指用户使用指尖在界面上划过。

二、现有汽车手势产品分析

（一）现代 HCD-14 概念车车载信息服务空间手势交互系统

现代 HCD-14 概念车的内饰部分去掉了一般车内都具有的中控台部分，车内只有极少的物理控制按键及旋钮，取而代之的是驾驶座正前方基于手势识别技术的驾驶控制交互界面系统，该系统具备先进的 3D 手势识别与眼动视线追踪功能，因而驾驶人只需做出特定的空间手势，就可以操作智能导航、行车信息、车载影音系统，同时还可以基于蓝牙技术操作与智能手机相关的功能操作，在前挡风玻璃上有平视显示器显示行车状况及信息，从而使驾驶人减少驾驶分心的风险，保证行车安全。

现代 HCD-14 概念车车载信息服务系统空间手势交互系统的具体操作方式及对应功能如下。

①菜单切换：手指朝向交互界面，左右晃动。

②音量调整：五指捏空旋转，顺时针和逆时针旋转分别代表音量放大和缩小，该动作和物理控制旋钮的操作方法契合。

③地图缩放：五指并拢平齐向交互界面渐近，地图缩小，背离交互界面渐远，地图放大。

④确定：五指伸展向前扑。

（二）日本先锋车载服务信息系统

日本先锋公司公开展示了其基于空间手势操作的车载信息服务系统。

该车载服务信息系统属于内嵌式系统，驾驶人将手掌放在汽车中控台区域使之被感应，当得到反馈识别感应反馈后，驾驶人可通过左右挥动来控制智能导航、音乐播放器。通过对先锋车载服务系统的空间手势操作方式的调研发现，其空间手势简化到主要为向左挥和向右挥，向左挥含有返回和回上一层的主导含义，向右挥则有进入子菜单等主导含义。先锋车载信息服务系统使用了触屏与空间手势相结合的方式，同时其极简的空间手势设计减少了用户的学习成本，对于空间手势设计有极大的参考意义。就导航操作而言，其具体操作方式及对应功能如下。

①食指 / 手掌接近屏幕时，显示操作调节选项，手指点击进入导航全屏。

②向右挥动，导航地图放大，切换到街道等细节视图。

③向左挥动，显示附近兴趣点（商场、加油站、停车场、银行等），向右挥动，关闭兴趣点。

（三）奔驰手势控制系统

奔驰公司在 2012 年美国国际消费性电子展（CES）展上推出了其全新的手势控制系统。该系统可以用手势控制仪表板和平视显示器的显示部分，给用户全新的体验。

1. 基本操作

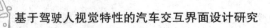

左右平移挥手表示“移动高亮选项”。向前轻推表示“选定”。

2. 收藏操作

五指向前抓取表示“收藏”操作。

第三节 车内手势控制音乐播放器产品设计

一、项目简介

本产品设计是由湖南大学汽车车身先进设计制造国家重点实验室、湖南大学设计艺术学院人机工程与交互体验实验室和中南大学智能所共同研制和开发的基于手势操作的两个产品：第一代产品是工作原型，基于Arduino平台开发，是车载嵌入式产品；第二代产品基于Leap Motion平台开发，是基于平板电脑的可移动式产品。由于篇幅原因，这里重点介绍该系统中音乐播放器的设计和开发。

二、第一代工作原型 G-Player 设计

第一代工作原型设计是一个前期实验性方案，以大众迈腾的中控台的替代为目标，将现有的中控台部分替换为本工作原型的产品。

在本阶段工作原型中，初步确定手势包括播放、暂停、音量调节、上下曲切换、收藏歌曲等。手势设计完成后，进行控制系统的实现。控制系统采用超声和红外两个传感器，利用Arduino作为开发平台。根据传感器的布置位置，进行中控台产品造型设计。

作为一个工作原型，本设计应邀参加了2013年度全国工业设计示范课程展览，取得了良好的效果。

三、第二代产品 TUI-Player 定义

在第一代工作原型的基础上，项目组进行了第二代产品TUI-Player设计。产品设计首先是进行功能定义。

四、基本手势定义

在功能定义的基础上，开展了两轮的基本手势定义，为后续的手势、流程和信息架构设计奠定基础。

（一）初步设计

基于前面的原型手势设计，结合功能框架，在对诸多功能的梳理简化后，针对简化后的功能进行空间手势设计。

（二）用户参与设计

在第一轮设计方案的基础上，进行用户参与设计。用户在模拟驾驶环境下学习并熟悉三维手势交互方式及相应任务后，设计人员针对其中一个功能指令向用户提供一定数量的手势参考，让用户学习并体验参考手势，通过手势学习后引导被试者对该种功能指令根据自己的习惯喜好进行新的手势创造，这些手势都被记录在画有空间矢量坐标的卡片上，最后让被试者对参考手势和自己设计的手势进行打分并排序。

（三）基本手势定义

根据用户参与设计的结果，采用感性工学的方法，得到基本手势定义方案。

五、手势、流程与信息架构设计

在基本手势定义的基础上，手势设计必须和信息架构、流程配合。不同的界面和流程会对手势的定义造成影响。

（一）信息架构与手势设计

在界面信息架构初期，设计出横向、纵向、横纵向三种界面信息架构。由于信息架构与手势意义之间具有密切关系，因此在进行信息架构设计时，也将手势一起进行考虑，否则将失去设计意义。

横向界面信息架构包含首页、智能导航、电话、收音机、音乐播放器 5 个首要界面信息框架。

而纵向信息架构则隐藏了首页，改为直接进入各个功能主页，通过左右挥动进行各个功能之间的转换。纵向信息架构偏向于沉浸式设计的思想。

（二）最终信息架构与手势设计方案

在信息架构和手势设计的基础上，进行多次迭代和可用性测试，最后以横向布局作为最后的信息架构与手势设计方案。

根据最后的手势设计，以及手势定义的基本原则，可以得到最后的手势集定义。

（三）手势交互技术实现

手势交互技术实现分两阶段进行：第一阶段在 HC-SR04 超声波模块与 Arduino 平台的基础上实现，第二阶段基于 Leap Motion 平台实现。

例如，针对 HC-SR04 超声波模块与 Arduino 的方案。

在具体的识别上，以“向上移”“向下移”这两个手势为例。首先，对手势的识别，统计距离数组 Distance0 和 Distance1 中有效数据的个数。然后，判断 Distance0 和 Distance1 中是否有一个数组有效数据个数大于 18，且另一个有效数据个数小于 2。如果有，再判断这个数组的标准差是否小于 2 厘米。如果符合，将这个距离数组的有效数据的平均值与前一次距离数组的有效数据的平均值相减，得到差值，然后通过 Arduino 平台开发板上的 USB 通信模块，将这个差值发送到车载电脑上，音乐播放器读取这个差值，用这个差值来控制音乐播放器声音的大小。

通过用户测试，“音量加”“音量减”这两个操作分别存在 1.25% 和 1.42% 的误识别率，主要误识别为“播放 / 停止”，主要原因是当“向上移”或“向下移”的速度太快时，就会导致采集的有效数据个数很少，与“播放 / 停止”“拍”动作容易混淆。因此，可以考虑加入红外传感器，以减少数据采集时间；另外可以通过改进算法，尽可能地滤除误操作。

在上述技术第一阶段的技术探索的基础上，本产品第二阶段基于 Leap Motion 这一体感开放平台进行技术实现。

（四）流程设计

在信息架构和手势设计的基础上，针对产品的具体内容，进行流程设计。

六、视觉风格探索与最终设计方案

在绘制情绪版的基础上，针对音乐播放器的界面进行视觉探索。

根据上述的视觉风格探索，我们选取了游戏风格的方案作为最后的设计方案，并再次进行了线框图设计与界面设计。

在车载手势交互产品 TUI-Play 设计的基础上，我们继续开发了基于平板电脑的手势控制套件，该套件包含硬件设备以及在线 App。利用该套件，可以直接在平板电脑上实现手势控制，实现在包含汽车在内的各个不同使用情境下的使用手势。

手势、语音、眼动是多通道用户界面在汽车人机交互设计中的三个重要候选方向。针对手势设计，有以下问题值得探讨。

①空间手势识别的技术开发仍存在汽车环境下驾驶人操控方面的识别问题，主要体现在驾驶人使用右手完成某一指令时（如切换下一首歌曲）需要将右手向右挥动，在这一动作完成时驾驶人需要将右手收回至方向盘，其中收回这一动作可能又一次被识别为向左挥，因此会造成误操作，所以在技术识别方面还需要更多的测试与研究。

②关于空间手势操控方面，在无技术误差等因素干扰下是否适用于更加复杂的功能操作，如文字及数字这类复杂信息的输入，是否可以通过将语音与空间手势相融合的方式来减少驾驶分心并解决复杂信息的输入。

③空间手势本身的设计。关于手势操控方式所隐含的手势含义，还需要进一步探究。体感交互的发展还处于开发及部分应用阶段，怎样以最优的空间手势进行操控是手势设计的目标。我们可以通过美学方面的研究来指导空间手势设计。

④界面动态效果及空间手势动作的融合度。在界面设计探索过程中可以发现，用户通过空间手势如向左挥动来进行指令的切换。手在做这样动作的时候，界面会给出一定的动态反应，而什么样的动态反应能高度契合空间手势的动作，并因此为用户带来更高的体验价值，这值得我们对此进行研究。

当前，以空间手势操作为基础的体感交互正处于全面发展的阶段，它不同于传统的以触屏或物理按键为基础的操控方式。本项目在设计方法、设计内容、交互流程上做了新的探索与实践，对车载信息服务系统界面信息构架、信息内容显示、视觉元素运用进行了设计。我们希望，通过对未来空间手势操控的进一步探索，可以为汽车用户提供更好的驾驶体验和更有价值的信息操作系统。

参考文献

[1] 骆斌. 人机交互：软件工程视角 [M]. 北京：机械工业出版社，2012.

[2] 吴义虎，喻丹. 道路交通行为与交通安全 [M]. 北京：人民交通出版社，2011.

[3] 戴维民. 组织信息 [M]. 北京：高等教育出版社，2004.

[4] 萨马拉. 完成设计：从理论到实践 [M]. 温迪，王启亮，译. 南宁：广西美术出版社，2008.

[5] 董士海，王衡. 人机交互 [M]. 北京：北京大学出版社，2004.

[6] 莫洛根. 信息架构学：21 世纪的专业 [M]. 詹青龙，吴战杰，郭桂英，译. 上海：华东师范大学出版社，2008.

[7] 科特勒. 营销管理：分析、计划、执行和控制 [M]. 梅汝和，梅清豪，张桁，译. 9 版. 上海：上海人民出版社，1997.

[8] 希尔德布兰德. 建筑愉悦的起源 [M]. 马琴，万志斌，译. 北京：中国建筑工业出版社，2007.

[9] 金容淑. 设计中的色彩心理学 [M]. 武传海，曹婷，译. 北京：人民邮电出版社，2011.

[10] 戢晓峰，成卫. 基于出行决策的出行信息认知模式研究 [J]. 人类工效学，2011，17（1）：60-62.

[11] 李丽，袁玫. 使用车载导航系统下驾驶员脑力负荷影响因素分析 [J]. 安全与环境学报，2011，11（6）：202-204.

[12] 黎美清，杜岩，罗毅学，等. 影响机动车驾驶员安全驾驶行为的因素分析 [J]. 应用预防医学，2009（6）：346-347.

[13] 杜志刚，黄发明，严新平，等. 基于瞳孔面积变动的公路隧道明暗适应时间 [J]. 公路交通科技，2013，30（15）：98-102.

[14] 贾广宏，杨靖. 汽车产品角色扮演及其情感属性浅析 [J]. 汽车工业研究，2013（1）：28-31.

后　记

人类社会正处于快速而深刻的转变进程中。20 世纪中期以来，计算机科学、系统论、控制论和信息论带来了以数字、智能和网络为核心的技术变革。这种变革已经深刻地影响到了人类的生活方式与社会形态。当前，人类社会正在从一个以“抗变结构”为基础的主流价值社会转变为以“自变结构”为基础的非主流价值社会，设计所依赖的物质基础、技术基础和社会基础都处于快速变化中。

驾驶人是“人—车—路”闭环系统的核心环节，承担环境观察、决策制订和车辆操纵的多重任务。其中，对道路和交通环境的充分观察是正确决策和操纵的前提与基础；而视觉是驾驶人获取外界信息的主要途径，85% 以上的信息都依靠视觉获得。因此，驾驶人的视觉感知特性直接关系到“人—车—路”闭环系统的运行状态，准确、充足的视觉感知是“人—车—路”闭环系统稳定运行的关键。

汽车设计与人车关系也在发生着重大转变。在汽车设计领域，汽车人机交互界面和用户体验正在扮演着愈加重要的角色，已经成为对汽车品牌产生重大影响的要素之一。汽车人机交互界面快速发展的功能已成为汽车企业盈利的重要来源。从构建品牌的角度看，汽车人机交互界面是汽车使用过程中和用户接触最多的部分，对于产品和企业品牌认知具有本质性影响。